Jasmin Gonzalez

Wir sind die Töchter der Hexen, die ihr nicht verbrennen konntet

JASMIN GONZÁLEZ

Wir sind die Töchter der Hexen, die ihr nicht verbrennen konntet

wild & sanft
stark & sensibel
entschlossen & frei

GOLDEGG VERLAG

Rechte Umschlag: Ornamentrahmen: kaittisak/Adobe Stock;
Umschlaggestaltung: Kathrin Steigerwald, Hamburg
Grafik auf der Umschlagklappe: Steve Santana
Rechte Grafiken im Kern: Jasmin Gonzalez / S. 275 – Getty Images: Fox Photos, Freier Fotograf / S. 48 – gezeichnet von Carlos Gonzáles
Rechte Autorinnenfoto: Jasmin Gonzalez/Manuela Engelking

Der Verlag und seine Autoren sind für Reaktionen, Hinweise oder Meinungen dankbar. Bitte wenden Sie sich diesbezüglich an verlag@goldegg-verlag.com.

Der Goldegg Verlag achtet bei seinen Büchern und Magazinen auf nachhaltiges Produzieren. Goldegg Bücher sind umweltfreundlich produziert und orientieren sich in Materialien, Herstellungsorten, Arbeitsbedingungen und Produktionsformen an den Bedürfnissen von Gesellschaft und Umwelt.

ISBN: 978-3-99060-237-9

Unter den Linden 21 • D-10117 Berlin
Telefon: +49 800 505 43 76-0

Goldegg Verlag GmbH, Österreich
Mommsengasse 4/2 • A-1040 Wien
Telefon: +43 1 505 43 76-0

E-Mail: office@goldegg-verlag.com
www.goldegg-verlag.com

Layout, Satz und Herstellung: Goldegg Verlag GmbH, Wien
Printed in the EU

Para mi Carmita

con amor infinito

FIRE OF A ROCKSTAR
HEART OF A WOMAN
SOUL OF A WITCH

Inhaltsverzeichnis

Vorwort – First things first

Die Hexe, wie wir sie aus Märchenbüchern kennen, bucklig, auf dem Besen reitend, Unheil bringend, kleine Kinder fressend, gibt es nicht – und *gab es nie*.

Die Hexe, im Sinne einer weisen, heilenden Person mit intuitiver Anbindung an das große Ganze, die sich ihre eigene Realität schafft und ihre Kräfte selbstbe*stimmt* einsetzt, *gibt es – und gab es immer.*

Der Begriff »Hexe« ist inhaltlich eine Fertigmischung aus unterschiedlichen heidnischen Aberglauben und wurde im späten Mittelalter durch frauenverachtende Individuen geprägt und genutzt, um Habgier, Neid und Sadismus auszuleben und zu legitimieren.

Dies ist meine Definition von Hexe:

Hexe

['HE · XE] Substantiv, Feminin

Intelligente, intuitive, ungezähmte Frau mit »Connections«

Was ich unter »Connections« verstehe, und wie du diese »erlernst« oder treffender gesagt, dich wieder daran erinnerst, davon wirst du in diesem Buch lesen, und erkennen, wie du sie für dich und dein Leben nutzen kannst.

Jasmin

Du Wunder!

Das Wort »Abrakadabra« stammt von den aramäischen Wörtern ארבדכ ארבא, **avrah k'davra**, was so viel wie **»Ich werde erschaffen, während ich spreche«** bedeutet.

Und jetzt mal ehrlich, alles, was du je in deinem Leben erreicht hast, war zunächst ein Gedanke!

> *Alles!* **Du hast erschaffen, was dich umgibt.**

Ich weiß, dass dies zu akzeptieren in vielen Fällen eine harte Pille ist, die es zu schlucken gilt. *(Trust me!)* Aber bitte gewähre mir die Möglichkeit, meine Gedanken zu erklären, und dir den Schlüssel an die Hand zu geben, dies für dich einzusetzen. Denn zu realisieren, dass du die Schöpferin von allem bist, und wie du deine Schöpfesmacht einsetzt, um genau das Leben zu leben, welches du dir wünschst, darum geht es, Schwester!

Alles, was dich umgibt, hast du erschaffen. Auch wenn du dir dessen nicht bewusst warst. Denn sogar, wenn du unbewusst handelst, folgt dein Körper lediglich den elektromagnetischen Signalen, die dein Hirn verschickt hat (Gedanken), und übersetzt diese in Befehle. Dein physisches Handeln, deine Umsetzung ist lediglich die Manifestation deiner Gedanken. Immer.

Wir erschaffen also konstant. Aber es geschieht so selbstverständlich und vor allem so unbewusst, dass wir diesem Phänomen kaum Bedeutung beimessen. Weil es normal ist. Wir sehen es überall und vergessen die Großartigkeit dessen, wer wir sind, und wozu wir in der Lage sind. Ich möchte und muss dich noch einmal daran erinnern.

Denn DU. BIST. EIN. WUNDER! Und absolut dazu in der Lage, WUNDERvolles zu leisten und zu kreieren. Und das, Schwester, ist deine Bestimmung! Ich bin mir bewusst, dieses Buch ist für viele

eine Herausforderung ihrer Weltanschauung.

Ein Trigger, eine Frechheit, und ein Tritt in den Allerwertesten. All diese Glaubenssätze, die uns seit unserer Kindheit umgeben, nicht nur in der eigenen Familie, auch in der Gesellschaft, in der wir leben, bestimmen uns nicht nur, sie kreieren auch ein Konstrukt, an dem wir unsere Identität anlehnen. Oftmals hinterfragen wir nicht. Wir übernehmen die Glaubenssätze derer, die um uns sind. Und so greifen deren Glaubenssätze in das Verständnis unseres Selbst ein. Grenzen den Raum ein, in dem wir uns gestatten uns auszudehnen. Und das, obwohl das unser höchstes übergeordnetes Ziel ist: uns zu entfalten, auszudehnen. Zu erblühen und zu gedeihen!

Über »die Runden zu kommen«, zu überleben, es bis zum nächsten Monat, zum nächsten Gehalt, zum nächsten Urlaub, zur Rente zu schaffen, ist nicht das Ziel. Konstante Entwicklung, Entfaltung, Wachstum, grenzenlos im Ausmaß – das ist unser aller Geburtsrecht. Entwicklung bedeutet Entfaltung, Einführung. Was führst du Neues ein ins System des großen Ganzen? Welche »Fingerprints« hinterlässt du? Und was bewirken diese? Denn dass du einen Fußabdruck hinterlässt, ist unausweichlich. Dein Wirken wird in all den Generationen, die nach dir kommen, von Relevanz sein.

Wir leben in einem Universum, und sind Teil eines sich konstant ausdehnenden Universums, welches sich aus sich heraus nährt. Es gibt Theorien darüber, dass wir in der genetischen Form des Torus existieren. Unser Universum ist ein Torus, unsere Erde ist ein Torus, auch der Querschnitt einer Orange oder wir Menschen. In einem Torus strömt die alles nährende Energie durch ein Ende ein, zirkuliert rund um das Zentrum und tritt auf der anderen Seite wieder aus. Diese Energie ist die Verbindung mit der Urquelle. Und sie macht uns ausgewogen, selbstregulierend, und – jetzt kommt's: Sie kreierte uns als eine Ganzheit.

All die Geschichten, die uns immer suggeriert werden, woran es uns mangelt und wessen es noch bedarf, damit wir uns irgendwann komplett, vollständig, als Ganzheit empfinden dürfen, als Mensch, insbesondere als Frau: *Bullshit!* Wir sind von Haus aus eine Ganzheit. Eine jede von uns. Ausgewogen, selbstregulierend und perfekt in unserer Anlage. Damit lassen sich aber keine Produkte verkaufen, daher wird das nicht propagiert. Aber du, Schwester, bist bereits alles, was du je sein wolltest und sein wirst. Man hat dir nur 'ne Menge Scheiße ins Hirn gedrückt und dir von kleinauf Gegenteiliges erzählt, damit du funktionierst. Und aufhörst, *wirklich* zu denken.

Wir werden von kleinauf darauf programmiert zu funktionieren und zu konsumieren. Fast unsere gesamte Energie geht dabei drauf, Zeugs, Inhalte zu konsumieren, die wir nicht brauchen, die uns davon abhalten, wirklich zu denken und ultimativ, tatsächlich, authentisch zu sein. Wir verfügen aber über höhere mentale Fähigkeiten, über die wir in diesem Buch sprechen werden. Wenn wir diese einsetzen, um das zu kreieren, was uns persönlich lieb und zweckdienlich ist, sind uns keine Grenzen gesetzt, außer die, die wir selbst ziehen. Es ist nicht gewollt, dass wir unser volles Potenzial erkennen, geschweige denn ausschöpfen. So ziemlich alles würde aus den Fugen geraten, wenn wir jene Systeme, die nicht auf das Wohl, sondern auf das Funktionieren der Masse ausgerichtet sind, nicht mehr bedienen. Insbesondere wenn wir Frauen aufhören zu funktionieren, Schwester. *Holy Shit,* dieser Planet geriete gehörig ins Wanken, wenn wir ein System hinter uns lassen, welches bisher ausschließlich einer männlich dominierten Elite dient.

Aber genau das sollte unser aller Ziel sein: dieses System hinter uns zu lassen und ein System zu schaffen, dass dem Allgemein**wohl** dient. Eins, in dem wir Menschen, alle, ergo auch wir Frauen, tatsächlich gleichberechtigt sind. Die Kacke auf diesem Planeten ist so gehörig am Dampfen, weil hier nichts ausgewogen, nichts in Balance ist. Die Gesellschaft, in der wir heute leben, ist in höchstem Maße männlich dominiert. Wie sich das äußert, brauche ich dir nicht zu erklären, schalt einfach mal die Zwanziguhrnachrichten ein. Ist dies deshalb ein Buch, das Männerhass propagiert und die »Weltherrschaft« der Frau fordert? Nö. Hass hat in diesem Buch und in meinem Herzen keinen Platz. Wenn wir die Scheiße, die gerade passiert, umkehren und eine weiblich dominierte Gesellschaft kreieren, ist sie immer noch, was sie in weiten Teilen war. Scheiße. Sie stinkt bloß weniger. Und sie wäre sicherlich weniger zerstörerisch. Aber es wäre weiter alles unausgeglichen. Es geht nicht darum, Fehler zu wiederholen, sondern unsere persönliche und weibliche Macht und Schöpferkraft wiederzuentdecken, anzunehmen und umzusetzen. Unseren Platz einzufordern und Konsequenzen zu ziehen. Wenn wir erst mal wieder erinnern, oder erlernen, wer wir sind, was wir wollen, wozu wir in der Lage sind und wie wir ein selbstbestimmtes Leben führen und nicht die Plätze einnehmen, die uns (von einer männlich dominierten) Gesellschaft zugewiesen wurden, wenn wir uns selbst ermächtigen im Einzelnen und dann im Kollektiv, dann können wir Unglaubliches bewirken. Dann geschehen »Wunder«. Dann kreieren wir Magie! Dann kann sich wieder alles in Balance umkehren.

Denn nur, was im Kleinen, Einzelnen funktioniert, klappt auch im großen Ganzen. Wir sind alle miteinander connected, angeschlossen und geschaffen aus demselben Energiefeld. Am Ende sind wir eins. Uns allen steht die Tür zu den gleichen »Ressourcen« offen.

Das **ich** das schreibe, ist so abgefahren. Denn ich habe mich die Hälfte meines Lebens zum vermeintlichen Opfer eines Mangels an Ressourcen gemacht, der ausschließlich in meinem inneren System, in meinen Glaubenssätzen stattfand. Ich war mir dessen, wie so vielem, allerdings nicht bewusst. Aber ich habe am eigenen Leib erfahren, wie befreiend, beflügelnd, **ermächtigend** und wohltuend es ist, sich von den Fesseln kollektiver Glaubenssätze und religiöser Dogmen loszulösen und endlich anzufangen, wirklich selbstständig zu denken, zu handeln und Verantwortung für das eigene Handeln zu übernehmen – und somit die eigenen Ergebnisse. Das macht nicht immer Spaß, ist zuweilen sogar echt anstrengend, aber das Ergebnis ist *ein Leben, das exakt das ist, das ich mir wünsche.* Nicht eins, das ich mir wünschen sollte, oder mit dem ich mich zufriedengeben *sollte.*

Holy Shit, LIFE is good.

Diese Welt, dieser Planet, hat so viel Schönes zu bieten, beherbergt so viele großartige Menschen. Auch wenn das in manchen Lebenssituationen schwierig wahrzunehmen ist. Aber darin steckt schon der Schlüssel: Wahrnehmung ist eine unserer höheren mentalen Fähigkeiten, welche wir selten bewusst trainieren, geschweige denn zelebrieren. So ziemlich alles ist eine Frage der Wahrnehmung. Alles ist eine bewusste Entscheidung, die wir oft unbewusst in die Hände Dritter geben. Aber noch mal:

Life is good,
und du bist ein fucking *Wunder!*

Dieses Gefühl wünsche ich mir für *jede* von uns. Raus aus dem Flight-or-Fight-Modus, raus aus dem Hin-und-her-Getaumel von Aktion und Reaktion. Hin zu bewusster Kreation. Und das, was du zu geben hast, deine weibliche Kreation, das, was du ins System einführst, wird so dringend gebraucht, Schwester! Kein Beitrag ist zu klein, ist zu nichtig. Das Große funktioniert nur, wenn das Kleine mitwirkt. Und die Handlungen eines jeden hat eine Konsequenz auf das große Ganze. Der Dalai Lama hat irgendwann gesagt:

»Die westliche Frau wird die Welt retten.«

That's us, Sister! Jede von uns, die sich ihrer Stärke, ihrer Macht, ihrer Fähigkeiten, ihrer Schöpferkraft bewusst wird. Die Kräfte, Fähigkeiten und Mächte, die dir von jeher innewohnen. Vielleicht ist dir diese Idee, dass du besonders und außergewöhnlich bist, dass du Unglaubliches leisten kannst, neu. Die Tatsache, dass du über ein unendliches Reservoir an Talenten und Fähigkeiten verfügst, an deren Oberfläche du bisher nicht einmal begonnen hast zu kratzen.

Vielleicht ist es dir auch neu, dass du nicht allein bist, dass du Teil eines unglaublich magischen Netzwerks bist, dessen Größe, Weite, Ausmaß, Schönheit und Macht die Auffassungsgabe unseres Hirns sprengt. Vielleicht ist es für dich neu oder schwierig davon auszugehen, dass sich alles zum Guten wenden kann. Dass *du* in der Lage bist, die Macht hast, alles zum Guten zu wenden?

Und genau darin besteht die eigentliche Herausforderung: sich zu trauen zu sagen, **what if?** Was ist, wenn ich mich »einfach« mal traue, auf mich, meine Schöpfungskraft und mein Supportsystem zu vertrauen? Und anfange, mich »umzuprogrammieren« bzw. auf »Werkseinstellung« zurückzusetzen?

Babys kommen nicht auf die Welt und stellen sich in Frage. Bin ich gut genug, süß genug, klug genug, bin ich es wert, dass ich gefüttert, geliebt werde? Nein, ein Baby weiß, dass es verdient hat, zu hundert Prozent versorgt, umsorgt und geliebt zu werden, es erwartet dies mit Selbstverständlichkeit. Auch wenn es den ganzen Tag nichts anderes macht als zu futtern, zu schlafen und zu kacken. Babys wissen, dass sie sich Liebe nicht erst verdienen müssen. Sie sind einfach. Vollkommen und perfekt. Und wenn ich meinen kleinen, goldigen, vor Selbstbewusstsein strotzenden einjährigen Benito anschaue, weiß ich, sollte er jemals Minderwertigkeitskomplexe haben, dann haben wir, seine Eltern, seine Familie und diese Gesellschaft sie ihm verpasst. Denn geboren ist er damit weiß Gott nicht! **Händeübermkopfzusammenschlag*

Sich selbst als Wunder zu empfinden und zu behandeln, dieser Gedanke klingt jetzt erst mal abwegig, nicht wahr? Schwester, allein die Tatsache, dass *du* es auf diesen Planeten, bis in dieses Leben, geschafft hast, ist sowas von abgefahren. Schier unglaublich, wenn du bedenkst, wie hoch die Wahrscheinlichkeit rein mathematisch ist, dass sich diese eine Eizelle mit exakt diesem Samen aus Abermillionen, die dein Vater in diesem glücklichen Moment mit deiner Mama auf den Weg geschickt hat, erfolgreich vereint. Ali Binazir, Arzt, Autor und »Glücks-Ingenieur«, hat die Wahrscheinlichkeit ausgerechnet, mit der du erwarten konntest, dass du geboren wurdest. Und er hat dabei Kriege und Naturkatastrophen, Dinosaurier und so'n Zeugs bedacht, als er diese Gleichung erstellt hat. Sie ist: … *Trommelwirbel …*

1:10 hoch 2.685.00 –
also eine 1 mit 2685.000 Nullen!

Hm, jap, ich hab grad keine Zeit, um diese alle einzutippen, aber wir halten fest, die Wahrscheinlichkeit, dass gerade *du* geboren wirst, war sehr gering. Ali Benazir sagt dazu, und ich liebe es: »*Ein Wunder ist ein Vorkommnis, dessen Wahrscheinlichkeit geradezu verschwindend gering ist. Hiermit habe ich soeben bewiesen, dass du ein Wunder bist. Und jetzt geh in die Welt und behandle dich und das Leben wie das Wunder, das du bist!*«

Ich hoffe, du hast wirklich verinnerlicht, wie außergewöhnlich es ist, dass gerade *du* lebst, und dann auch noch dieses Buch liest!

Schwester, du bist nicht auf die Welt gekommen, um ein Leben lang ein und denselben Job zu machen, der dich schon während deiner Ausbildung gelangweilt hat. Und nein: Du bist auch nicht auf diesem Planeten, um deine Zeit mit Menschen zu verbringen, die dein Potenzial nicht erkennen, dich nicht wertschätzen, nicht als das Wunder sehen, das du bist. Vor allem aber bist du nicht auf die Welt gekommen, um ein Leben zu führen, welches beliebig ist und keinen wirklichen Ab- und Eindruck hinterlässt, nichts einführt in unser bestehendes System.

Du bist ein Wunder, geliebte Schwester. Für die Brüder oder diversen Geschlechter, die dieses Buch lesen: All das gilt selbstverständlich auch für dich. Du bist auf diesem Planeten, weil du eine Aufgabe hast. Eine, die dich persönlich erfüllt, und zeitgleich dazu beiträgt, dass dieser Planet ein besserer ist, weil *du* lebst!

Fang an, dich und deine Fähigkeiten wie ein Wunder zu behandeln!

Ich freue mich so sehr, dass du dieses Buch nicht nur gekauft hast, sondern es liest, manche Stellen hoffentlich immer und immer wieder. Dein Leben wird sich ändern. Du wirst so vieles an und in dir hinterfragen, verstehen und erkennen und vor allem anfangen, dich als das zu sehen, was du bist, Schwester:

EIN WUNDER! #WIRsinddieTöchterderHexen-dieihrnichtverbrennenkonntet!

Wie schön, dass es dich gibt, und *btw. you have officially been pimped.* Du bist jetzt ein Teil meines persönlichen **Hexenclubs**. Ein Teil meiner **Freakin' Fiery Female Family!**

Und du weißt ja:

Avrah k`davra. Ich werde erschaffen, während ich spreche.

In einer Zeit, in der für viele das Gewohnte wegbricht und sie gezwungen sind, sich neu zu erfinden und mit sich selbst auseinanderzusetzen, wächst das Bedürfnis nach »Führung«. Nach jemandem oder etwas, der oder das die Richtung weist. Nach einem, der sagt, was »gut« für einen ist, was der nächste, der beste Schritt und nicht nur der nächstbeste ist. Etwas, das Hoffnung stiftet und das große Glück in Aussicht stellt. Quasi eine magische Formel. Ein Zauberspruch und schwupps, alles wird besser, ohne Aufwand, ohne Arbeit … *Jap, äh, ne.* So funktioniert das nicht! Was ist, wenn ich dir sage:

»You had the power all along, my dear!«
(Wizard of OZ)

Es wird Zeit, dass wir unsere eigene Führung übernehmen, aufhören, die Macht an andere abzugeben und anfangen, wirklich Verantwortung zu übernehmen und uns für uns und unsere eigenen Belange einsetzen, Schwester. Es wird vor allem Zeit, dass wir erkennen, das wir über Superpower verfügen, von deren Existenz die meisten von uns allerdings keine Ahnung haben. Na ja, um genau zu sein, handelt es sich um ganz »normale« Fähigkeiten, die jede von uns in sich trägt, die lediglich in Zeiten des Nicht-besser-Wissens bzw. der Machtgewinnung dämonisiert wurden. Diese »übersinnlichen Fähigkeiten« sind eigentlich ziemlich natürliche. Weder über- noch untersinnliche Fähigkeiten, schlicht Fähigkeiten unserer (nicht physischen) Sinne, die wir oftmals »vergessen«, »verlernt« oder »abgelehnt« und uns damit eines sehr wichtigen Teiles beschnitten haben.

Und darum geht es in diesem Buch, dass wir diese Fähigkeiten wieder neu oder manchmal zum ersten Mal entdecken. Es geht außerdem darum zu erkennen, dass wir in

Glaubenssystemen und leider auch in einer Gesellschaft aufgewachsen sind, die nicht darauf ausgelegt ist, unser Wachstum zu fördern, sondern darauf, uns kleinzuhalten. »Frauen an die Macht« klingt super, ist allerdings meist nur eine Theorie, nicht einmal eine Quote kann bisher Ausgleich ins Machtverhältnis Mann – Frau bringen.

Es geht in diesem Buch nicht um Okkultismus, Glauben in religiösem Kontext oder irgendein anderes indoktriniertes Geschisse. Da bin ich sowas von raus! Dennoch kann dieses Buch eines der wichtigsten sein, welches du zwischen die Finger bekommst. Dieses Buch hat die Macht, dein Leben zu hundert Prozent zu verändern, wenn du das möchtest und es zulässt.

Ich werde dir gemeinsam mit anderen Töchtern zeigen, warum du bisher nicht dahingekommen bist, wo du hinwillst, und viel wichtiger: wie du das zukünftig schaffen kannst!

Dieses Buch führt dich zurück in *deine Mitte.*

Zurück zu dir, dieser wunderbaren, starken, intuitiven, schöpferischen, passionierten, kreativen Wonderwoman, die du schon immer warst, aber vor allem bist. Such dir einen Lieblingsplatz, schließ die Tür von innen ab, Handy aus, Mann, Kind, Hund raus, Ohrstöpsel in die Ohren (hör dir dieses Buch an) und lies es parallel, wenn möglich. Und dann kümmere dich endlich mal um dich. (Leichter gesagt als getan, *I know!* Für mich heißt das um fünf Uhr aufstehen für *MeTime,* bevor alle anderen *WeTime* wollen.)

Ich will ehrlich sein, dieses Buch kann alles verändern, aber nur, wenn du es zulässt und offen bleibst, auch wenn du manches zum wiederholten Male hörst und anderes zum ersten Mal. Vor allem aber musst du die Arbeit machen, die nötig ist, um alte Paradigmen zu überschreiben, Neues zu erlernen und zu verinnerlichen. Das alles ist nicht schwer, aber dennoch herausfordernd. Es braucht ein wenig Geduld und Durchhaltevermögen, wenn du in der Tiefe etwas verändern willst. Und das ist nun mal Grundvoraussetzung, wenn du in deinem Außen etwas verändern willst.

»Your personality shapes your personal reality«, wie der fabelhafte Joe Dispenza[1] immer so schön sagt, dessen Videos ich liebe und an dieser Stelle von Herzen empfehle. *The same old you* wird da keine neue Realität schaffen können. Wie hat Einstein so treffend gesagt:

> **»Die Definition von Wahnsinn ist, immer dasselbe zu tun und ein neues Ergebnis zu erwarten.«**

Schade eigentlich. Wie geil wäre es denn, wenn man abends Queso und Vino macht und morgens abgenommen hat?

Früher dachte ich im Zusammenhang mit Hexen an Bibbi Blocksberg, an die »Weird Wisters« aus »Macbeth« oder die »Hot sisters« von »Charmed«, der Serie aus meinen Teeniezeiten. Dass ich mich irgendwann ausführlicher mit diesem Phänomen der »Hexe« auseinandersetzen würde, war für mich nicht abzusehen. Interessanterweise hat eine meiner Tanten an einem Buch über die Hexenverfolgung in und um Köln gearbeitet. Ihre Ausführungen über die Gräueltaten, die den Frauen angetan wurden, und dem riesigen Anteil der Kirche an diesen Szenarien fand ich schon damals faszinierend – und abstoßend zugleich. Aber erst durch das Interesse meiner Tante an dem Thema und dem daraus entstandenen Wissen darum, dass am Melaten-Friedhof in Köln, früher auch Galgenberg genannt, die Hinrichtungsstätte Katharina Henots (und dreißig weiterer vermeintlicher Hexen) war, habe ich wirklich eine Ahnung davon bekommen, was Ende des Mittelalters, Anfang der Neuzeit (gefühlt vorgestern) hier los war.

Ich weiß, dass ich oft gedacht habe, dass ich, wäre ich früher geboren worden, auf jeden Fall auch als Hexe verbrannt worden wäre. Zu der Zeit habe ich das »Hexending« und den Anteil der Kirche daran schlicht als »kranke Scheiße« abgetan und mich nicht weiter damit beschäftigt. Schon als junges Mädchen hat mich die Stellung der Frau, oder soll ich es treffender als Missstellung der Frau im Kosmos der Kirche und der Gesellschaft beschreiben, allerdings ziemlich angepisst. Ich konnte ja nicht ahnen, dass ich an meinem 41. Geburtstag einen Traum haben würde, in dem mir der Titel und das Cover des Buches, welches du gerade liest, erscheint, und ich dieses dann auch noch schreiben würde. *#Dingegibts*

Eins weiß ich mit Gewissheit: Mit diesem Buch mache ich mir nicht nur Freunde, aber das ist bei mir und meinem ungefilterten Mundwerk nichts Neues. Fakt ist: Dieses Buch wird gebraucht, jetzt mehr denn je.

Das Wichtigste ist, dass dieses Buchs dein Leben komplett verändern kann.

Denn es wird dich auffordern, alles bisher als »sicher« Geglaubte zu hinterfragen und dir eine tatsächlich eigene Meinung zu bilden. Mein Leben hat es bereits verändert.

Also trau dich, Schwester, lies! Dieses Buch ist für dich, für mich, und Abertausende *Töchter der Hexen, die sie nicht verbrennen konnten.*

#eswirdzeit

Hexenwahn – Then and now

Keine Frage, das Ende des Mittelalters war keine gemütliche Zeit: Hungersnot, die kleine Eiszeit und brutale Knechtschaft des Volkes. Da ging es nicht um Persönlichkeitsentwicklung, agile Körper, Meditation mit Kokoswasser und Selbstverwirklichung, sondern um das nackte Überleben. Je härter und rauer die Umstände, desto rauer und verrohter wird der Mensch. Das hat die Historie wiederholt bewiesen. In solchen Zeiten hängen sich die Menschen gern an eine Führung, eine Obrigkeit, die den Weg vorgibt und bei der sie um Schutz vor den Dingen, denen sie schutzlos ausgesetzt sind, bitten können. Außerdem brauchen sie einen Schwächeren, an dem sie den Frust auslassen können. Einen Sündenbock, den sie für ihr Leid verantwortlich machen und dem sie selbiges zufügen können, um sich besser zu fühlen. Die Schwächsten der Gesellschaft haben sich dafür stets am bestens geeignet. Dumm nur, dass das bisher immer Frauen und Kinder waren. Aber das ändern wir ja gerade.

Der Hexenglaube ist übrigens kein Phänomen des Mittelalters. Quer durch die Zeiten und Kulturen gab es den Glauben der Menschen an »Zauberer« und »Hexen«, die durch »Schadenszauber« anderen Leid zufügen konnten, aber auch den Glauben an »gute Geister«, »Elfen«, »Feen«, »Kobolde«, »Götter« und »Göttinnen«, deren Zuspruch und Schutz erbeten wurde. Der Alltag war geprägt von Ritualen der Verbundenheit, des Schutzes und der Zerstörung. Es war ein Weg, um die Zugehörigkeit zum großen Ganzen zu zelebrieren und sich die Rätsel dieser beeindruckenden Welt, dieses phänomenalen Universums zu erklären.

Durch Opfergaben, Zauber- und Segenssprüche versuchten die Menschen, sich das Übernatürliche gewogen zu halten und sich beliebt zu machen. Wirklich Schiss hatte man nur vor der »schwarzen Magie«, die der »dunklen Seite der Macht« diente. Die »weiße Magie«, der »Schutzzauber« vor dem Bösen, wurde überall praktiziert und geduldet. Zaubersprüche, Amulette und Hexagramme zur Abwehr des schwarzen Zaubers gab es in fast jedem Haushalt.

Das Bild zum Wort »Hexe« war nicht immer mit der »dunklen Seite der Macht« assoziiert. Die Vorstellung von der alten, alleinstehenden, bösartigen Frau, krumm, aufmüpfig, eigensinnig, verwarzt etc., die wir in Märchen finden, hat sich erst entwickelt und setzt sich historisch gesehen aus unterschiedlichstem Aberglauben zusammen.

Fakt ist: Es gibt viele Hochkulturen weltweit, in denen Frauen zuvor als Fruchtbarkeitsgöttinnen verehrt wurden, in denen wir Berufe inmitten der Gesellschaft und absolute Machtpositionen innehatten. Um genau zu sein, bildeten die Frau und das Kind den Mittelpunkt der Gesellschaft, so wie es primär auch im Tierreich verbreitet ist und der natürlichen Ordnung entspricht. Die Dämonisierung vieler Frauen zur »Hexe« wurde nicht durch eine männlich geführte Kirche erfunden, aber definitiv geschürt. Sie wuchs sich sogar teilweise zu einem frauenverachtenden Wahn aus und drängte die Frau in ihrer Stellung für die Gesellschaft an den Rand. Vieles aus dem Wissen um die Heilkunde und die über Generationen weitergegebenen Rituale der Verbundenheit mit der Quelle, dem universellen Ursprung, wurde so fast ausgelöscht. Die Auswirkungen spüren wir noch heute. Oder soll ich sagen: besonders heute.

Hexen wurden für Krankheiten, Tod, Naturkatastrophen, wirtschaftliche Ausfälle, die Impotenz des Mannes, Unfruchtbarkeit im Allgemeinen und für alles, was Leid verursacht, verantwortlich gemacht. Auch Männer wurden übrigens als Hexer auf dem Scheiterhaufen verbrannt. Die erdrückende Mehrheit der geschätzten 60.000 Menschen, die Ende des Mittelalters im Großraum Europas (hauptsächlich jedoch in Deutschland) gefoltert und hingerichtet wurden, waren allerdings Frauen, und leider sogar Kinder. Zauberei war bereits im Alten Testament verboten, doch die systematische Verfolgung erfolgte erst im Zuge der Inquisition.

Ins Heute übertragen können wir uns die Inquisition als Sondereinsatzkommando der Abteilung »Glaubensfragen« der Kirche vorstellen. Dass diese vierhundert Jahre andauern und Abertausende Frauen das Leben kosten würde, dafür waren allen voran ein kleiner, unscheinbarer Dominikanermönch und sein Komplize verantwortlich: Heinrich Kramer, ein fanatischer Mönch und Urheber des »Hexenhammers«, der sich zunächst auf die Verfolgung und Hinrichtung von Juden einschoss, dann aber offensichtlich seine Lebensaufgabe darin sah, seinen Hass gegen Frauen auszuleben, indem er sie foltern und verbrennen ließ, und sein Mitautor, Jakob Sprenger, damaliger Dekan der Hochschule für Theologie in Köln. (Jap, Bildung war noch nie mit Intelligenz gleichzusetzen!)

Über Umwege wurde der vom Frauenhass getriebene Kramer offizieller Hexenbeauftragter des Papstes (Sixtus IV.) und von ihm persönlich quasi zum »Ober-Inquisitor« ernannt. Das heißt, das gestörte Mönchlein durfte im Alleingang kirchliche Gerichtsverfahren gegen Andersgläubige durchführen. Ich will nicht unerwähnt lassen, dass der fanatische Kramer innerhalb der eigenen Reihen durchaus kritisch beäugt wurde. In Innsbruck scheiterte er daran, sieben Frauen ohne stichfeste Beweislage zu verurteilen und hängen zu lassen. Der Bischof der Diözese Brixen, Georg Golser, welcher Kramer als kindisch und schlicht verrückt beschrieb, vertrieb ihn sogar aus seiner Diözese. Kramer leckte seine Wunden und sein angeknackstes Ego, indem er eines der folgenschwersten und leider auch erfolgreichsten Bücher der kommenden Jahrhunderte schrieb: den »Malleus Maleficarum«, zu Deutsch »Hexenhammer«.

Das dreibändige Werk regelte das Strafverfahren gegen »Hexen« von der Anklageerhebung bis zur Verurteilung und Hinrichtung. Der »Hexenhammer« wurde überall in Europa angewandt und war in jeder deutschen Rats- und Kirchenbibliothek zu finden. Das verhängnisvolle Werk erschien in 29 Auflagen, war ein absoluter Bestseller und löste nach seiner Veröffentlichung im Mai 1497 die erste große Welle der Hexenverfolgung in Deutschland aus.

Um kurz zu veranschaulichen, dass ich nicht bloß, weil ich gerade menstruiere, den »Hexenhammer« als frauenverachtend empfinde, hier ein paar der »schönsten Aussagen« aus dem Buch.

Die Frau wird als das »schlechteste Wesen der Schöpfung« und als »von Natur aus schwach im Geiste« beschrieben, und damit »den Einflüsterungen des Teufels besonders leicht zugänglich«. Kramer umschreibt darin das Weib als »nichts anderes als eine unentfliehbare Strafe, ein begehrenswertes Unheil. Ein Weltunheil mit schöner Farbe bestrichen«. Für Kramer war jede Frau eine potenzielle »Teufelshure«. Hexen wurde der Pakt mit dem Teufel nachgesagt, oftmals der Sexualakt.

Die »Teufelsbulschaft« war ein fester Straftatbestand bis ins 18. Jahrhundert.

Dieser Begriff umschrieb den »Sex mit dem Teufel«, und als Strafe erfolgte die vom Gericht akzeptierte Vergewaltigung der Frauen, »um ihnen den Teufel wieder auszutreiben«. Eine gängige und akzeptierte Foltermethode, um ein Geständnis zu bewirken. *#Nochfragen?*

Aber wer waren die Frauen, die so verfolgt und hingerichtet wurden? Es hält sich hartnäckig der Glaube, dass es meist »weise« Frauen waren. Frauen aus heilenden Berufen, Hebammen, Kräuterfrauen, Frauen mit magischem Wissen und »übersinnlichen« Fähigkeiten. Mit diesen Professionen hat es vielleicht begonnen, aber das tatsächliche Verbrechen zur damaligen Zeit bestand schlichtweg darin, eine Frau zu sein. Eine in einer Machtposition, eine mit Geld, eine mit einem einflussreichen Beruf, eine Witwe mit einer üppigen Mitgift, eine Frau, die sich »dem Falschen« verwehrt oder hingegeben hat. Eine, die zu gebildet war, eine, die zu viel wusste. Eine, die einfach im Weg war. Die Inquisitoren förderten das (fälschliche) Denunzieren innerhalb des Volkes, der Nachbarschaft, der Familien nicht nur, sondern forderten es sogar. Die Angst vor »Hexen« wurde systematisch geschürt. Jede noch so haltlose Anforderung wurde zur Anklage gebracht, der Denunziant blieb anonym. Rechtfertigen, abstreiten, sich verteidigen ging nicht. Die Frauen wurden so lange gefoltert, bis sie gestanden und unter grausamer Folter andere Frauen (fälschlich) denunzierten. Viele Frauen, die nicht geständig waren, starben bereits an der Folter oder ihren Folgen, bevor sie bei lebendigem Leib verbrannt werden konnten.

Jetzt denkst du wahrscheinlich, puh, zum Glück sind diese kranken Zeiten vorbei. Ähm, nicht im Ansatz! Mit Stand Ende 2020 werden immer noch Menschen als »Hexen« getötet. Der 10. August 2020 wurde vom missio-Hilfswerk zum ersten »Internationalen Tag gegen Hexenwahn« ernannt.[2] Das Netzwerk beschreibt dies als Zeichen und Hilfeschrei im Kampf für die Menschenrechte, gegen Gewalt und Machtmissbrauch. Denn noch heute werden in mindestens 36 Ländern, meist in Afrika, Südostasien und Südamerika unzählige unschuldige Menschen als Hexen denunziert, verfolgt, gefoltert und ermordet. Es wird angenommen, dass in den letzten sechzig Jahren weltweit mehr vermeintliche Hexen getötet wurden als in den vierhundert Jahren europäischer Hexenverfolgung.

Das Tragische ist, dass damals wie heute die Gründe dafür fast identisch sind. Opfer sind die Schwächsten und Schutzlosen der Gesellschaft. Meist Frauen, oft Kinder, aber zunehmend auch Männer. Kranke, verwitwete Frauen, Frauen, die Fehlgeburten erlitten haben oder deren Männer an tödlichen Krankheiten verstorben sind. Kinder mit Krankheiten oder jene, die schlicht ungewollt sind. Die Verfolgung der Hexerei findet immer noch dort Nährboden, wo Unglück zu Hause ist. Bei Hungersnöten, Naturkatastrophen, Krankheit. Die Ursachen des Unglücks wird mit »Schadenszauber« erklärt, der durch »Hexen« herbeigeführt wird. Aber auch Neid und Missgunst sind Faktoren, die dazu führen, dass die Menschen einander der Hexerei bezichtigen und die »Strafen«, Ausgrenzung, Schändung, Missbrauch bis hin zu Mord, selbst in die Hand nehmen.

Wir müssen allerdings weder geografisch noch in der Zeitachse allzu weit schauen. Erst 1944 wurde in England die Schottin Helen Duncan aufgrund des *Witchcraft Act*, ein Anti-Hexereigesetz aus dem Jahr 1735, zu neun Monaten Gefängnis verurteilt.[3] Helen Duncan, eine Betrügerin, war nur eine weitere von Tausenden von Frauen, die als Hexe verurteilt wurde, weil sie im Weg war, unangenehm auffiel, weil sie Informationen preisgab, die nicht öffentlich werden sollten.

Vielleicht ist in Europa die physische Hexenjagd kein Thema mehr, wenn du aber mal schaust, wie in Social Media mit Frauen umgegangen wird, dann findet dort ganz klar der next-level-Shit des Hexenwahns statt. Hexenjagd 4.0.

Katharina Henot, eine Hexe, die nie eine war!

Katharina Henot war eine von vielen bemerkenswerten Frauen, die Männern ein Dorn im Auge war und deswegen zum Tode verurteilt wurde. Die wohlhabende Patrizierwitwe und ehemalige Postmeisterin war wahrscheinlich die bekannteste Frau, die in Köln als Hexe verbrannt wurde. Ich habe dieses Beispiel gewählt, weil ihre Geschichte als Paradebeispiel dafür steht, dass Frauen zum damaligen Zeitpunkt einfach rasch verkackt hatten, wenn es jemanden gab, der sie loswerden wollte. Für Frauen gab es zur Zeit der »Hexenverfolgung« schlichtweg keine Ge*RECHT*igkeit. Selbst das vorhandene Recht wurde ignoriert und manipuliert, wie es eben passte, um das erwünschte Ziel zur erreichen. Nicht selten war ein Motiv für die Denunziation als Hexe, eine Frau aus dem Weg zu räumen, um sich ihrer Besitztümer anzueignen. Frauen waren der Willkür derer ausgesetzt, die die Gesetze machten. Männer. Und erschreckenderweise sind wir das teilweise heute noch.

Zurück zu Katharina. Ihre angesehene Familie und die damit verbundene gesellschaftliche Stellung hätte sie vor dem Schicksal, als Hexe hingerichtet zu werden, schützen sollen. Aber wahrscheinlich war es gerade der einflussreiche Status, der ihr Schicksal besiegelt hat.

Katharina war Tochter eines Einwandererehepaars.[4] Ihr Vater Jakob Henot und seine adlige Ehefrau Adelheid de Haen waren aus den Niederlanden nach Köln eingewandert. Jakob Henot war ein fleißiges Kerlchen und arbeitete sich hoch bis zu einem in der damaligen Zeit begehrtesten Posten des Reiches als Kaiserlicher Postmeister. *Jap, pretty big.* Dies brachte der Familie nicht nur Reichtum und Ansehen, sondern auch Neider. Seine Ambitionen führten zu Konflikten mit der herrschenden Fürstenfamilie Taxis, die Henot die Position entzog und mit einem aus den eigenen Reihen besetzte. (*Damn it,* Vetternwirtschaft ist so alt wie die Menschheit.)

Zwanzig Jahre kämpften Katharina und ihr ältester Bruder Hartger in einem Rechtsstreit darum, dass das Amt zurück an ihren Vater ging, was ihnen schlussendlich gelang, allerdings erst, als dieser mit 94 Jahren schon ziemlich tattrig war. Katharina und Hartger übernahmen seine Arbeit, was sicherlich vielen (Männern) übel aufstieß. Die Henots waren insgesamt eine erfolgreiche Familie. Einige der vielen Geschwister bekleideten sehr hohe Posten in der Kirche. Allen voran der älteste Bruder Hartger, der Doktor beider Rechte, Kölner Domkapitular, Dekan des Stift Sankt Andreas und Propst des Severinstifts war. Hartger war gewiss nicht die dunkelste Kerze auf dem Kuchen und unter den »Kirchen-Bros« nicht ohne Einfluss. Katharina war nach dem Tode ihres Mannes samt Tochter und Schwester in das Kölner Klarissenkloster eingetreten und galt als spendable, angesehene Frau, die im Leben ihren Mann stand. Aber auch sie konnte der Willkür der damaligen Zeit nicht entkommen. (Offensichtlich sind die Mädels im Kloster auch nicht frömmer als im Club.) Missgunst, Neid und Gewinnsucht wurden Katharina zum Verhängnis. Sie wurde von diversen Ordensschwestern des Schadenszaubers und der Teufelsbuhlschaft (das Pimpern mit dem Teufel persönlich!) angeklagt, und diese forderten die größtmögliche Härte gegen sie.

To keep a story short: Katharina und Hartger versuchten alles, um ihren Ruf zu rehabilitieren, gerichtlich gegen die »üble Nachrede« vorzugehen und von ihrem »Recht« Gebrauch zu machen. Es hätte diverse Möglichkeiten gegeben, Katharina vor dem Tode zu bewahren. Es war bloß nieman*(n)*d daran interessiert, die Guteste zu verschonen, die trotz mehrfacher intensiver Folter nicht geständig war und keine weiteren Frauen denunzierte. (Was selbst nach damaligem Recht übrigens zu einem Freispruch hätte führen müssen!) Und so wurde aus der Patrizierwitwe und ehemaligen Postmeisterin, aus der beliebten Ordensschwester, eine gefolterte, verkrüppelte Frau und schlussendlich eine auf dem Scheiterhaufen brennende »Hexe«. Sie wurde erst erdrosselt und dann verbrannt, sicher ist sicher. Eine Bedrohung weniger für das Patriarchat der damaligen Zeit. Ihrem Schicksal folgten leider viele weitere.

Auch wenn es nur ein schwacher Trost ist: In vielen Gemeinden wurden und werden immer mehr als »Hexen« verurteilte Frauen post mortem rehabilitiert. Und so wurde auch der Ruf von Katharina am 28. Juni 2012 gemeinsam mit dem von 37 weiteren Frauen vom Kölner Stadtrat wiederhergestellt. Aus der Henot-Straße wurde die Katharina-Henot-Straße, und aus der städtischen Gesamtschule in Höhenberg die Katharina-Henoth-Gesamtschule. Die, die ich einst zeitweise besucht habe. Außerdem war sie eine der wenigen Frauen, die mit einer Statue am Kölner Rathausturm geehrt wurde.

Katharina Henoth

Die Kölner Band »Bläck Fööss« hat der wertgeschätzten Katharina ein Lied gewidmet, welches ihr Leben und das Unrecht, das ihr widerfuhr, besingt. Falls ihr es euch mal anhören wollt, hier ist der Link dazu: *https://music.youtube.com/watch?v=nG-wH2zQpAc&list=RDAMVMnG-wH2zQpAc*

Diese dunkle Episode hat in der weiblichen Historie für alle nachfolgenden Generationen von Frauen etwas verändert. Nicht zum Positiven. Nicht nur, dass wir aus einer »relativ« gleichberechtigten Situation an den Rand der Gesellschaft, zum Add-on des Mannes degradiert wurden, nein, sie hat etwas mit unserem kollektiven weiblichen Bewusstsein gemacht. Die sogenannte »Witchwound« hat unsere (Epi-) Genetik verändert. Transgenerationelle Traumata erkennt die Wissenschaft seit der Erforschung der »Kriegsenkelproblematik« zumindest bis in die dritte Generation an. Dass

Trauma aber schon lange, bevor es »die Wissenschaft« gab und dazu untersucht hat, in uns gewirkt haben, ist klar.

Abertausende Rückführungshypnosen deuten auf übertragenen Stress aus vorherigen Leben hin. Die »Witchwound« hat sich in unseren Körpern festgesetzt – die Angst davor, erfolgreich, sichtbar, eigenständig, wissend zu sein. Die Angst vor dem Ausschluss aus der Gruppe, das dringende Bedürfnis dazuzugehören und anerkannt zu werden. Nicht als »Bedrohung« aufzufallen. Die Angst vor der Macht der eigenen Stimme und Schöpfeskraft und die Angst davor, diese für die eigenen Belange einzusetzen, kommt nicht von ungefähr. Ein Großteil liegt in unserer kollektiven und nicht in unserer persönlichen Erinnerung begründet. Wenn eine unserer Ahninnen auf dem Scheiterhaufen verbrannt wurde, hat das Wissen darum, oder noch wahrscheinlicher, das erzwungene Teilhaben an diesem grauenvollen Erlebnis, bei allen anwesenden Frauen etwas bewirkt. Sogar wenn die anwesende Frau eine von »denen« war, die für die Verbrennung war, hat sich ein Gedanke tief in ihr Unterbewusstsein wortwörtlich »eingebrannt«. Der Gedanke, dass alles, was immer du auch vorhast, dazu beiträgt, dass du als andersartig, als Heilerin oder Gelehrte, in irgendeiner Form Begabte, als Bedrohung, Hexe oder schlicht als zu unbequem für das Patriarchat empfunden wirst ... stell diesen Gedanken ab. Oder praktiziere ihn nur im stillen Kämmerlein. Niemals, aber auch niemals darfst du damit rausgehen oder es gar an die große Glocke hängen. Und unterbewusst hemmt uns die Angst vor den Konsequenzen heute noch. (Siehe dazu Interview Tanja Klein Seite 224f.)

Ob ich als Gesangslehrerin, als Voice & Videocoach, die Frauen dabei hilft, via Video ihre Message zu verbreiten, oder als interviewende Fernsehredakteurin für Formate des ZDF und der BBC tätig war, eines fiel mir sehr oft auf: die **Unsicherheit, die besonders von Frauen vor der Kamera ausging.** Wenn man hinter der Kamera steht, ist die

Unsicherheit in der Haltung und im Tonfall am auffälligsten. Es gibt keine direktere Reflexion deiner selbst. Hier kommen Mimik, Gestik und Stimmtonus zusammen, das, was dich nach außen als »Du« ausmacht. Selbstwahrnehmung und Außenwahrnehmung sind da oft meilenweit auseinander, und sowieso ist der Eindruck von einer Person eine sehr subjektive Sache. In einem Video zeigt man sich »nackt«. Du als Person machst dich zur Zielscheibe. Und sich unsicher in einer Situation zu zeigen, in der du Sicherheit vermitteln willst, kann in jeder Lebenslage unpraktisch sein, nicht nur im Video. Dank unserer Spiegelneuronen merkt der Zuschauer genau, dass hier etwas *unSTIMMig* ist.

Wir erleben dies täglich im Internet. In dieser Arena wird selten konstruktiv auf inhaltlicher Ebene kritisiert. Nein, hier können rückgratlose Menschen anonym so richtig vom Leder ziehen und den eigenen Frust an anderen auslassen. Schnell kommt dabei die alte Angst vor Ausgrenzung, vor dem Ausstoß aus der Gruppe zum Tragen, eine tief in uns gelagerte real existente Todesangst. Denn früher konnte der Ausschluss aus der Gruppe gleichbedeutend mit dem Verhungern sein. Heute überleben wir rein physisch solch eine Ausgrenzung, allerdings ist diese Veränderung in unseren Zellen noch nicht angekommen. Der Geist befiehlt zwar dem Körper, aber wenn es um Todesangst geht, greift dieser auf Programme zurück, die nicht mit dem Intellekt gesteuert werden. Rationalität wird ausgeschaltet.

Ich habe erlebt, dass erwachsene gestanden Frauen, Unternehmerinnen, geweint haben, nachdem sie bei einem aufgenommenen Video auf »veröffentlichen« gedrückt haben. Andere hatten buchstäblich Todesangst vor der Freischaltung ihrer Website. Dahinter steckt heute noch oft die Angst, sich durch Sichtbarkeit verletzlich zu machen und ausgestoßen zu werden. Wer sich damit intensiver beschäftigt, wird ein Verhalten, das ursprünglich als lächerlich abgetan wurde, auf einmal nachvollziehen können. Deshalb und aus vielen, vielen weiteren Gründen ist es wichtig, dass wir anfangen zu verstehen, wie nachhaltig auch ein kollektives Bewusstsein in unseren Adern fließt, und wir lernen zu separieren. Dieses kollektive Bewusstsein ist nicht nur von Nachteil, im Gegenteil. Es ist ein schier unmessbarer Schatz, der uns innewohnt, dessen Zugang wir vergessen haben. Ich kriege Schmetterlinge im Bauch, wenn ich bloß daran denke.

Dieses Buch wird dich lehren, deine Glaubenssätze, die bisher eher Glaubenshetze waren, in Glaubensschätze umzuwandeln.

Hexenwahn 4.0 – Next level Shit

Hexenwahn hat weltweit heute noch das Sterben vieler Frauen, Kinder und Männer zur Folge. Der »Hexenwahn 4.0« ist perfider als früher und führt oft zum sozialem Tod. Das Mittel der Wahl ist dabei Social Media – neue Formen, die der geschlechtsspezifischen und sexualisierten Folter von damals kaum nachstehen. Damals wurde den Frauen von den Vollstreckern des Gerichts brutal der Teufel ausgetrieben. Wortwörtlich, denn sie wurden vergewaltigt. Durch das Gericht. Heute wird Frauen auf unterschiedliche Arten sexualisierte mentale Gewalt angetan. Die Cybermobbing-Raten und -Arten steigen.

Der »Revenge Porn« zum Beispiel. (Kennste nicht?! Ja, kannte ich auch nicht, zum Glück!) Männer machen sich »einen Spaß« daraus, intime Videos gegen den Willen oder zumindest ohne das Wissen der Geschädigten – meist die (Ex-)Freundin – auf einschlägigen Portalen öffentlich online zu stellen, um die Frauen zu erniedrigen und zu schänden. Dies ist nicht nur häufig auftretende Praxis, sondern füllt ganze Pornoportale, die sich ausschließlich auf Revenge Porn spezialisiert haben. Diese Straftat findet nur selten den Weg vor Gericht bzw. zieht kaum einmal eine Bestrafung des Täters nach sich. Die Schändung des Opfers selbst ist sowieso nicht zurückzunehmen, denn was einmal im Internet kursiert, ist kaum mehr nachhaltig zu löschen.

Diese Art des »Slutshaming«, wie es die Täter bezeichnen, ist gang und gäbe und führt in manchen Kulturen sogar zur Tötung der Betroffenen, die dafür, dass ihr so übel mitgespielt wurde, auch noch eines unentschuldbaren »Fehlverhaltens« beschuldigt wird. In den meisten Teilen dieser Welt stirbt auf jeden Fall zumindest der gute Ruf der Geschädigten. Das wiederum führt gar nicht so selten, gerade bei Teenagern oder sehr jungen Frauen, sogar zum Selbstmord.

Slutshaming, Momshaming, Bodyshaming – »Shaming« steht für »Beschämen«, »Bloßstellen« und damit auch für »Schänden«. Der Begriff »Schande« hat seinen Ursprung im Wort »beschadet«. Das Ansehen der Opfer wird willentlich »beschadet«. Die Frauen erleiden den Verlust von Ansehen und Ehre und sind dadurch vor allem emotional oft für immer geschädigt, was das eigentliche Ziel der Täter ist. Auch Vergewaltigungsopfer werden häufig nicht nur durch den Täter, sondern sogar durch das Gericht »geschädigt«. Ihre Integrität und Ehre werden infrage gestellt, die Schuld wird akribisch beim Opfer gesucht. Das Opfer wird doppelt bestraft, weil es das Erlebte erneut durchleben und sich einer erniedrigenden Genitaluntersuchung und Befragung stellen muss. Genau deshalb kommt es in den seltensten Fällen zu einer Verurteilung. Von etwa hundert vergewaltigten Frauen erlebt eine die Verurteilung des Täters. Das liegt primär daran, dass 85 Prozent der Fälle gar nicht erst vor Gericht kommen, und von jenen 15 Prozent, die vor Gericht kommen, werden nur 7,5 Prozent der Täter verurteilt.[5] Die meisten werden aus Mangel an Beweisen freigelassen oder freigesprochen … also als unschuldig entlassen. Was das mit der Psyche der vergewaltigten Opfer macht, können wir uns ansatzweise vorstellen.

Ein Fall, der besonders »gut« die öffentliche Schändung eines Opfers demonstriert, ist der von Gina Lisa Lohfink, einer ehemaligen GNTM-Teilnehmerin. Sie ist ein Paradebeispiel für eine junge Frau, die für andere aufgrund ihrer Optik das Klischee einer Frau bedient, die nicht »ehrenhaft« behandelt werden muss. Wer *so* aussieht, sich so kleidet, so handelt, *der will es doch nicht anders*. Wer sie nicht kennt: Gina Lisa ist eine sehr stark tätowierte, offenkundig durch Schönheits-OPs veränderte, blondierte Frau, die für viele Männer der fleischgewordene feuchte Traum ist. Gina Lisa gehört in die Kategorie Frau, die man(n) gerne pimpert, aber nicht unbedingt der Mama vorstellt. Gina Lisa geizt nicht mit ihren Reizen, warum auch? Leider ist aber eine Frau, die ihre Sexualität frei und selbstbestimmt lebt, auch heute noch Freiwild für Männer, die glauben, dass sie *solche Frauen* benutzen und missbrauchen dürfen, wie es sie gelüstet, und dabei noch durch den Staat geschützt werden.

Erst durch Gina Lisas Fall und die sexuellen Übergriffe in der Silvesternacht 2015/16 in Köln wurde das deutsche Sexualstrafrecht dahingehend geändert, dass ein verbal geäußertes »Nein« auch das Beendigen eines Sexualakts nach sich ziehen muss. Vorher musste sich eine Frau lautstark und körperlich zur Wehr setzen bzw. war das »Gewaltelement« im Akt notwendig. Die Tatsache, dass eine Frau, die unter Schock steht oder Angst um ihr Leben hat, dazu weder mental noch physisch in der Lage ist, ist für das Gericht anscheinend irrelevant. Sie hat sich nicht mit Händen und Füßen gewehrt. Klar, dann hat sie es wohl gewollt! **fingerindenhalssteck*. Und selbst wenn das Opfer anhand (massiver) Merkmale am Körper nachweisen kann, dass Gewalt im Spiel war, ja, dann wollte sie es bloß »heftiger«. Und sogar hier gehen die Täter wohl viel zu häufig aus »Mangel an Beweisen« straffrei aus, weil das Opfer erst Tage nach dem Missbrauch und dem Schock in der Lage ist, die fortwährende Erniedrigung zu ertragen, die mit einer Anzeige oft einhergeht. Befragung, Untersuchung, Anschuldigungen.

Gina Lisas Fall ist deshalb so brisant, weil sie nicht nur

nicht als Opfer geschützt wurde und die Angeklagten straffrei ausgingen, sondern weil sie schlussendlich selbst als Täterin der Falschaussage bezichtigt wurde. Das Gericht verurteilte sie zu einer Geldstrafe in Höhe von 24.000 Euro.

Für die, die keine Ahnung haben, wovon ich rede: Gina Lisa wurde beim Sexualakt mit zwei Männern gefilmt, ihrer Sprache und ihrem Verhalten ist zu entnehmen, dass sie entweder stark alkoholisiert war und/oder unter dem Einfluss von Drogen stand. In dem Video sagt sie mehrfach, dass die Täter aufhören sollen zu filmen oder – *excuse my French* – ihr den Schwanz in den Hals zu stecken. Es entsteht durchaus der Eindruck, dass dieses Video von den Hauptakteuren absichtlich und bewusst produziert worden sein könnte, um es der Boulevardpresse zum Kauf anzubieten und so Kasse zu machen. Das Ganze kam durch mehrere Redakteure zur Anklage, die das Material zum Kauf angeboten bekommen hatten und aufgrund dessen, was sie sahen, der Polizei eine Vergewaltigung anzeigten. Männer wie Frauen identifizierten dieses Video klar als gefilmte Vergewaltigung. Gina Lisa selbst zeigte zuerst nur die Veröffentlichung gegen ihren Willen und erst viel später die Vergewaltigung an. Der Prozess selbst zog sich dann über viele Jahre.

Mir geht es hierbei nicht ausschließlich um Gina Lisa, der ich von ganzem Herzen wünsche, dass sie zur Ruhe kommt. Mir geht es darum, dass es viele Fälle gibt, in denen Frauen sexualisierte Gewalt angetan wird und Täter freikommen. Es hat sich nicht so viel geändert. Die Leidtragenden sind in den allermeisten Fällen die Frauen. Selbst im 21. Jahrhundert bist du als Frau gezwungen, die absolute Heilige, also die unbefleckte Maria zu geben, um im Zweifelsfalle als glaubhaft und vor allem »ehrenhaft« zu gelten. Eine Frau, die ihre Sexualität frei und selbstbestimmt lebt, muss auch heute noch die Stigmatisierung fürchten. Damals als **Hexe,** heute als **»Hure«, »Schlampe«, »Bitch«** etc. Wir sind noch lange nicht an dem Punkt, dass wir als Frauen frei und selbstbestimmt mit unseren Körpern umgehen können. Dass eine Frau, die den Ruf hat, ein »männerverschlingendes Luder« zu sein, nicht auf den Chefsessel eines großen Konzerns gewählt wird, ist (leider) klar. Wenn aber rauskommt, dass ein Konzernchef oder Aspirant seine Zeit mit »Koks und Nutten« verbringt, um das mal sehr klischeehaft darzustellen, ist er nach wie vor der »Hecht«, während die Frau 'ne »Bitch« ist. Diese diskriminierenden und einengenden Rollenstandards bilden nur eine der allgegenwärtigen perfiden Arten, uns Frauen kleinzuhalten und uns daran zu hindern, uns zu entfalten.

Eine frei gelebte, selbstbestimmte Sexualität ist ein großer Faktor in der Selbstbestimmung und Selbstermächtigung einer Frau.

Daher wundert es mich nicht, dass es gerade Männern mit weniger stark ausgeprägtem Selbstwert schwerfällt, damit umzugehen.

Schaut wir uns die weltweit steigenden Femizid-Raten an, ist es klar und vor allem erschreckend wahrzunehmen, dass viele Männer ihre (Ex-)Partnerinnen noch immer als persönlichen Besitz ansehen. »Einfach so« eine unglückliche Beziehung (die oftmals schon innerhalb der Beziehung gewalttätig ist) zu verlassen, endet für viele Frauen auf der Welt regelmäßig mit dem Tod. Die Rate der Femizide und die Art und Weise, wie seitens eines meist männlichen Gerichts das Recht (welches primär von Männern kreiert wurde) angewendet wird, zeigt, dass wir Frauen klar benachteiligt sind und WIR einiges ändern müssen. Ihr werdet in diesem Buch immer wieder lesen. Es. Ist. An. Uns. Denn ich sehe es nicht allzu bald kommen, dass Männer für uns aufstehen und in unserem Namen Umstände ändern, die für sie zum

Nachteil gereichen würden. Ich betone es: Ich habe nichts gegen Männer, ich liebe Männer. Primär erst mal meine. Aber dass es 2021 immer noch als gegeben hingenommen wird, dass Männer »halt aus Verletztheit« ihre (Ex-)Frauen oder ganze Familien ermorden, zeigt lediglich, dass wir nach wie vor nicht den gleichen Stellenwert in der Gesellschaft haben wie Männer.

Ich führe diese männliche Dominanz zu hundert Prozent auf das durch unsere Religion(en) geprägte Frauenbild, dessen Auslegung und seine Interpretation durch Männer zurück. Der Ursprung ist im christlichen Abendland wie im Islam derselbe. Religion wird von Männern zur Machtausübung über die Frau instrumentalisiert. *As plain as it can be.*

Schauen wir uns einfach die Inhalte des meistverkauften Märchenbuches der Welt, der Bibel, genauer an, dann gibt es zwei Entstehungsgeschichten der Menschheit. In Gen 1,1–2,3[6] wird von der Schöpfung innerhalb von sieben Tagen geschrieben, wobei die Menschheit in ihrer männlichen und weiblichen Erscheinungsform gleichzeitig als (Ab-)Bild Gottes erschaffen wird. *#Gleichzeitigundebenbürtig.* Damit widerspricht die Art und Weise, wie die römisch-katholische Kirche das Wort Gottes umsetzt, dem »Wort Gottes« selbst. Denn demnach sind alle Menschen vorbehaltlos gleich (Adam = Mensch) und nach seinem Ebenbild kreiert.

Müssten wir dann nicht alle gleich behandelt werden und die gleichen Möglichkeiten innerhalb der kirchlichen *Bro'-Show* haben? **amkopfkratz*

Die Bibelstelle Gen 2,4–3,24[7] macht das Fass noch mal neu auf, allerdings ohne die Sieben-Tage-Nummer *(I mean for real,* so effizient ist selbst Gott nicht) und lässt dort einen Menschen als Erstes von Gott gebildet werden, dann alle Tiere und zum Schluss eine Frau aus Adams Rippe. PS: Auch wenn in dieser Version des Märchens die Frau erst nach dem Mann und nach allen Tieren (noch Fragen?!) kreiert wurde, steht auch in Genesis 2, dass Gott dem Mann *»eine Hilfe* *macht, die ihm entspricht«*. Hier steht aber gar nichts von einer, die ihm untertan sein muss. Das haben erst die Gelehrten (Männer) daraus gemacht.

Diese beiden Texte stammen übrigens – mit einer langen Vorgeschichte – nach heutigem Forschungsstand aus dem 6. Jahrhundert v. Chr. (Gen 1) und aus dem späten fünften oder frühen vierten Jahrhundert v. Chr. (Gen 2–3). Es gibt sogar eine Version bzw. einen Abschnitt im Alten Testament, in dem Adam eine erste Frau hatte, vor Eva. *#Lilith. Yes, Ma'am!* Adam war nämlich ein verschmähter Bro'! Lilith war allerdings nicht so wirklich gehorsam und wollte sich ihm nicht unterwerfen. (Gut so, Schwester!) Daraufhin war Gott (natürlich) erzürnt und schickte gleich mal drei Engel los, um Lilith Ehrfurcht vor Adam und Gehorsam einzuflößen. Da hat Gott aber die Rechnung ohne Lilith gemacht, denn die hat Adam verlassen und zog von dannen. Daraufhin wurde sie zur Halbdämonin deklariert, zu einem Geschöpf der Dunkelheit. *(Na klar, was ne Bitch!)* Ich würde sagen, wenn es um biblischen Feminismus geht, ist Lilith klar the first und vor allem *»the real slim shady«*.

All das, was Frauen an Unterdrückung und Ausbeutung durch den Mann erfahren haben, ist erst durch die Auslegung der Religion durch den Mann möglich, in der dieser die vermeintliche Krönung der Schöpfung ist.

Stell dir doch bitte mal vor, wirklich jetzt, bitte tu mir, nein dir, den Gefallen, und lass dich auf dieses Gedankenspiel ein: Stell dir vor, du wärst in eine Gesellschaft geboren und in dieser aufgewachsen, in der Mann und Frau *tatsächlich* gleichberechtigt sind, nicht nur auf dem Papier. Von klein auf wurde dir vermittelt, dass du alles erreichen kannst, alle Mütter, die du kennst, sind berufstätig in Berufen, die ihren tatsächlichen Neigungen und Berufungen entsprechen und für Kinder steht kindgerechte Betreuung am Arbeitsplatz zur Verfügung. Also eine Gesellschaft, in der es Frauen leicht gemacht wird zu arbeiten, aber auch eine, in der ihre Arbeit, die sie in der Familie und bei der Betreuung der eigenen Kinder leisten, auch als solche entlohnt und auf die Rente angerechnet wird etc. *You got my Point.* Also absolute Gleichwertigkeit auch im gesellschaftlichen Ansehen. In allen Belangen.

Hast du das Bild? Dann stell dir jetzt bitte vor, du bist so Mitte zwanzig und stehst auf eigenen Beinen, mitten im Leben. Und plötzlich erzählt dir jemand, dass du in deinem ganzen Sein gegenüber dem Manne minderwertig bist, weil der »liebe« Gott dich aus der Rippe eines Mannes als dessen »Gehilfin« kreiert hat, und zwar als Letzte, nach allen auf der Welt existierenden Tieren. Außerdem behauptet er, dass du persönlich und alle anderen Frauen die Last der vermeintlichen Sünde einer anderen Frau tragen. Und dann erzählt er dir, dass du dir aber keine Sorgen machen musst, denn der »liebe« Gott schickt ja seinen über alles geliebten Sohn. Dieser »Bro« ist super nice und stirbt deshalb für dich am Kreuz, um für die Sünden aller »zu bezahlen«. Ach so, warte, nicht die Sünden aller, die der Männer, denn die von uns Frauen, *sorry Sista,* die Erbsünde, die haben wir noch immer am Arsch. *#pechgehabt.* Dieser männliche Nachkomme Gottes wird kurz nach seinem Tod auferstehen. Dieses Ereignis werden wir noch Jahrtausende danach feiern. Und nur zur Info, dieser »Bro« ist der leibliche **augenzusammenkneifkopfzurseiteleg* Sohn Gottes und wurde empfangen und geboren von einer … *Trommelwirbel* … Jungfrau. Leiblicher Sohn, aber kein Knick-Knack und so. *#wunder*

Aber nicht nur das, generell sind nur Jungfrauen wirklich *»the real deal«,* alle anderen Frauen sind aufgrund der Erbsünde ja von Haus aus »Bitches« und deswegen noch Jahrtausende nach dem Ableben des Sohnes in allen Belangen der Gesellschaft nachhaltig benachteiligt. Und genau deshalb wird es in unserer Historie auch religiös getriebene Männer geben, die uns Frauen für alles, was wir machen und sind, als Hexen denunzieren dürfen. Wir werden dafür gefoltert und verbrannt werden, und das im Namen Gottes oder korrekterweise muss ich sagen im Namen seines selbsternannten (teils klar mental gestörten) Bodenpersonals. Und weil das nicht genug ist und die Erbsünde an unseren Hacken hängt, heißt das, dass wir für immer Standards entsprechen müssen, die a) unmenschlich sind und b) so wesentlich viel höher als die Standards der Männer sind, dass es zum Himmel (der auch eine Erfindung in diesem Märchen ist) schreit. Und weil wir ja an allem Unheil schuld sind, ist es auch mehr als zweitausend Jahre danach völlig okay, dass wir weniger verdienen, schlechter ausgebildet sind und gesellschaftlich nach wie vor dem Manne nachstehen.

Was genau, Schwester, würdest du dem sagen, der dir diese Story erzählt?

Es war jetzt nicht nur einer. Diverse Typen haben diese Geschichte über Jahrhunderte, quasi im Stille-Post-Verfahren mit Krimi-, Science-Fiction- oder Endzeitmythos-Elementen fortgeschrieben. Es wundert mich nicht, dass dieses Märchen eines der meistverkauften Bücher der Welt ist. Es ist definitiv schaurig und unterhaltsam. Dass es mir aber noch über zweitausend Jahre nach dem Ableben des *Überbros* in mein Leben pfuschen darf und in unsere Gesellschaft eingreift, ist so unglaublich, dass es schon fast absurd ist.

Talking of absurd: Weißt du eigentlich, wer quasi die Kostüm- und Requisitenvorlage der »Hexen« war? Wenn es nicht so tragisch wäre, wäre es fast schon wieder lustig. Warte, ich erzähle es dir.

Nicht dein Bier, man(n)!

Wenn ich an Bierwerbung denke, denke ich an kernige Typen, sexy gealtert, grau meliert, männlich dominant in einer Düne sitzend, mit sich und der Welt zufrieden ein kühles Helles trinkend oder nach einem erfüllendem Segelturn leicht gebräunt nach Hause kommend, entspannt auf der hauseigenen Terrasse mit Seaview, ein Fläschschen plöppend.

Aber wo sind in dem Szenario die Frauen? Quasi nicht vorhanden. Bier ist »Männersache«. Um genau zu sein, Bier ist reine Männersache. Keinem Getränk wird mehr Männlichkeit zugesprochen als Bier. Bier ist manifestierte Männlichkeit, so transportiert es uns die Werbung. Frauen haben in Bierspots maximal als Beute am Tresen oder als Kellnerin, die es anschleppt, einen Platz. Niemand assoziiert das Feierabendbier mit einer Frau. Ich kenne keine Biersorte, die für pure Weiblichkeit steht. Nope. Und das, obwohl Bier im Ursprung sowas von »Frauensache« war. Um genau zu sein, Bier war reine Frauensache. Das Brauen des hauseigenen Bieres für die Familie war Teil der Hausarbeit wie Kochen und Wäschewaschen. Bier war Teil der täglichen Nahrung für die ganze Familie.

Eventuell hast du an dieser Stelle den Kopf leicht zur Seite geneigt, die Augen kritisch zusammengekniffen, die

Stirn leicht in Runzeln gelegt und fragst dich, seit wann denn Bierbrauen bitte Frauensache ist? Lass mich dich aufklären. Die ersten dokumentierten Infos über Frauen, die Bier brauen, gibt es von vor viertausend Jahren aus Mesopotamien. Die alten Sumerer hatten eine Biergöttin namens »Ninkasi«, und die Biergöttin der Ägypter trug den Namen »Tenenet«. Die Nonne Hildegard von Bingen hat schon im 12. Jahrhundert in ihrem Arzneibuch *»Physica Sacra«* von der Wirkung des Hopfens geschrieben.

Lange Rede, kurzer Sinn: Bier war bis ins 15. Jahrhundert reine Frauensache. Wer über den Eigenbedarf hinaus einen Überschuss produzierte, bot diesen innerhalb der eigenen vier Wände für kleinstes Geld an. Daraus entwickelten sich die ersten »Wirtshäuser«. Es verwundert also nicht, dass die ersten Wirtshäuser von Schankwirt*innen* geführt wurden. Als klar wurde, dass mit dem Ausschank von Bier Kasse zu machen ist, kam es zu Schmutzkübelkampagnen gegen Braumeisterinnen und Schankwirtinnen, in denen sie als Hexen denunziert wurden. Auf diese Weise wurden sie aus dem Weg geräumt, um es abermals dem vermeintlich starken Geschlecht zu ermöglichen, sich an einer Errungenschaft des vermeintlich schwächeren Geschlechts zu bereichern. (Bis heute sind Mönche der Ursprung der größten Brauereien.) Und abermals hieß es für uns Frauen ohne Grund (ach doch, Habgier!):

»Burn, Baby burn!«

Mother Louse

Höchst interessant ist dabei, dass die Hetzkampagne gegen die Schankwirtinnen offensichtlich maßgeblich das bis heute in Märchen porträtierte Bild der Hexe geprägt haben. Es gibt eine Zeichnung von Mother Louse, einer sehr beliebten Schankwirtin ihrer Zeit. Markant der Hut mit der Spitze, der dazu da war, auf dem Markt, wo das Bier aus dem Kessel, in dem es gebraut wurde, verkauft wurde, auch aus der Ferne als Schankwirtin erkannt zu werden. Der sogenannte »Hexenkessel« war ein Bierbraubottich. Die Kräuter, mit denen die »Hexen« in späteren Erzählungen ihre tödlichen Tinkturen anrührten, waren Kräuter, die den damals noch sehr herben Geschmack des Bieres verfeinern sollten. Der Hexenbesen, der vor den privaten Haushalten oder Wirtshäusern der ersten »Schankwirtinnen« stand, signalisierte: »Hier gibt's Bier.« Die Katze, die oftmals mit der Hexe assoziiert wird, stammt ebenfalls aus dieser Zeit. Diese wurde nämlich gezielt von den Schankwirtinnen gehalten, um die Mäuse zu vertreiben, die vom Korn, das für das Bierbrauen benötigt wurde, angelockt wurden.

Hier ist ein Foto von Frauen, gekleidet in der traditionellen Tracht der Schankwirtin des Mittelalters. *#merksteselbstoder*

Immer wieder ist es im Laufe der Geschichte geschehen, dass Frauen mit einem Stigma belegt wurden, das wirklich haltlos ist. Abermals ein wichtiger Faktor, der diese Verdammnis der Frau legitimiert, ist sicherlich das sündhaft geprägte Bild der Frau in der Auslegung der Bibel. Da hat der ganze Unsinn nämlich einen seiner Ursprünge – mit weitreichenden Folgen für Frauen bis heute.

Säkular fällt schwer?

Eine Frage, die mich nachhaltig umtreibt, ist, wie kann es sein, dass die Hälfte der Menschheit, nicht etwa eine kleine Minderheit, fast überall auf dem Planeten als minderwertiger als Männer angesehen und aufgrund ihres Geschlechtes diskriminiert wird? Jedem denkenden Menschen müsste klar sein, dass das natürliche Fortbestehen der Menschheit nur im Zusammenspiel von Mann und Frau gewährleistet werden kann. Es steht für mich außer Frage, dass die Frau die Arbeit leistet, wenn es darum geht, die Menschheit vor dem Aussterben zu bewahren. Ich habe den Akt zur Fortpflanzung in meinem Leben schon mit unterschiedlichsten Exemplaren wiederholt gründlich durchlaufen und kann klar sagen, dass er in der Regel weder mit allzu großer Anstrengung noch mit heftigen Schmerzen für den Mann verbunden ist. Und das ist alles, was er rein physisch zum Fortbestand dieser Spezies leistet.

Wer schon einmal einer Geburt beigewohnt hat oder selbst gebärt hat, weiß, dass das für die Frau komplett anders aussieht. Allein das Austragen des Kindes ist mit Aufwand und großen Einschränkungen verbunden, und das obwohl die Zeugung als solches für viele Frauen (leider) nicht halb so zufriedenstellend ist wie für den Mann. Aber das ist ein anderes Thema ... **augenroll*

Die mentale und körperliche Belastung des Kinderkriegens wie auch des Großziehens und Erziehens wird fast überall auf der Welt als weniger wertvoll erachtet als Erwerbsarbeit, und größtenteils gar nicht, bis viel zu gering vergütet. Auch hier stellt sich mir die Frage, wie kann das sein?

Obendrauf gesellt sich heute der Anspruch an die Frau auch in Teilzeit beruflich erfolgreich und natürlich optisch immer auf der Höhe zu sein. Männer ... von denen wird lediglich erwartet, die Familie zu ernähren. Das machen Zigtausende Alleinerziehende weltweit noch obendrauf! Außerdem, was soll ich sagen, Männer können aussehen wie ein Pott ungekochter Muscheln und halten sich dennoch für geile Hechte, und es ist für sie kein Problem, bis ins hohe Alter repräsentierende Positionen wie zum Beispiel im Fernsehen zu bekleiden. Die Frau hingegen hat ab einem bestimmten Alter schlichtweg ausgedient. Dass die optischen Standards für Männer und Frauen stark auseinanderklaffen, könnte lediglich von einem Blinden bestritten werden.

Ich glaube, keine von euch wird mir widersprechen, wenn ich behaupte, dass Männer und Frauen in der Gesellschaft mit zweierlei Maß bewertet und unterschiedlich vergütet werden. Das ist Fakt. Aber seit ich ein junges Mädchen bin, frage ich mich, warum das so ist und von allen einfach akzeptiert wird. Ich erinnere mich sehr gut an meinen Religionsunterricht in der Grundschule bei unserem katholischen Pfarrer. In aller Deutlichkeit möchte ich sagen, dass dieser Pfarrer eines der Exemplare war, die man sich als Institution für seine Gemeinde wünscht. Ich hatte immer das Gefühl, dass ich mit meinen Bedenken und Fragen ernst genommen wurde, selbst wenn mich die Antworten nicht zufriedengestellt haben. Und boy, oh boy, ich hatte sowohl Bedenken als auch Fragen! Als Kind war für mich rein intuitiv die Nummer mit der unbefleckten Empfängnis nicht glaubhaft. Ich habe die Worte des Geistlichen noch im Ohr: »Glauben ist nicht Wissen.« Der Glaube ist das, was den Gläubigen vom Ungläubigen unterscheidet. Er glaubt auch das, von dem er glaubt zu wissen, dass es nicht sein kann. Ich war die Art von Kind, die zu den Gläubigen gehören wollte. Was mich schon früh in eine Zwickmühle geführt hat, denn ich habe das, was in der Bibel stand, schlichtweg nicht glauben können – obwohl ich es ernsthaft versucht habe.

Kirche und Religion haben in meinem Leben eine große Rolle gespielt. Ich wollte unbedingt zur Heiligen Kommunion gehen. Ich wollte auch, dass es einmal nur um mich geht, ich wollte dieses Kleid tragen, ich wollte diese Feier, ich wollte einfach irgendwie dazugehören. Aber jedes Mal, wenn ich die heilige Hostie entgegengenommen habe, fühlte ich mich schlecht, weil ich elementar wichtige Aussagen in der Bibel nicht geglaubt habe. Das Glaubensbekenntnis im Gottesdienst war eine auswendig gelernte Aussage, die ich mitgemurmelt habe, allerdings ohne dahinterzustehen. Dennoch bin ich gern in die Kirche gegangen. Zwar empfand ich das Gebäude als düster und kalt und der Geruch von Weihrauch ließ mich würgen, aber ich mochte die Gemeinschaft. Die Menschen grüßten meist nett und sangen gemeinsam. Auch wenn ich die »Setlist« eigentlich immer scheiße fand.

Mit etwa dreizehn Jahren wurde ich in einem »Afroshop« darauf angesprochen, ob ich nicht in einem Gospelchor mitsingen wolle. So stieß ich auf die International Baptist Church in Köln, eine freikirchliche internationale englischsprachige Gemeinde mit einem tollen Gospelchor. Als ich das erste Mal dort im Gottesdienst saß, weil ich zu früh zur Chorprobe erschienen war, wusste ich, dass es das war, was ich lange gesucht hatte: eine Gemeinschaft ohne Stock im Arsch, die gemeinschaftlich in der Bibel liest und über das Wort Gottes nachdenkt. Diese Zeit der Reflektion und Introversion hat mir so gutgetan, dass dieses angenehme Gefühl, dass ich dort empfunden habe, mich oft durch die ganze Woche getragen hat. In dieser Kirche lernte ich viele mir teils bis heute sehr wertvolle Menschen kennen. Die Gemeinde entwickelte sich zu meiner zweiten Familie und ich wurde vorbehaltlos aufgenommen.

Ich war am Sonntag früh vor Ort, um die Children's School mit vorzubereiten, ich nahm am Gottesdienst teil, in dem ich lautstark im »Joyful Noise Gospelchor« mitsang, ich besuchte die »Time of Fellowship« und mittwochs war der Tag der »Bible Study«. Die ganze Nummer. Ich liebte den Austausch und die Wertschätzung der Menschen untereinander, und so eine Gemeinde fehlt mir ehrlich gesagt heute noch. Mit vierzehn ließ ich mich freiwillig zur Baptistin umtaufen und fühlte mich dort zu hundert Prozent aufgehoben. Für mich war die Bibel immer eine Ansammlung von Metaphern, die es auf das eigene Leben und die Gegenwart zu übertragen gilt. Eine Art Messwert. Ich habe an nichts darin wortwörtlich geglaubt. Die Hardliner, die die Bibel wortwörtlich verstanden, habe ich schon immer für unzurechnungsfähig gehalten.

Der Chorleiter war offen homosexuell und ich dachte, dass alle Homosexualität als eine von vielen Ausrichtungen akzeptierten. Schließlich, so redete ich mir ein, musste allen klar sein, dass Gott alle Menschen liebt. Das steht doch so in der Bibel. Ich musste herausfinden, dass dem anscheinend nicht so ist. Eines Tages überredete ich Bodo, meinen Arbeitskollegen und damaligen besten Freund, dazu, mit in den Gottesdienst zu kommen. Bodo war nicht nur offen und schwul, sondern auch offensichtlich schwul. Er war mir einer meiner liebsten Menschen, mit seinem messerscharfen Humor und einem Herzen aus Gold. Ich habe diesen Mann geliebt. Niemand in der Gemeinde grenzte ihn irgendwie aus oder sah ihn »komisch« an, dachte ich. Ich habe es wohl bloß nicht gemerkt. Bodo wollte nicht mehr mitkommen, und das, obwohl er es sehr genossen hatte, uns singen zu hören. Die Woche darauf wurde ich vom Pastor zur Seite genommen und er fragte mich, ob mir bewusst sei, dass meine Begleitung von letzter Woche homosexuell sei. Ich dachte mir nur: Erstens habe ich als kölsches Mädchen einen »Gaydar«, der so on point ist, dass wenn ich damit Gold finden könnte, ich Milliardärin sein müsste, und zweitens, wer das bei Bodo nicht mitkriegt, lebt unter einem Felsen.

Diese Frage bejahte ich völlig überrascht, denn ich hatte sie weder erwartet noch hätte ich vermuten können, in welche Richtung dieses Gespräch gehen würde. Was soll ich sagen? Der Pastor wies mich darauf hin, dass »Gott gegen Homosexualität sei«, dass sie »Sünde« sei und Bodo dafür »eines Tages sühnen« würde. Ich war den Tränen nahe. Den Pastor mit seinem starken Südstaatenakzent und seine Ehefrau mochte ich von Herzen gern, aber das, was er mir über Homosexualität, die Bibel und das Christentum erzählte, machte etwas in mir nachhaltig kaputt. Den genauen Wortlaut habe ich nicht mehr in Erinnerung, aber er sagte tatsächlich etwas in die Richtung, dass dies nicht die richtige Gemeinde für Bodo wäre. In mir schrie es, dass dies dann auch nicht die richtige Gemeinde für mich war. Eine Gemeinde, die Zugehörigkeit an der sexuellen Ausrichtung definiert, ist nicht meine. Ich war so enttäuscht, dass ich mich innerlich bei Bodo dafür entschuldigte, dass ich ihn diesen Menschen ausgesetzt hatte.

Ich behielt meine Wahrheit an diesem Tag mal wieder für mich. Und fühlte mich beschämt. Ich habe mich geschämt, dafür, dass dieser Pastor es gewagt hatte, meinen Bodo, diesen großartigen Menschen, auszuschließen, und das als seine Aufgabe im »Namen Gottes« empfand. Ich habe mich dafür geschämt, dass ich mich nicht getraut habe, ihm meine Meinung zu sagen, und ich habe mich geschämt dafür, dass ich diese Gemeinde nicht aufgeben wollte. Ich habe von da an dem Gottesdienst nur noch wegen des Chors beigewohnt. Ich war nie wieder bei einer Bible Study oder einer Children's School. Ich fand schon damals, dass es verboten gehört, kleinen Kindern beizubringen, dass Gott einer sein soll, der dich nur akzeptiert, wenn du bestimmte Kriterien erfüllst, der dich bestraft, wenn du falsch liegst, der dir das Gefühl gibt, schlecht zu sein, und dass man sich für seine menschliche Natur schämen sollte. Ich habe zum Beispiel recht früh damit angefangen, mich selbst zu befriedigen und mich immer dafür geschämt und Angst gehabt, weil ich dachte, dass Gott mich sieht und als Sünderin bestrafen wird. Was für eine kranke Scheiße.

Und da kommen wir zurück zum Thema. Wie kann es sein, dass die gleichgeschlechtliche Eheschließung, also nicht die kirchliche, sondern die gesetzliche Eheschließung erst über 2000 Jahre nach Christi Geburt und Tod legalisiert wird? Wieso darf ich an einem Karfreitag nicht tanzen? Oder musizieren, also als Berufssängerin oder Gastronom kein Geld verdienen? Warum gibt es dann keinen Feiertag, an dem all der Frauen gedacht wird, die im Namen der Kirche fälschlicherweise bei lebendigem Leibe verbrannt wurden? Warum muss ich am Karfreitag trauern, aber es trauert keiner über die Toten, die die Kirche in ihren Kreuzzügen verursacht hat? Oder all die Föten, die abgetrieben werden mussten, weil Pastoren Nonnen geschändet haben? Wie kann es sein, dass der moralische Kompass der Kirche in unserer Gesetzgebung relevant ist? Wieso hat die Kirche das Recht, in mein Privatleben einzugreifen?

Wieso verdienen wir Frauen durchschnittlich 20 Prozent, mindestens 600 Euro pro Monat weniger und das, obwohl der Mann längst nicht mehr der Alleinverdiener ist und es erheblich mehr alleinerziehende Mütter als Väter gibt? Frauen arbeiten in Berufen und Branchen, die von vornherein schlechter bezahlt sind. Warum tun sie das oder andersherum: Warum sind gerade diese Branchen schlecht bezahlt, die doch sehr wichtig für die Gesellschaft sind? Und warum stehen die Frauen meistens in der zweiten Reihe, sind zurückhaltender bei Gehaltsverhandlungen und haben im Durchschnitt weniger Vermögen?

All das führt zurück auf das kirchlich geprägte Frauenbild und dessen Moralvorstellungen. Der Mann ist der Versorger und die Frau das Heimchen am Herd. Vor der Kirche waren ebenso die Frauen am Sammeln der Nahrung, also der Versorgung, beteiligt. Warum darf eine Institution, die moralisch in so vielen Punkten so grob fehlgeht, mir vorgeben, wie ich mich zu verhalten habe? Und warum darf die Kirche mich so selbstverständlich und vor allem ungestraft aufgrund meines Geschlechts benachteiligen?

Warum kommen viele nachweisliche Sexualstraftäter, die im Rahmen der Ausübung ihres kirchlichen Amtes wiederholt Schutzbefohlene missbraucht haben, nicht vor einen Richter, nicht in ein Gefängnis? Warum darf man(n) das? Und warum darf die Kirche, diese Institution, im Zeitalter von *#metoo* denn noch offenkundig Frauen, Homosexuelle oder Geschiedene zum Beispiel diskriminieren? In der Frage steckt schon die Antwort: weil es die Kirche ist. Die Kirche hat so ihre eigenen Regeln, auch wenn sie prinzipiell natürlich der Rechtsordnung untersteht. Das Betriebsverfassungsgesetz regelt alle Belange zwischen Arbeitgeber und Arbeitnehmer. Allerdings steht unter § 18: »... gilt dies für kirchliche und religiöse Einrichtungen nicht«. Hier hat die Kirche ihre eigene Verwaltung und Organisation. Und die Bistümer entscheiden selbst, ob sie die Personalakten der des sexuellen Missbrauchs bezichtigten Kleriker herausgeben. In den aller-, allerseltensten Fällen schreitet die Staatsanwaltschaft ein.[8] Für mich ist eine Institution, die nicht jedem Vorwurf des sexuellen Missbrauchs nachgeht und nicht jeden vermeintlichen Täter an die Staatsanwaltschaft übergibt, eine, die den Missbrauch legitimiert und somit fördert. Von der lautstarken Aufklärung, dem Bestreben der Kirche, Verantwortung zu übernehmen, zur Rechenschaft zu ziehen und zu reformieren, merke ich jedenfalls nicht nichts. Ähm, 'tschuldigung, bin ich denn die Einzige, die im Strahl kotzt, oder warum gehen wir nicht alle zu Tausenden auf die Barrikaden? Warum wird dieser Paragraf nicht abgeschafft?

Warum muss ich die Kirche auch als nicht Zugehörige finanziell unterstützen?

Die Kirche hat in unserem Land eine Ausnahmestellung, die so nicht mehr haltbar ist. Ich bin schon lange der Meinung, dass der Haufen weg kann. Und wenn ich sage »der Haufen«, dann meine ich nicht die Vertreter der Institution Kirche, die ihr Leben Gott verschrieben haben, an ihn glauben, ihm folgen und sich an die Zehn Gebote halten. Deren Anliegen es ist, ihren Nächsten wie sich selbst zu lieben und im Dienste des Allgemeinwohls zu stehen. Die meine ich natürlich nicht, aber das sollte klar sein. Ich meine die, denen die unangebrachte Macht als vermeintliches Bodenpersonal Gottes zu Kopf gestiegen ist. Die glauben, dass sie über dem Recht stehen und sich über jegliche moralische Regel hinwegsetzen können, sie aber scheinheilig nach außen vertreten und deren Einhaltung despotisch einfordern.

Ich bin nicht aus der Kirche ausgestiegen, weil ich dachte, dass die Kirche so viel Gutes mit dem Geld unserer Kirchensteuer tut. Das stimmt aber tatsächlich nur bedingt. Nur acht bis zehn Prozent der Kirchensteuern, die wir zahlen, werden für gemeinnützige Organisationen und soziale Zwecke aufgewandt. Das musst du dir mal reinziehen. Berichten zufolge werden Einrichtungen wie Caritas zum Beispiel, von denen ich immer geglaubt habe, dass sie kirchlich finanzierte Einrichtungen sind, zu 98,2 Prozent von öffentlichen Geldern bezahlt.[9] Tatsächlich wird viel Gutes im Namen der Kirche getan, gezahlt wird das Ganze von uns. Nicht nur von unserer Kirchensteuer, sondern von den ganz allgemeinen Steuern. Jap, du liest richtig. Aber nicht nur das, die von der Kirche erhobenen Moralrichtlinien (die sie selbst ja an jeder Ecke mit Füßen tritt), finden Einzug in mein Privatleben. Und genau da will ich die Kirche nicht (mehr). Den Glauben an Gott sehr wohl, aber die Institution Kirche nicht. Und dennoch zwingt sie sich mir allgegenwärtig auf. So muss ich unter Umständen meinen Sohn taufen lassen (was ich nicht vorhabe), um ihn in einen bestimmten Kindergarten zu bekommen, weil, *let's be real,* getaufte Kinder dort bevorzugt werden. Würde ich kirchlich heiraten wollen, was ich selbstredend nicht will, dann müsste ich über mich ergehen lassen, dass ein Pfarrer, der von der Ehe keine Ahnung hat, mit mir über die Ehe und Sexualität redet. Das ist ja, als würde ich Automechaniker in Technik unterweisen. Das ist doch lächerlich.

Auf der Website der Bundesregierung steht unter dem Religionsverfassungsrecht im Artikel »Heimat & Integration«: **Das Grundgesetz der Bundesrepublik Deutschland sieht keine strikte Trennung zwischen Staat und Religion vor.** Die Beziehungen zwischen dem Staat und den Religionsgemeinschaften werden durch das sogenannte Staatskirchenrecht (auch: Religionsverfassungsrecht) geregelt. Ähm ... Warum? Aber zeitgleich steht da auch unter dem Neutralitätsgebot: **Der Staat darf sich daher selbst nicht mit einem bestimmten religiösen oder weltanschaulichen Bekenntnis identifizieren.** Er muss vielmehr allen Religions- und Weltanschauungsgemeinschaften neutral und tolerant gegenüberstehen. Ja, ist das denn nicht ein Widerspruch in sich?

Viele Grundlagen unseres Rechts basieren auf den »moralischen Gesetzen« der Kirche. Welche ich in vielerlei Hinsicht gut und heute noch relevant finde. Wie aber kann denn die Tatsache, dass Frauen von der Kirche noch so sehr benachteiligt sind, und das lediglich aufgrund ihres Geschlechts, noch rechtens sein? Wieso wird die Kirche dahingehend nicht reformiert? Und da kommt wieder der vom mir oft wiederholte Satz: **Es. Ist. An. Uns.**

> **Ich bin nicht mehr bereit teilzuhaben,
> an einem System, das diskriminiert.**

Ich bin für eine neue Vision, ich wünsche mir für unsere Gesellschaft eine Kirche, die wahre Nächstenliebe propagiert und lebt. *Das* wäre *Godesslike!*

Meine Vision von Kirche ist das Zusammentreffen von Menschen, die sich ihrer göttlichen Natur bewusst sind, und ihre mentalen Fähigkeiten dazu nutzen, diese Welt, diese Gesellschaft, diesen Planeten wieder in Balance zu bringen. Menschen, die nicht nur ein*e* liebend*e* Gott besingen, sondern auch in ihrem Namen handeln, und somit eine Gesellschaft kreieren, in denen wir Frauen nicht zwischen den gängigen Stigmata, Heilige oder Hure, wählen müssen. Eine Gesellschaft, in der alle sich bewusst sind, dass sie Gott in sich tragen und Geschöpfe Gottes sind. Mit all den Fähigkeiten und der dazugehörigen Verantwortung. Eine Gesellschaft, in der jeder Mann weiß, dass er ein Mann ist, bloß weil er ist. Ganz ohne ein toxisches Verhalten an den Tag legen zu müssen, das ihm oder der Gesellschaft beweist, dass er »ein echter Mann« ist.

Vor Gott sind alle Menschen gleich, wir alle sind nach **ihrem** Bild erschaffen *(just kiddin'* is klar, dass die Quelle, der Ursprung Allens kein Geschlecht hat oder gar menschlich ist). Selbstverständlich inkludiert dieses Bild das komplette Spektrum der LGBTQs. Denn Mensch ist Mensch. Schon immer gewesen. Ohne Ausnahme. Und wir alle haben unsere Aufgabe bzw. Erfahrung auf diesem Planeten, die wir gewählt haben. So schwer sie uns manchmal scheinen mag. In unserem »Weg« liegt stets Erleuchtung und Erkenntnisse für andere. Wir gehen unseren Weg nie nur für uns selbst, wenn auch selbstgewählt. Und der Fokus ist nicht, Schmerz zu ertragen oder Leid zu überstehen, sondern das Schöne, die Lektion, das Gute in allem wahrzunehmen, aufzusaugen und voll und ganz zu erleben. Im Hier und Jetzt. Davon bin ich zu hundert Prozent überzeugt.

Dem war aber nicht immer so …

Göttin, Hure oder einfach ich?

Liebliches Weib oder Hexe, Mutter Theresa oder Maria Magdalena? Es scheint immer nur Entweder-oder zu geben. Als Frau einfach du selbst zu sein, einfach zu *sein*. Oder einfach glücklich (mit sich) zu sein, das ist von Haus aus nicht gestattet. Zufrieden mit sich und seinem Körper, im Einklang mit der eigenen Sexualität aka. gesund, das geht nicht, wenn du eine »gute Frau« sein willst. Unsere Gesellschaft ist so durchzogen von religiös geschürter Abwertung des Weiblichen, dass wir es als normal und gegeben hinnehmen und dass es uns verdammt schwer gemacht wird, uns anzunehmen, wie wir sind. Aber das war, bei Gott, nicht immer so.

In allen Hochkulturen, die vor der Formung der jetzigen monotheistischen Weltreligionen existierten, gab es ebenso viele weibliche wie männliche Götter. Frauen waren nie nur Beiwerk des Mannes. Ich weiß nicht, wann es genau begonnen hat, und es ist auch nicht relevant, denn dieses Buch ist keine theologische Abhandlung, aber es ist festzustellen, dass die (Welt-)Religionen dazu beigetragen haben, dass Frauen zu Begleitpersonen degradiert wurden. Hauptsächlich wollten sie wohl der Gesellschaft eine Art geordnetes Miteinander mitgeben. Als ich irgendwann verstanden habe, dass die Bibel primär von Männern geschrieben wurde, hat das für mich schon vieles erklärt und ihr Inhalt an Glaubhaftigkeit verloren. Wobei es wohl vor allem die Auslegung der Texte durch Männer ist, sowohl in der Bibel als auch im Koran, die für die Benachteiligung der Frau in der Gesellschaft gesorgt haben. Die Ursprungstexte sind oftmals gar nicht so sexistisch wie vermutet. So sind Adam und Eva zum Beispiel gar nicht vom Ursprung her männlich und weiblich. Denn »Adam« ist nicht der Vorname des ersten Mannes, sondern steht für Mensch, Erdenbürger, geschlechtsneutral. Dieser wurde aus »adamah«, der »Muttererde« geformt. Adam ist ein kollektiver Begriff für die Menschheit. Pimmelchen oder nicht! Und ihm wurde ein ebenbürtiger Mensch zur Seite gestellt. Ebenbürtig also gleichwertig. Die Existenz dieses einen in der Bibel beschriebenen monotheistischen Gottes ist für mich so wahrscheinlich wie die Existenz jedes anderen Gottes, der von der Menschheit erfunden wurde. Es gibt Hochrechnungen, die besagen, dass es seit Entstehung der Menschheit bis heute etwa acht- bis zehntausend Gottheiten waren, die vom Menschen angebetet wurden. Und selbst wenn die Rechnung nicht genau ist, wir einigen uns darauf, dass es viele gewesen sein müssen. Natürlich erhebt jede Religion den Anspruch darauf, dass sie den »einzig wahren Gott« kennt und anbetet. Aber da bin ich raus. Alles, was an Verständnis für Religion vor der Recherche für dieses Buch noch da war, ist meinem gesunden Menschenverstand gewichen. Wobei das nicht heißt, dass ich sie nicht anerkenne, respektiere oder ihr keine wertvolle Funktion zuschreibe. Sehr wohl. Nur das, was aus der Religion durch den Menschen (primär Mann muss Frau klar so sagen) gemacht wurde.

Kirche ist eine »Bro' Show« sondergleichen, die so, wie sie ist, verboten gehört!

Wenn eine Religion so ausgelegt und ausgelebt werden kann, dass sie menschenverachtend ist, zu Morden im Namen selbiger aufruft oder Kindermissbrauch vorkommt, der in vielen

Fällen ungestraft bleiben kann, dann bin ich da raus. Komplett raus. Ich habe viele Jahre gedacht, ja, aber die Kirche macht auch viel Gutes. Eine liebe Bekannte, die mit achtzehn ungeplant schwanger wurde und völlig mittellos war, hat vom Dienst katholischer Frauen eine komplette Erstlingsausstattung finanziert bekommen. Ich war damals so dankbar und zutiefst beeindruckt von dieser Form der Nächstenliebe und Hilfe, dass ich das sehr lange als Legitimation hergenommen habe, noch nicht aus der Kirche ausgetreten zu sein. Da wusste ich aber noch nicht um verschiedene Fakten, auf die ich im kommenden Kapitel eingehen werde.

Fakt ist, sobald es in meinem Kreis wieder verfügbare Termine gibt, um aus der römisch-katholischen Kirche auszutreten, werden das mein Mann und ich tun. Warum jetzt? Sexismus und Diskriminierung gibt es in der Kirche schon seit Jahrhunderten. Dem ist so, aber irgendwann hat Frau halt die Schnauze voll. Mein Hauptgrund ist die Tatsache, dass ich Mutter eines außerordentlich süßen kleinen Jungen im Kindergartenalter bin. Die aktuellen Veröffentlichungen der Missbrauchsgutachten der katholischen Kirche[10] haben ihr Letztes dazu beigetragen, dass ich kein Verständnis mehr für das Fortbestehen dieser Institution in der aktuellen Form habe. Ein Kirchenoberhaupt, welches den Missbrauch von Schutzbefohlenen, den Missbrauch von Kindern nicht mindestens mit direktem Rausschmiss aus der Kirche ahndet, der billigt dieses Verhalten. Eine Kirche, die Täter schützt und Opfer schikaniert, diskreditiert, verursacht mir Ekel. Ich kann es mir beim besten Willen nicht mehr »schön«, reden. Denn mein Glaube im christlichen Kontext und die Gemeinschaft, die damit für mich verbunden war, hatte in meinem Leben einst einen sehr hohen Stellenwert.

Jetzt mal ehrlich, die Kirche, wie sie heute »funktioniert«, ist nicht zukunftsfähig. Und das ist gut so. Zu viele Frauen sind bereits in dem falschen Glauben aufgewachsen, sie seien die Untertanen des Mannes, sündhaft von Geburt an und unrein, sobald sie ins gebärfähige Alter kommen. *What the actual Shit?* Ich kann es ehrlich gesagt kaum glauben, dass wir das Jahr 2021 n. Chr. schreiben und wir uns nicht ausreichend entwickelt haben, um zu erkennen, dass die Bibel die Niederschriften ein paar (primär männlicher) Einzelner ist, die im Stille-Post-Verfahren versucht haben, sich die Mysterien unseres Seins irgendwie zu erklären. Echt jetzt? Maria und die unbefleckte Empfängnis? Echt jetzt! Frauen, die menstruieren und oder gebärt haben, also *Leben geschenkt,* sind unrein? Was ist denn mit den Bros' passiert, dass sie diese Scheiße verzapft haben? Und warum glauben und lehren wir, ohne wirklich zu hinterfragen, den Scheiß? Je mehr ich darüber nachdenke, desto wütender macht mich das, denn die Kirche hat mein Frauenideal maßgeblich mitgeprägt und sicherlich dazu beigetragen, dass ich meine Weiblichkeit größtenteils negiert habe.

Als ich zum ersten Mal meine Periode bekommen habe, hätte ich am liebsten gekotzt. Wirklich. Ich fand es widerlich. Jetzt war ich genauso »unrein«. So steht es in der Bibel. Und auch wenn es verschiedene philosophische Hintergründe zur Übersetzung und Entstehung des Begriffs »unrein« gibt, es bleibt in der Allgemeinheit der Gedanke: Eine menstruierende Frau ist sieben Tage lang unrein. Ebenso jeder Mann, der sie berührt bzw. alles, was die Frau berührt. Wir werden für das Wunder, das wir leisten können, ausgeschlossen. Werden dazu gezwungen, uns für einen Körper zu schämen, der angeblich in Gottes Ebenbild erschaffen wurde.

Und dann kommt die für mich fast kränkste Geschichte. Die Erbsünde. Eva hat Adam »verführt«, und der arme willen- und hirnlose Wicht konnte nicht anders, als dem bösartigen Weib Folge zu leisten. Deswegen müssen wir das Erbe dieser Sünde für immer tragen.

Auch zweitausend Jahre später reicht es noch, um Frauen und insbesondere ihre Sexualität zu unterdrücken. Es reicht, um weibliche Sexualorgane bestialisch auf brutalste Art und Weise zu verstümmeln, damit wir ja nie nur den Ansatz von Lust empfinden können. Und bei den Jungs wird im Namen Gottes aufgrund des Glaubens ihrer Eltern der empfindsamste Teil des männlichen Körpers gleich komplett entfernt.

Meine wertgeschätzten Schwestern: **Es. Ist. An. Uns.**, abermals diesen Zirkel der Ignoranz zu durchbrechen und somit für eine Gesellschaft zu sorgen, die in Balance ist. Im Einklang mit den Bedürfnissen all derer, die diesen Planeten bewohnen. Jede Einzelne, die sich ihre Macht, ihrer Strahlkraft, ihre Energie wieder holt, die lautstark ihre Stimme erhebt, trägt dazu bei, dass dieser arme gebeutelte Planet gesünder wird. Frauen wussten früher genau, wie mächtig wir sind und wie wir einander stärken.

Wir haben etwas verloren.

Wir haben dieses Bewusstsein verloren, verloren in einer Gesellschaft, die immer mehr auf höher, schneller, weiter aus ist. Koste es, was es wolle. Wir haben es verloren, weil alles dafür getan wurde, dass wir vergessen, was für wundervolle Wesen wir sind. Das Wunder, zu dem wir fähig sind, wird mit Sünde und Scham behaftet. Und Sexualität sowieso. Wir müssen uns eingestehen, dass wir zugelassen haben, dass man uns an den Rand drängt. Uns unseren Raum der Entfaltung nimmt und uns einander entfremdet. Wir haben es nicht nur zugelassen, wir haben kräftig mitgemacht. Wir Frauen waren und sind heute noch oft unsere stärksten Kritikerinnen, haben am meisten ver- und beurteilt. Klatsch und Tratsch, gegeneinander statt miteinander. Missgunst statt gönnen. **#Femaleshaming** überall im Netz. Und wir Frauen sind ganz vorne mit dabei. Das war nicht immer so! Im Gegenteil.

Frauen haben sich, besonders während ihrer Menstruation, seit jeher in Frauenzirkeln getroffen, nicht um sich für ihre Menstruation zu schämen, weil sie unrein sind, sondern um gemeinschaftlich ihre Fruchtbarkeit, ihre Schöpferkraft, ihre Weiblichkeit, ihre Macht, ihre Intuition und Spiritualität zu feiern. Wir wissen von vielen vermeintlich okkulten Opferstätten, dass hier lediglich menstruierende Frauen ihre Fruchtbarkeit zelebriert und ihr gehuldigt haben, als Grundlage des Wunders, welches sie bewirken können: neues Leben! Sie haben dort ihr Menstruationsblut in der Erde vergraben, als Opfergabe. (In dem vollen Bewusstsein, dass es keinen nahrhafteren Dünger gibt!) Die Frau wurde verehrt als Göttin der Fruchtbarkeit, bevor der Katholizismus oder der Islam oder eine andere Religion ihre Ideologien verbreitet hat. Wir waren gleichwertige Mitglieder der Gesellschaft, bevor die einseitige Auslegung des Christentums in unseren Breitengraden zum moralischen Kompass unserer Gesellschaft wurde. Erst seit dem »Hexenhammer« war es für Frauen gefährlich, gemeinsam ihre Weiblichkeit zu zelebrieren und sich in Zirkeln zu treffen, um ein gemeinsames Ziel voranzutreiben. Frauen wussten seit jeher, dass sich ihre Macht potenziert, wenn sie sich zusammenschließen, für ein gemeinsames übergeordnetes Ziel. Sie brauchten keine Tests, um zu wissen, dass sich ihre Hormonspiegel in der Gemeinschaft mit gleichgesinnten Schwestern im Geiste ausbalancieren. Dass sich ihr Menstruationszyklus denen angleicht, denen sie emotional verbunden sind. In dieser Fähigkeit, viele einzelne Individuen zu einem Kollektiv verschmelzen zu lassen, das eigene Ziel in den Dienst eines großen übergeordneten Ziels zu stellen, mit der Fähigkeit, die Stimmen gemeinschaftlich zu erheben, im EINklang mit denen, die Gleiches verfolgen. Darin steckt eine Macht, um die Frauen seit jeher wussten.

Es ist nicht nur eine Schande, sondern eine weitere Form des systematischen Kleinhaltens, dass uns eingeredet wird, wir seien »unrein«, sündhafte »Bitches«„ oder »Hos«.

Natürlich ist es angenehmer für den Mann, wenn er seine Sexualität komplett frei und genussvoll ausleben darf, weil ihm ja ansonsten »die Eier platzen«, eine gute Frau aber auf *den Einen* warten muss und sich für immer mit ihm zufriedengeben muss. Auch wenn er nach zwanzig Sekunden abspritzt und sich einen Scheißdreck darum kümmert, ob sie auch Lust empfindet, geschweige denn, einen Orgasmus hat. Wenn Frauen auf ihre erfüllte Sexualität bestehen und diese einfordern, sind sie »lustgetriebene Bitches«, die man(n) natürlich nicht zu respektieren braucht. So eine fickt man(n), aber die heiratet man(n) nicht. Natürlich nicht. Denn sie könnte nachher noch (auch auf sexueller Ebene) erwarten, dass man(n) ihr gerecht wird. Da hat sich auch 2021 nicht allzu viel geändert.

Nichtsdestotrotz bin ich davon überzeugt, dass jetzt eine Wende ansteht. Ein Paradigmenwechsel. Jede Frau, die sich entscheidet, ihr volles Potenzial auszuleben, die Wucht der eigenen Weiblichkeit anzuerkennen und ihr Licht nicht mehr dimmt, die klare Worte für das, was sie will, findet und diese auch ausspricht, ohne Anklage, *loud and proud,* wird dazu beitragen.

Denk selbst – und nutze deine Stimme!

Und das erwarte ich. Von mir zuallererst, aber auch von dir. Ich habe an vielen Stellen kurz innegehalten und es ist der Teil in mir aufgeplöppt, der gemocht werden möchte. Ich habe mich diverse Male gefragt: Kann ich das echt so schreiben? Oder trittst du vielleicht irgendwem damit auf den Schlips bzw. auf die Kutte? Ich bin mir sicher, dass ich das tun werde. Aber ich stelle das Bedürfnis, meine eigene Wahrheit zu sprechen, und wie ich glaube, auch eine kollektive weibliche Wahrheit, über mein Bedürfnis, »gemocht zu werden«. Zuallererst will ich von einer gemocht werden, und das bin *ich*. Wenn ich aus fehlendem Mut oder aus dem Bedürfnis heraus, das »gute Mädchen« zu sein, meine Wahrheit verwässern würde, wäre ich mir selbst nicht treu. Es ist mein Anspruch, dass alle, die mich kennen und dieses Buch lesen, denken: Jap, dieses Buch ist die Jasmin. So kenne ich sie. Sie nimmt kein Blatt vor den Mund und schon mal gar nicht bei Wahrheiten, die angesprochen werden müssen. Es war schon immer so, dass ich alles wahrgenommen habe, auch das, was nicht gesagt wurde bzw. den Subtext des gesprochenen Wortes. Und ich war von klein auf ein ziemlich ungefiltertes Scheißerchen, daran konnten die Prügel, die ich dafür kassiert habe, nichts ändern. Die Chuzpe und die sprachlichen Fähigkeiten meines eineinhalbjährigen Sohnes, die nicht immer angenehm sind, verwundern mich deshalb nicht sonderlich.

If anything, empfinde ich noch mehr Empathie für meine Mutter. Und wo wir gerade von ihr sprechen. Wenn mich ihr Leben eins gelehrt hat, dann, dass es meine Aufgabe mir und meiner Familie gegenüber ist, dafür zu sorgen, dass ich ein (sinn-) erfülltes Leben führe, auf meine Bedürfnisse achte und dafür Sorge trage, dass ich auf die Art und Weise behandelt werde, von der ich glaube, dass sie mir gerecht wird. Und das passiert nicht, wenn man von außen nach innen lebt. Was wollen denn die anderen von mir? Wie kann ich gefallen? Einen Bedarf decken? Das sind sicherlich Gedanken, die mir nicht neu sind, aber sie haben mich nie definiert. Ich bin zu überzeugt, dass all die Themen, die mich umtreiben, seit ich ein kleines MiniMe war, die Themen sind, mit denen sich auch andere Frauen herumschlagen. Wir sind ja alle eins. Irgendwie. Das habe ich nicht nur auf intellektueller Ebene erfasst, sondern das fühle ich tief in mir. Ich werde nie mehr *nicht* für mich oder für dich vorsprechen, den Mund nicht aufmachen, nur weil es für andere angenehmer wäre. Nie mehr meine eigene Wahrheit verleumden und mich anpassen, wenn es um Dinge geht, die für mich von essenzieller Wichtigkeit sind. Wann immer eine Frau auf diesem Planeten in ihre Macht kommt und ihre Wahrheit spricht, tut sie das auch für mich. Und umgekehrt. An mir vorbeigelebt habe ich lange genug. Das ist wirklich vorbei. Und weißt du, warum? Weil ich weiß, dass genau dieses Verhalten krank macht. Ich hatte mit zwölf schon chronische Magenbeschwerden, weil ich oft durch Schläge gezwungen wurde, meine Wahrheit für mich zu behalten. Meine »Stimmprobleme«, die mich ein Leben lang begleitet haben, rühren daher, dass ich mich nicht zu Dingen äußern durfte oder wollte, die mir wichtig waren. Beziehungsweise, dass das, was ich als Kind gesagt habe, kein Gehör fand oder ihm keine Relevanz beigemessen wurde. Mich nicht zu äußern und im Dialog auszutauschen, ist für mich wie ersticken. Durch dieses Buch atme ich. Und da du es gerade liest, momentan auch durch deine Lungen.

Wir alle sind individuelle Schneeflöckchen, aber dennoch »same same – but different«. Dieses Schneeflöckchen hier hat es satt, die Göttin oder die Hure sein zu müssen. Ich nehme mir das Recht heraus, **einfach ich** zu sein. Eine Frau. Mit allem, was dazugehört. Und das bin ich heute gern. Weißt du was, Schwester? Wir sind nicht nur die *Töchter der Hexen, die ihr nicht verbrennen konntet,* wir sind viel mehr noch das Leuchten der Lichter, die sie nicht auslöschen konnten. Und eins steht fest:

Unser Leuchten wird gebraucht, jetzt mehr denn je!

Lasst uns diese Welt zu einer weiblicheren machen. Lasst uns gemeinsam den wilden weiblichen Weg gehen. Unangepasst und ungezähmt, so natürlich wie von der Kreation gedacht!

Der wilde weibliche Weg

Wild und weiblich – ungezähmt und lebendig, so will ich leben!

Das ist mein Weg, und ich meine den Weg, den wir selbst für uns vorsehen und nicht den, den uns die Gesellschaft und die Engstirnigkeit des Kollektivs vorgibt. Erschwerend kommen die individuellen und kollektiven weiblichen Traumata dazu, die uns abhalten, unser volles Potenzial zu leben. Viele von uns können sich tatsächlich an Sanktionen oder Gräueltaten erinnern, die ihnen in vorherigen Leben angetan wurden, weil sie sich »herausgenommen« haben, ihren eigenen Weg zu gehen. Ihre Stimme zu erheben. Wir wurden zwangsverheiratet, vergewaltigt, gesteinigt, erschlagen, erhängt und verbrannt, bloß weil wir unser Geburtsrecht, den freien Willen, ausleben wollten, und unserer Stimme Gehör verleihen wollten. Das hängt uns nach. Mancher in jeder Faser ihres Seins, anderen nur in bestimmten Momenten. Unbewusst, irritierend, verwirrend. Manchmal lähmend wie ein schwerer grauer Schleier, der sich über alles legt. Und ja, die unschönen Erlebnisse sind in unsere DNA übergegangen, aber auch die schönen. Ebenso wie all das Wissen, die natürliche Weisheit des Weiblichen, die uns von Gott mitgegebenen Fähigkeiten, die wir über Generationen hinweg ausgebaut haben, bis sie aus unseren Traditionen und Ritualen ausgelöscht wurden, was aber nicht heißt, dass die Anlage dieser Fähigkeiten in uns ausgelöscht wurde. Nichts kann endgültig gelöscht werden, denn Energie vergeht nicht. Sie wechselt lediglich ihre Form. Wissen kann unterdrückt und verdrängt werden, ganz sicher, aber nie wirklich gelöscht. Es lebt fort in uns. Und das unbewusste Wissen um unser Wissen klopft immer und immer wieder bei uns an. In Form dieses Gefühls, welches uns leitet, welches wir bloß ignorieren. Aber was uns auch angetan wurde, es trägt stets etwas Befähigendes in sich. Denn, ob es uns gefällt oder nicht, unsere Traumata sind unser größtes Portal in unsere volle Macht und Wegweiser für unser Wachstum.

Die Art und Weise, wie in der Vergangenheit das Weibliche entmächtigt und zum Stillschweigen gebracht wurde, hat uns veranlasst, uns zurückzunehmen, unser Licht zu dimmen, unser Feuer nicht zu erkennen zu geben, oder es fast erlöschen zu lassen. Es hat bewirkt, dass wir aufgehört haben, unsere volle weibliche, göttliche Schöpferkraft auszuleben und zu unserem eigenen, aber auch dem Wohl aller einzusetzen. Vor allem haben wir aufgehört, uns selbst wertzuschätzen, zu zelebrieren und uns gegenseitig dabei zu unterstützen. Seit jeher haben die Menschen **das Weibliche** als höchste Gottheit empfunden, denn das Weibliche schenkt, nährt und erhält das Leben.

Das Weibliche, die Fruchtbarkeit, die Natur, die Familie, das Leben zu feiern war für uns früher gang und gäbe. Wir haben uns seit jeher getroffen und in Gemeinschaft gefeiert. Das uns dies genommen wurde, ist tragisch, aber in Anbetracht dessen, dass wir uns dies zurückholen können, auch nur ein Schritt auf unserem Weg. Unsere Ahnfrauen wussten um Mondzyklen, um die Gesetzmäßigkeiten der Gezeiten, um die Kraft des Austausches, um ihre Verbindung zueinander, um ihre Telepathie, um die Effizienz weiblicher Bündnisse, um die Macht der weiblichen Schöpfung und um die Heilkraft von Kräutern und Mama Natur. Wir waren schon immer *das »machtvolle H«*.

Wir waren die Hebammen, die Heilerinnen, die Hüterinnen der Spiritualität. Wir waren die Heidren, der germanische Begriff für **Seherin.** Ausschließlich in Deutschland gibt es den Begriff des Heidentums, was heute so viel heißt wie »andersgläubig«, also nicht christlichen Glaubens. In meinem Interview mit der Autorin Birgit Weidmann erfahre ich ein wenig mehr über Spiritualität und Sakralkultur in unseren Breitengraden, bevor die Kirche uns ihren monotheistischen Gott ins Hirn planiert hat. Sie erzählt mir von einer ihrer Schlussfolgerungen, die sich ihr während der Recherche zu ihrem Buch »Die verlorene Göttin«[11] erschlossen hat. Sie erzählt mir, dass hier in unseren Breitengraden eine anerkannte *Seherinnenkultur* herrschte.

Wir waren die Hüterinnen der Spiritualität.

Diese Seherinnenkultur gab es weltweit und sie wurde fast komplett »ausgelöscht«. Das Weibliche in uns war besonders verbunden mit der Quelle. Unsere Intuition war eine natürliche, damals noch viel stärker ausgeprägte Fähigkeit, auf die wir angewiesen waren. Schlicht ein Teil von uns. Wir haben Informationen empfangen und interpretiert. Wir Frauen waren die Hüterinnen der Spiritualität und die Wächterinnen des heiligen Haines. Überall in der Welt haben indigene Völker und Kulturen diesen heiligen Ort, meist ein kleines umfriedetes Wäldchen etwas außerhalb des Ortes. Hier wurde gebetet, Rituale zu Ehren der Ahnen und Götter abgehalten, die Toten betrauert und geehrt und durch Geschichten oder Lieder »am Leben« gehalten.

Unsere Ahnfrauen wussten schon damals um die Macht der Schwingung der menschlichen Stimme, auf die ich später noch viel genauer eingehen werde. Sie wussten, dass die Stimme »der Muskel der Seele« ist und Raum öffnet, um mit den Verstorbenen zu kommunizieren. Klingt spooky? *Is abba so!* Der Physiker und Erfinder Nikola Tesla hat gesagt, wenn du die Gesetzmäßigkeiten des Universums verstehen willst, dann musst du in den Begriffen wie Frequenzen, Energie und Schwingung denken. Wenn man anfängt, macht es Sinn, dass alle indigenen Völker immer eine Form des Gesangs genutzt haben, um Informationen außerhalb des eigenen Bewusstseins zu empfangen.

Nicht überall wurde das weibliche Menstruationsblut mit Unreinheit in Verbindung gebracht. Nicht immer war die Angst vor der weiblichen Schöpferkraft so groß, dass man alles, was damit zu tun hat, verdammen, dämonisieren musste. Wir wussten, dass wir während unserer Monatsblutung, deren Zyklus fast identisch mit dem des Mondes ist, besonders empfänglich für Informationen von höherer Ebene sind. Wir waren während unserer Menstruation noch verbundener mit unserer Schöpferseele und sind es auch heute noch. Wenn wir in der gebenden, nährenden Phase unseres uns von der Natur mitgegebenen Zyklus sind, wenn unser Körper von Gotteshand »programmiert« umsetzt, was ihm als Aufgabe zugeteilt wurde, sind wir offener für Visionen, Träume und Downloads. Dem war schon immer so. Und zu den Zeiten, in denen wir dies noch als Geschenk oder Privileg empfinden durften, haben wir unsere Schöpferinnennatur zelebriert und durch Rituale geehrt. (Was übrigens der Ursprung dessen ist, was später zum **Hexensabbat** denunziert wurde. Aber das nur am Rande.)

Die Körperflüssigkeiten unserer Weiblichkeit, die uns durch Farbe, Konsistenz und Geruch exakte Informationen darüber geben, in welcher Phase unseres Zyklus wir uns befinden, wurden verdammt zu einem Zeichen der »Ungepflegtheit«. Unser Menstruationsblut muss schon, bevor es unseren Körper verlassen kann, in uns aufgefangen werden, damit niemand auch nur ansatzweise etwas von unserer »Unreinheit« mitbekommt. Unsere Haare müssen auf schmerzhafte Art und Weise ausgerupft werden, damit wir als sexy und begehrenswert gelten. Wir wurden über Jahrtausende darauf konditioniert, uns all dessen zu entledigen, was uns als geschlechtsreife Frau ausmacht. Unsere Gerüche, unsere Menstruation, unsere Behaarung, unsere Macht. Heute gleicht der Intimbereich vieler erwachsener Frauen dem eines Kindes. Keine Haare, keine Gerüche, keine sexuelle Macht.

Vielleicht bist du irritiert über diesen Zusammenhang, aber wenn du dich darauf einlässt und den Gedanken nachvollziehst, verstehst du, was ich meine. Ich will nicht so tun, als wäre ich weiter als ich bin. Ich entferne seit Langem so ziemlich alle Haare an meinem Körper, außer jenen auf meinem Kopf. Seit jeher fand ich alle meine Körperflüssigkeiten widerlich. Als ich das erste Mal meine Periode bekommen habe, musste ich fast kotzen. Von Anfang an verwendete ich Tampons, weil ich das Gefühl zu spüren, wie das Blut aus mir raustrieft, als grob ekelhaft empfand. Die kollektiven Glaubenssätze und konstanten Informationen der Werbeindustrie haben bei mir zu hundert Prozent gegriffen. Ich hätte die Tatsache, eine Frau zu werden, auch feiern können, stolz darauf sein können, dass mein Körper irgendwann in der Lage sein würde, diese kleine wunderbare goldige Granate in mir heranwachsen zu lassen, die noch oben in ihrem Bettchen schläft, während Mama schreibt. Doch diesen Blickwinkel, dass mein Körper ein natürliches Wunder vollbringen kann, hat man in mir nicht nur »gelöscht«, nein, noch schlimmer, man(n) hat in mir die Gefühle, derer es bedarf, um meinen weiblichen Stolz zu wecken, erst nie entstehen lassen. So wurde ich einer Voraussetzung für den wichtigsten Part meines Wesens beraubt: meines Selbstwerts. Wir Frauen werden seit Jahrtausenden unterdrückt, zum Stillschweigen und Funktionieren konditioniert. Zu Gebärmaschinen und Haushaltshilfen degradiert und: Wir haben es geschehen lassen.

In meinem Buch geht es nicht darum, Männer zu bashen oder den Glauben als solches. Es könnte nicht weiter entfernt sein. Aber es geht darum, Zusammenhänge und Umstände aufzuweisen, die vermeintliche Schuld, die uns oktroyiert wurde, dahin abzugeben, woher sie kommt! Um dann, das ist die Hauptintention, zu verstehen, anzunehmen und zu vergeben. Um unserer selbst willen. Um dann wiederum auf gesundem fruchtbarem Boden das zu pflanzen und zu wässern, was nährt und kreiert. Schon seit Anbeginn der Zeit: das wilde Weibliche.

Ich meine das tiefe Wissen, dass wir Teil dieses unendlichen unerschöpflichen Universums sind. Wild, weiblich und wahrhaftig.

Unsere Fähigkeiten und Möglichkeiten sind ebenso unerschöpflich wie dieses konstant expandierende Universum. Wir alle sind hier, um Großes zu erreichen, und streben meist ausschließlich nach dem Kleinen. Dem Mittelbaren. Ist daran etwas schlecht? Nein. Werden wir damit zufrieden sein können? Sicher. Partiell. Aber es wird immer wieder in dir der Ruf des wilden, unangepassten, konstant schöpferischen Weiblichen klingen. Er sorgt dafür, dass du, obwohl gerade alles so schön und entspannt ist und du mit dir und der Welt zufrieden sein könntest, es eben doch nicht bist. Wir geben dem Ganzen Namen wie »Midlife-Crisis«, »Burn-« oder »Bored-out«, »Miss Never Satisfied«, doch das eigentliche Problem ist ein ganz anderes.

Wenn ich davon spreche, Großes zu erreichen, meine ich nicht ausschließlich, finanzielle Reichtümer anzuhäufen, wobei dagegen nichts spricht. Ich meine aber vielmehr, ein Leben in der eigenen Wahrhaftigkeit zu leben, authentisch den eigenen Werten und Inhalten gegenüber und damit das eigene Umfeld befeuernd. Durch das Heilen der eigenen Wunden und somit jene unserer Ahnenreihen. Einen »Eindruck« stiftend, das Umfeld besser zu hinterlassen, als es vorgefunden wurde. Zu inspirieren, zu motivieren, zu transformieren, zu befähigen. Dem System etwas Ureigenes einführend.

Jede Frau, die wieder das Feuer in sich selbst entdeckt, wird unweigerlich eine, die das Feuer in anderen wieder ansteckt. Jede Frau, die sich traut, sie selbst zu sein, ihren eigenen wilden weiblichen Weg zu gehen, ohne darüber nachzudenken, ob sie dabei ge- oder missfällt, die aus sich heraus schöpft, weil sie schlicht nicht anders kann, jede Frau, die liebt, weil sie überquillt mit Liebe, vor allem zu sich selbst, jede Frau, die diese Art von Leben führt und sich traut, auf sich selbst und ihre Anbindung an das große Ganze zu vertrauen – jede dieser Frauen geht ihren ureigenen wilden weiblichen Weg! Jede dieser Frauen ist eine *Freakin' Fiery Female*. Eines sag ich dir: Das Feuer in mir kann ganze Wälder roden …

Mein Name ist Jasmin Gonzalez,
und ich bin eine
Freakin' Fiery Female.

Jasmin, eine Hexe wie du und ich

Ich empfinde mich heute als »Hexe«. Denn genau genommen ist jede Frau eine. Das, was aus dem Begriff durch die Kirche gemacht wurde, damit hab ich `nen Scheiß zu tun, aber wenn wir uns den Ursprung dieses Wortes ansehen, dann: *Hell yeah,* ich bin eine Hexe!

In meinem Interview mit der Künstlerin und Autorin Birgit Weidmann habe ich zum ersten Mal vom etymologischen Ursprung des Wortes Hexe erfahren. Etymologisch geht man davon aus, dass das Ursprungswort von Hexe althochdeutsch *»hagzissa«* ist. Der Begriff stammt wahrscheinlich von den norwegischen Worten »hag« für »Hecke« oder »Wald« sowie »tysja«, »Elfe«, und bezeichnet »ein sich auf Zäunen oder in Hecken aufhaltendes dämonisches Wesen« aus der Zwischenwelt. In dem Glossar ihres Buches »Die verlorene Göttin« leitet sie die Bedeutung des Wortes wie folgt her, und die Erklärung dazu finde ich sehr schlüssig.

Hexe: Dieser Begriff ist auf das Westgermanische beschränkt. Die Herkunft des Wortes bleibt umstritten. Das ahd. hag[a]zus[sa] oder hagzissa setzt sich möglicherweise zusammen aus dem Bestimmungswort »hag« = »Zaun« (bestehend aus Knüppelhölzern), Hecke, Gehege, Hain und dem bis heute nicht sicher gedeuteten Grundwort »zissa«, zus[sa], tyska (norw. mdal.) = »Elfe«, »verkrüppelte, zerzauste alte Frau«. Hexe heißt mhd: hecse, hesse.

Hag[a]zus[sa], hagzissa wird auch übersetzt mit: »die den Hag, das Landgut, Feld und Flur Schädigende.« Es heißt, Hexen seien im Volksglauben weibliche Personen, die mit übernatürlichen Mitteln die Besitztümer eines anderen schädigen.

Dabei sollten wir bedenken, dass das Volk zum größten Teil besitzlos war. Aus dem Volk aber stammten die Hexen. Sie konnten also nur Besitztümer von Besetzern bzw. Besitzenden schädigen. Das waren in der Regel Kleriker und Adlige, gegen die sich die zahlreichen Bauernaufstände auch tatsächlich richteten, da diese das Volk enteigneten.

»Hex, hexa« (griech.) bedeutet »sechs« und ergibt zusammengesetzt mit anderen Begriffen den Begriff des »Sechsfachen« oder des »Sechsten«. Bekannt ist bis heute der Ausspruch »Jemand hat den sechsten Sinn«[12] – für Menschen, die übersinnliche Wahrnehmungen, Vorahnungen oder Intuitionen haben. Schau dir dazu gerne mein Interview mit Birgit Weidmann an: »Hexentochter trifft die verlorene Göttin« https://www.youtube.com/watch?v=Kvt01or4wo8&t=2161s

Ich für meinen Teil bin nicht nur die Tochter einer Hexe, *ich bin die Hexe, die ihr verbrannt habt,* ich bin aber auch die Frau, die gesteinigt wurde, weil sie ihre Wahrheit kundgetan hat, ein Bild oder Erlebnis, welches ich in meinen Träumen immer wieder gesehen habe. Ebenso bin ich der gepeitschte Mönch, der sich dazu entschlossen hatte, seine Stimme dazu zu nutzen, seine tatsächliche und nicht die aufgezwungene Wahrheit zu lehren. Ich bin aber auch die Frau, die man in ein Korsett geschnürt hat, damit ihr der Atem genommen wird und es ihr das Hirn vernebelt, ebenso wie ich die Frau bin, die immer und immer wieder vergewaltigt wurde und gezwungen war, mit ihrem Peiniger zu leben, weil man sie als Kind mit ihm verheiratet hat. Ich bin all das, du bist all das, wir alle sind all das. Aber das mental zu verstehen und emotional zu erfassen, ist ein Weg, auf dem ich mich noch immer befinde. Dieses Buch beschreibt meinen Weg. Und ob es dir bewusst ist oder nicht, es beschreibt auch den Deinigen. Denn das, was wir als Trennung empfinden, ist lediglich eine Illusion. Wir sind alle Teile eines großen Ganzen. Und so bist du ein Teil von mir und ich ein Teil von dir. *Effing mindblowing* und doch so klar.

Hexe ist ein Begriff, der so sehr missbraucht wurde und wird, und für die allermeisten das Unterschiedlichste bedeutet. Ich bin nicht diejenige, die dir sagt, was eine Hexe ist oder welche Definition die »richtige« ist. Vom ursprünglichsten Sinn her ist für mich jede Frau eine »Hexe«, die: keinen Bock mehr hat, den Regeln der Gesellschaft zu folgen, die darauf ausgerichtet sind, alles zu unternehmen, damit man als Frau auf gar keinen Fall zufrieden mit sich ist oder das tatsächliche eigene Potenzial abruft. Jede Frau, die in sich die Verbundenheit zu etwas Größerem empfindet und sich bewusst ist, dass sie in diesem Leben eine wichtige Aufgabe hat. Jede Frau, die eine spirituelle Verbundenheit zu dem, was ist und dem, was war, empfindet und Mutter Natur als etwas Heiliges, das es zu erhalten gilt, sieht. Jede Frau, die ihren Körper annehmen kann, als das, was er ist, ein *fucking Wunder,* welches es zu ehren gilt. Jede Frau, die sich ihrer Schöpferkraft bewusst ist und Verantwortung für sich und ihre Umwelt übernimmt. Jede Frau, die um ihre »Pussypower« weiß, und das wilde Weibliche lebt und zelebriert. Für mich ist jede Frau eine Hexe. Und nur weil der Begriff als solches so unschön belegt ist, mit hässlichen, verwarzten, kinderfressenden Alten, habe ich für mich den Begriff der **»Freakin' Fiery Female«** gewählt. Es steht aber, genau wie die Hexe, für die mächtigen **Hs**. Du weißt schon: Die mächtigen **Hs** sind die Heilerinnen, die Hebammen, die Hüterinnen der Spiritualität und die Heidren aka. die Seherinnen. All die, deren Medialität ihnen Zugriff zu dem gewährt, was außerhalb des Eigenen stattfindet. Das kann hellhörig, hellwissend, hellsehend oder hellfühlig sein.

Ich habe von kleinauf Dinge wahrgenommen, die außer mir keiner wahrgenommen hat. Ich habe die Krankheit im Körper meines Gegenübers gespürt und mit hundertprozentiger Sicherheit gewusst, wenn jemand nicht die Wahrheit spricht. Ich konnte mit Energien kommunizieren, die ich selbst nicht sah und habe so Dinge erfahren, die ich selbst nicht wissen konnte. Ich habe gedacht, ich sei schlichtweg ein Freak und deshalb bilde ich mir ein, höre, fühle und weiß ich Dinge, die mir nicht entsprungen sind. Dass ich das jetzt mit einer solchen Selbstverständlichkeit schreiben kann, mit dem Bewusstsein, dass das demnächst ja »fremde« Menschen lesen können, ist wirklich revolutionär für mich. Denn genau wie für viele Millionen anderer Frauen auf der Welt steckt auch in mir eine Urangst davor, mit *solchen* Themen in Verbindung gebracht zu werden. Themen, die als dunkel und böse wahrgenommen werden. Da ist es umso unglaublicher, dass ich ein Buch mit diesem Titel schreibe. Aber: *The medicine we give out, is the one we need the most.* Denn eine Hexe bzw. eine Freakin Fiery Female scheut das Feuer nicht, sie liebt es. Sie weiß um die Abgründe ihrer Seele und nimmt auch diese an, denn wir alle sind immer alles. Schwarz, weiß, gut, böse, friedliebend und angepisst. All das sind wir, und mehr. Wir leben in einem Universum der Polaritäten, es geht gar nicht, immer nur »gut« zu sein. Vor allem geht es nicht darum, von allen geliebt zu sein. Eine Freakin' Fiery Female ist auch in der Lage, mal sehenden Auges in den Shitstorm zu schreiten. Sie tut das in dem Bewusstsein, dass zu sich selbst zu stehen, sich selbst treu zu bleiben und nicht dem Ansehen anderer hinterherzuhecheln, *freakin' fearless* und loyal sich selbst gegenüber zu sein, nicht immer nur auf Bewunderung treffen wird, aber eine ihrer wichtigsten Aufgabe ist. Eine Freakin' Fiery Female will gar nicht von allen gemocht werden, *she doesn't give a shit.* Und dennoch braucht sie einen Tribe. Ihren Stamm. Einen Weib-Tribe von gleichgesinnten, ebenbürtigen Frauen. Der Austausch auf Augenhöhe ist für sie wie die Luft zum Atmen, und deshalb habe ich die **Freakin' Fiery Female Family** kreiert.

Die Welt braucht mehr Frauen wie dich und mich. Die Welt braucht mehr Freakin' Fiery Females. Ich habe mich dazu entschlossen, meinen Weg mit dir zu teilen, um dir zu veranschaulichen, dass du nicht die Einzige bist, die sich mit all diesen Gefühlen, Erlebnissen, Eindrücken rumschlägt, teils davon erschlagen, manchmal voller überwältigender Freude und manchmal voll von lähmender Traurigkeit ob des Leides, welches ich allerorts wahrnehme und mir in den unterschiedlichsten Leben widerfahren ist.

Das wilde Weibliche nimmt an, akzeptiert was ist, verzeiht, und kreiert das Ihre.

Im Gegensatz zu dem, was ich viele Jahre empfunden habe, ist Verzeihen kein Zeichen von Schwäche, sondern wahre Stärke. Und wenn ich sage »verzeihen«, meine ich nicht Vergebung mit dem Mund bekundend und Groll im Herzen festhaltend, sondern loslassen. Gibt es etwas Angsteinflößenderes als wahrhaftiges Loslassen? Nicht viel. Das Loslassen der alten Geschichten, auf denen wir unsere Identität aufgebaut haben, und die uns ein Konstrukt der Sicherheit und einen Rahmen bieten, aber zeitgleich unseren von uns selbst konstruierten Käfig bilden. Das Loslassen all dessen, was uns als Richtig und Falsch, Gut und Böse vermittelt wurde. Wir machen uns selbst zum obersten Richter. Übernehmen Eigenverantwortung. Für alles. The good and the bad, flaws and all. Nicht immer schön ... Aber *das* ist wahrhaftige wilde Weiblichkeit. **Freakin' Fiery Female.**

Aus sich heraus schöpfend. Nicht nach der Bestätigung Dritter suchend, sondern auf sich selbst und das eigene, universelle Wertesystem vertrauend. Schwester, das ist ein Weg! Aber zum Glück einer, den keine von uns allein gehen muss. Dafür habe ich die Freakin' Fiery Female Family gegründet, was genau das ist, was ich mir gewünscht, gesucht und gefunden habe. In mir.

Mein Name ist Jasmin Gonzalez
and I am a
Freakin' Fiery Female.

Wahrheit am Kartoffelsalat

Es ist mir in meinem Leben fünfmal passiert, dass ich ungefragt von einem »Medium«, einer »Hexe«, eine Weisheit um die Ohren geknallt bekommen habe, die kurz eine Delle in mein Universum gehauen hat. Damals *am Kartoffelsalat* war die Aussage, dass ich mir dieses Leben, diese Inkarnation und somit auch diese Familie, in die ich geboren wurde, selbst ausgesucht habe. Ich weiß noch ziemlich genau, wie sehr mich diese Aussage abgefuckt hat, bevor ich die Wahrhaftigkeit des Inhaltes verstanden habe. Damals am Büffet, beim Kartoffelsalat, auf dem Geburtstag einer Freundin, die auch die Managerin meiner damaligen Girl Group »vibe. lich« war. (Ja, ja. In meinem »vorherigen Leben« war ich mal der Versuch eines Popstars, anyway).

Let me paint the picture for you …

Zwei Damen hielten eine angeregte, tiefgründige Konversation über das Leben und dessen Sinn, an der ich in keiner Weise teilgenommen, wohl aber mit einem Ohr gelauscht habe. Ich war beschäftigt mit meinem … Kartoffelsalat. Als sich auf einmal die Dame, die mir von meiner Freundin, dem Geburtstagskind, als Medium vorgestellt wurde, unverhohlen an mich wandte. Mich direkt anschaute und für mich völlig zusammenhangslos sagte: »Ja, Jay«, das war mein Spitzname damals, »du hast dir das alles selbst ausgesucht, insbesondere auch deine Eltern.« *Bäm, in my face!*

Nur ein kurzer Exkurs zu der jungen Dame, die ich damals war. Eine knapp Zwanzigjährige, die ihr Elternhaus mit vierzehn verlassen hatte. Nicht, weil es so schön war. Meine Mutter depressiv, unzufrieden, überfordert, alleinerziehend mit fünf Kindern, und zuweilen mit extrem *schlag*kräftigen Argumenten. Meine Kindheit und die meiner vier Geschwister war, nach oben aufgerundet, wirklich eher »geht so«. Nicht gerade das, was man als unbeschwert und sorgenfrei umschreibt. Der graue Schleier von Depression, Aussichtslosigkeit, Armut und Gewalt war etwas, das meiner von Natur aus bunten Seele sehr zu schaffen gemacht hat. Zum damaligen Zeitpunkt war ich der Meinung, dass sich nur eine ziemlich Gestörte diese Familie, dieses Leben »ausgesucht« hätte. Auch wenn ich es nicht ausgelebt habe, weil ich Gewalt damals schon verabscheut habe: Die Idee, jemandem »eine aufs Maul zu geben«, weil er etwas gesagt hat, was einem missfällt, war nichts Außergewöhnliches für mein damaliges Leben, und wurde von mir in der akuten Situation kurzweilig als eine der Optionen in Betracht gezogen.

Die Dame mit der ungeliebten Botschaft schaute mich mit festem Blick an und schien zu ahnen, welche Diskussion gerade in mir ablief. Sie sagte es also noch mal, langsam und sehr liebevoll: »Jay, *du* hast dir das alles selbst ausgesucht.« Weil ich keine Lust darauf hatte, der blöden Kuh (die eigentlich keine war) den Kartoffelsalat ins Gesicht werfen zu müssen und einfach nur essen wollte, erwiderte ich sehr verbittert: »Du hast keine Ahnung, wer ich bin und welches Leben ich bisher gelebt habe, und glaub mir, den Scheiß hab ich mir ganz sicher nicht ausgesucht.« Und sie wieder: »Doch das hast du, Jay, und es scheint mir, als hättest du eine besonders große Aufgabe angenommen.«

Ich erinnere mich, dass damals daraus noch eine intensive Diskussion entstand, und dass die Idee von Inkarnation, Lebensaufgabe, und Bestimmung eine war, um die ich wusste, die für mich aber so real existent und greifbar war wie Hawkings schwarzes Loch. Es hat noch etwas länger gedauert, bis ich gerafft hatte, dass ich überhaupt nicht am Steuer meines Lebens saß und mich die ganze Zeit nur von den Spurrillen derer, die vor mir gekommen waren, hin- und herschieben ließ. Ich war nicht mit der Frage in meinem Bewusstsein aufgewachsen, was *ich* eigentlich will. Da, wo ich herkam, wollten die Kinder »mittlere Reife«, das war schon ganz weit vorne. Die Mütter wollten als Zubrot zur Sozialhilfe einen Putzjob (schwarz versteht sich), wo sie ab und zu mal ein paar nützliche Dinge abgreifen konnten. Und dann gab's da mich. Diesen kleinen, lockenköpfigen, eigenwilligen Panz, der als Kind keine Kinder mochte und felsenfest davon überzeugt war, in die falsche Familie geboren bzw. im Krankenhaus vertauscht worden zu sein. Die, die nach den Prügeln, die sie bezogen hatte, Artikel 1 des Grundgesetzes zitierte: »Die Würde des Menschen ist unantastbar.« Die, die sich nicht nur in dieser Familie, sondern in dieser Welt vorkam wie ein Alien. Die, die schon immer wusste, dass das, was sie umgab, nicht das war, was für sie bestimmt war. Die, die schon immer über eine Stimme verfügte, der man gern zuhörte, und, die schon als kleiner krauser Lockenkopf eine Menge zu sagen hatte. Die, die sich so verloren und allein gefühlt hatte, in einer Familie, in der jeder Einzelkämpfer war, auch wenn wir physisch nie allein waren. Die, die die Last der Welt auf ihren kleinen Schultern zu tragen schien. Die, die Sonne so sehr liebte und nur von dicken grauen Wolken umgeben zu sein schien.

In der Welt, in der ich aufgewachsen bin, waren alle mit existenziellen Sorgen beschäftigt, damit, die Miete, den

Strom, den Einkauf zu zahlen. Leerer Kühlschrank und kein Strom – das war keine Seltenheit bei uns. Ich weiß, wie es sich anfühlt, keinen Raum für Entfaltung zu haben, weil die Last, die das Leben sein kann, dir den Atem raubt, und ich weiß, dass gerade dann der Wunsch nach Entfaltung und Erfüllung, nach einem Sinn, unerträglich sein kann. Aber ich weiß auch, dass du über alle Ressourcen dieser Welt verfügen kannst, und du trotzdem nicht das Leben führst, dass dich glücklich und zufrieden macht. Es ist also kein Phänomen der sozialen »Schicht«, in die man hineingeboren wird, es ist ein sehr menschliches Phänomen. In meinem Verständnis der Dinge gehört diese Reise auf der Suche nach dem eigenen Ich, nach der eigenen Stimme, der eigenen Bestimmung dazu. So unterschiedlich unsere Reisen auch sein mögen. Es ist ein nicht zu verachtender Teil unseres Puzzles. Ich weiß, dass die Tatsache, dass ich nicht aus einem bewussten, liebevollen, offenen, mich unterstützenden Elternhaus komme, sondern aus einem, das von Gewalt, körperlicher und mentaler Erniedrigung geprägt war, vom Kampf des täglichen Lebens und der Verrohung, die damit einhergeht, mich maßgeblich geformt hat. Der mentale Zustand meiner Mutter und die erlebten Traumata haben aus mir eine außerordentlich emphatische Person gemacht und mir die Fähigkeit verliehen, mich in unterschiedlichste Menschen einzufühlen, und unter anderem die Sprache derer zu sprechen, die dieses Buch am dringendsten brauchen. Alles, was ich er-, durch-, und überlebt habe, trägt dazu bei, mich für meine Bestimmung mit den Werkzeugen auszustatten, die ich brauche, um sie zu erfüllen. Und genauso ist es bei dir. Während eines Workshops für »Ancestral and familiar healing for full Abundance« fiel ein Satz, den ich für extrem wahr halte.

The medicine we distribute is the medicine we need the most!

Lass dir das mal auf der Zunge zergehen. Die Medizin, die wir austeilen, ist die, die wir selbst am dringendsten benötigen. Unser ganzes Leben liefert uns Hinweise darüber, was unsere Lebensaufgabe ist, unsere Bestimmung. Meist ist es so offensichtlich, dass wir vor lauter Wald die Bäume nicht sehen. (PS: Dies ist der Link, unter dem ihr euch das Video anschauen könnt, in dem ich von diesem Erlebnis berichte. Es ist sehr ehrlich, persönlich und ungeschminkt. Da dieses Erlebnis aber sehr viel bei mir bewirkt hat, und ich die Übungen, von denen ich darin erzähle, nur von Herzen empfehlen kann, stelle ich den Link hier zur Verfügung. »Ancestral Healing Story« *https://youtu.be/NWLIuqzrjDY*)

Wir alle haben diese eine Bestimmung, die wir in uns tragen und schützen wie Gollum seinen Schatz. Manchmal verstecken wir sie vor der Umwelt, damit man uns den Glauben und die Freude daran nicht raubt, und manchmal verstecken wir sie so tief innen, dass wir den Zugang dazu (temporär) verlieren. Falls dir das passiert ist, wie mir und Millionen anderer Frauen, dann ist das schade, aber nicht tragisch. Dieses Buch wird dir dabei helfen, deine ganz tief in dir verbuddelte Freude wiederzufinden, und sie wird dir die Richtung zu deiner Bestimmung offenbaren. *Klingt komisch, is abba so.*

Aber vorher dürfen wir an- und erkennen, dass wir uns den Weg, den wir gegangen sind, selbst ausgesucht haben. Die schöne Frau am Kartoffelsalat hatte nämlich sowas von recht. Abzweigungen, die wir genommen haben, die zunächst als Umweg erscheinen mögen, waren zu hundert Prozent zweckdienlich. Alles, was du tust, zahlt auf das eine Konto ein, welches die Tools enthält, die du benötigst, um das in die Welt zu bringen, weswegen du hier bist. In diesem Leben, in dieser Inkarnation.

Nicht jede von uns muss etwas vermeintlich Großes, Großartiges schaffen. Nicht jede von uns ist eine Kamala Harris, die erste weibliche PoC-Vizepräsidentin der Vereinigten Staaten. Oder eine Marie Curie, erste Frau mit Nobelpreisen in zwei verschiedenen Fachrichtungen. Das heißt aber nicht, dass unser Tun für die Welt weniger wichtig und notwendig ist. Alles hat seinen Butterfly-Effekt, und wir haben meist keine Ahnung, was wir in der Welt bewirken. Gut wie schlecht. Und da liegt oft die Krux. Lasst uns bewusst werden, über unsere Macht, über unsere **Wucht der Weiblichkeit,** über *das,* was nur *wir* in dieser bestimmten Zusammensetzung in die Welt bringen können. Dein Skillset ist so einzigartig wie deine DNA, dein Fingerabdruck, deine Iris und der Klang deiner Stimme. Eine Stimme, die nicht dazu da ist, nicht gehört zu werden.

Deine Stimme ist dazu da, deine BeSTIMMung in die Welt zutragen, und deine Bestimmung ist dazu da, diese Welt auf irgendeine Art und Weise besser, schöner, liebevoller, lebenswerter zu machen.

Für dich, die in deinem Umfeld und all das Leben auf diesem Planeten. Niemand ist umsonst auf diesem Planeten. Niemand. Dein Skillset setzt sich aus all deinen Erfahrungen, Erlebnissen und Erkenntnissen zusammen, die du daraus gezogen hast. Ob du dazu einen Hochschulabschluss hast oder nicht, ist sowas von scheißegal. Auch das ist nur ein Paradigma, das wir kollektiv angenommen haben. Nur wenn du eine »gute« Ausbildung genossen hast, auf die »richtige« Schule, Uni gegangen bist (oder den »richtigen Leuten« in den Hintern gekrochen bist), kannst du etwas erreichen … Das ist Bullshit! Es macht es einfacher, von der Norm akzeptiert zu werden, ja. Hilft es dir dabei, deine Bestimmung zu erkennen und zu erfüllen? Nope. Jene, die wirklich etwas in dieser Welt bewegt haben, waren meist die Misfits. Die

Außenseiter, die Unangepassten. Um ein zufriedenes, selbstbestimmtes Leben zu leben, welches für dich lebenswert und erfolgreich ist, musst du anfangen, dir darüber bewusst zu werden, welchen Einflüssen du unterliegst und welche (kollektiven) Überzeugungen anderer du übernommen hast. Es ist unumgänglich.

Zurück zu dir, dieser wunderbaren, kraftvollen, energetischen, liebevollen, kommunikativen, bemerkenswerten Frau, die du bereits warst, bevor das Leben geschah. Es ist so befreiend, wenn man endlich realisiert, dass nichts daran komisch ist, wenn man unzufrieden ist. Wenn du mehr möchtest als das, was du hast, obwohl das schon so viel ist. Oder wenn du schlicht etwas anderes möchtest als das, was du hast, auch wenn das genau das ist, was andere so gern hätten. Nein! Daran ist nichts komisch. Und dass du den größten Schiss davor hast, das Alte aufzugeben und zu dir zurückzukehren, macht auch total Sinn, wenn du bedenkst, wer und was alles Einfluss auf dein Handeln nimmt. Es ist so viel mehr als das, woran wir uns bewusst erinnern bzw. herankommen. Wir werden in diesem Buch noch sehr ausführlich über unsere Glaubenssätze, unser Selbstbild und die Einflüsse, die darauf eingewirkt haben, reden. Aber sei dir jetzt schon gewiss:

90 Prozent von dem Scheiß, der dich zurückhält, gehört dir gar nicht!

Gib ihn einfach wieder da ab, wo er hergekommen ist. Bedanke dich für das, was die Umstände oder Menschen für dich geleistet haben, das Licht, das dadurch auf einen bestimmten Aspekt geworfen wurde. Vergib dir, ihm, ihr, wem immer du vergeben musst. Und dann zieh weiter. Nach vorn. Dahin, wo deine Erfüllung, deine Bestimmung stattfindet.

Zieh weiter, zurück zu dir! Dazu habe ich unter *www.wirsinddietoechterderhexen.de/bonus* eine wunderschöne, kraftvolle Meditation für dich hinterlegt, die dir dabei helfen wird. Vergebung. Denn Vergebung ist die Brücke, über die jeder mal muss.

Fakt ist, den größten Teil meines bisher 41-jährigen Lebens habe ich reagiert, war ich vermeintliches Opfer meiner Umstände, meiner Kindheit, meiner Paradigmen, meiner internalisierten Gefühle. All dessen, was mich kleingehalten und in mir das Gefühl gefestigt hat, dass ich es schlussendlich nicht wert bin, glücklich und zufrieden zu sein, geliebt zu werden, ein Leben in Wohlstand zu führen. Nicht gut genug dafür, wofür auch immer ich den Lebensplan und das Lebensziel in mir trage. Der über allem liegende Schatten von **nicht gut genug** hat viel zu lange mein Licht gedimmt. Ich frage mich grade, wie viel Watt mein tatsächliches Licht hat, wenn ich selbst mit meinem »Sparlämpchen« so viel rocken konnte.

Leider geht es den meisten von uns so. Wir laufen auf Sparflamme, mit angezogener Handbremse. Oder wir geben Vollgas für ein Thema, das nicht unseres ist, welches uns von außen, von der Familie, von den Eltern, der Kultur, der Kirche, all dem, was uns umgibt, oktroyiert wurde. Und unser Licht brennt dabei wortwörtlich aus. *Kinnas,* es ist ja wie mit einem Lieblingsduft. Weil du ihn so gern riechst, trägst du ihn täglich auf. Irgendwann riecht nicht nur die Haut, auf den du ihn aufgetragen hast, danach, sondern dein Pullover, deine Jacke, dein Schal, sogar dein Zuhause fängt an, nach deinem Lieblingsduft zu riechen. Und irgendwann hat sich deine Nase so sehr an den Duft gewöhnt, dass sie ihn kaum bis gar nicht mehr wahrnimmt. Aber es funktioniert in beide Richtungen – mit Gutem und Schlechtem: Genauso ist es nämlich mit der Scheiße, die uns überall umgibt, und uns von kleinauf ins Hirn gedrückt wird. Darüber, wie wir als Frau »zu sein haben«. Was uns glücklich zu machen hat. Der

Mist ist ja überall. Wir bekommen ihn mit in unserer Erziehung, in unseren Familien, in der Kirche, in den Zeitungen, im Radio, im Fernsehen, in der Gesellschaft per se. Wir alle sind so zugeschissen mit Mist, der uns zurückhält und uns das Gefühl vermittelt, dass wir so, wie wir eigentlich sind, nicht gut genug sind, dass es für uns völlig normal ist. Es ist unsere Norm geworden. Irgendwann kriegen wir gar nicht mehr mit, wie sehr es überall zum Himmel stinkt. Wie an den Duft unseres Parfüms hat sich unsere »Nase« an den Gestank dieser Überzeugung gewöhnt. Und so richten wir unsere Ziele gemäß den Gesetzen und Prinzipien aus, für die es gut ist, dass wir uns völlig im Außen verloren haben und weit hinter unserem Potenzial bleiben. Oder nach denen, die schon so lange nicht mehr sie selbst sind, dass sie gar keine Ahnung mehr haben, wer ihr Selbst ist. Und weil das so ist, starren sie andere in deren Bestreben nach einem authentischen, zufriedenen Leben nur mit Unverständnis nieder. Das Traurige, nein, das Tragische ist, dass diese Scheiße nachhaltig etwas mit uns macht, unser Selbstbild alterniert. Und dieses ist maßgeblich für alles zuständig, was wir erreichen oder eben nicht.

Also, wenn du nicht da bist, wo du hinwillst, oder da, wo du bist, nicht glücklich bist und dir einredest (oder einreden lässt), doch glücklich sein zu müssen oder da bleiben zu müssen wegen der Kinder, wegen der Eltern, wegen des »guten Rufes« oder was auch immer dich vermeintlich davon abhält, dich auf den Weg zu machen, dann sollte spätestens jetzt etwas bei dir klingeln.

Es ist nie zu spät, das Leben zu leben, welches dich glücklich und zufrieden macht.

Es ist nie zu spät zu wachsen, etwas Neues zu lernen, sich neu zu erfinden oder sich selbst endlich zu finden. Schwester, wenn du auf ein »Zeichen« wartest, eine Legitimation oder wenn du jemanden brauchst, der dir sagt, dass du es wert bist, rundum glücklich zu sein, alles zu erreichen, was du dir an Zielen setzt: Well, dann bitteschön, hier ist dein Zeichen, kannste haben.

Hier bin ich. Dein Zeichen!

Du bist nicht die Einzige oder die Letzte, die diesen Weg geht oder gehen wird. Und bestimmt nicht die Erste. Also lass uns ihn gemeinsam gehen, diesen Weg. Einen Schritt nach dem anderen. Es geht immer nur um den nächsten Schritt. Wir stehen auf und wir gehen raus. Volle Kraft voraus. **Es. Ist. An. Uns.** Jede einzelne Entscheidung zählt. Lasst uns die Flamme unseres Feuers wieder anstacheln und ihn gehen, den Weg der wilden Weiblichkeit. Vergiss nicht!

#WirsinddieTöchterderHexendieihrnicht-verbrennenkonntet.

Es. Ist. An. Uns.

Ich sitze mit Tränen in den Augen vor dem Rechner und kann nicht glauben, was meine Augen da lesen müssen.

So ist es mir während des Buchschreibens oft ergangen, als ich mich damit beschäftigt habe, was Hexenverfolgung in der Vergangenheit bedeutete und was Gewalt an Frauen heute immer noch heißt. Die Recherche zu diesem Kapitel ist mir sicherlich am schwersten gefallen, und etwas in mir hat sich davor gesträubt, wie vor einem Zehnkilometerlauf am Morgen bei minus fünf Grad. Ich habe mir viele Berichte, Reportagen und Dokus über die steigende Gewalt gegenüber Frauen weltweit angeschaut. Häusliche Gewalt ist nicht nur weltweit verbreitet, sie ist auch akzeptiert und wird hingenommen. Es gehört halt dazu für die, die sie ausüben, und für viele, die sie erfahren, ist sie gefühlt unumgänglich. Ich fange an zu erkennen, wie verrottet die Kiste wirklich ist, die ich mit diesem Buch aufmache ...

Die systemische Diskriminierung und die Gewaltbereitschaft gegenüber Frauen ist tief in den Kulturen vieler Länder dieses Planeten verwurzelt. Wird geschürt durch über Jahrhunderte gewachsene patriarchalische Strukturen, die von Männern kreiert und forciert wurden und werden. Das war gewiss nicht immer so. Ich bin keine Anthropologin oder Historikerin, ich bin lediglich ein Mädchen, das Augen im Kopf hat, und ein Herz in der Brust, das merkt, dass hier etwas gehörig falsch läuft. Die Gewaltverbrechen gegen Frauen wie auch die Femizid-Rate war 2019 weltweit schon so hoch wie nie. Die Pandemie, der Lockdown, der Stress, die physische Nähe – all das hat die Statistiken im Hinblick auf häusliche Gewalt (mit Todesfolge) nochmal in ungeahnte Höhen schnellen lassen. Und da frag ich mich ganz simpel:

Was ist denn kaputt in der Welt?!

Ganz ehrlich, wer hat denn Männern so krass in den Kopf gekackt, dass sie glauben, Frauen wären Menschen zweiter Klasse? Schlimmer, in manchen Ländern sind Frauen weniger wert als Haustiere und werden teils so behandelt. Oder noch schlimmer wie Gebrauchsgegenstände, die man nach Belieben wegschmeißen kann, wenn sie ausgedient haben, nicht parieren, keinen männlichen Nachkommen empfangen können (wollen). Wir werden zu Tode geprügelt, mit Säure verätzt, bei lebendigem Leibe verbrannt. Aus verletztem Stolz, gekränkter Eitelkeit, angekratzter »Ehre«! Auch bei »uns« (aka. »civilized Europe«) ist es leider überhaupt nicht außergewöhnlich, dass Frauen mal eben auf dem Arbeitsplatz sexuell belästigt werden oder in der U-Bahn begrapscht, beleidigt oder erniedrigt werden. Das ist ja schon fast Pillepalle, gemessen an dem, was anderorts die Norm ist. *#metoo* macht in vielen Fällen lediglich die Einschüchterungsstrategien der Täter noch perfider.

Überall ist Gewalt gegen Frauen an der Tagesordnung. Femizide sind ein weltweites globales Phänomen, das nicht neu ist, während der Corona-Pandemie aber grausamen Aufwind erfahren hat. In Afrika wird alle zweieinhalb Stunden (!) eine Frau ermordet, weil sie eine Frau ist. Ein Drittel dieser Femizide (Mord aufgrund des Geschlechts) wird von (Ex-)Partnern vollzogen. Die wenigsten werden auf die Art und Weise bestraft, wie es der Rahmen des Gesetzes hergibt. Männliche Polizisten stigmatisieren oftmals die Opfer, männliche Richter lassen Empathie dem Täter gegenüber walten. Hier in Deutschland genauso wie im Rest der Welt. Es stinkt zum Himmel!

Auch in Europa steigt die Zahl der Femizide erheblich, allen voran Deutschland. Jeden Tag versucht ein Mann, seine (Ex-)Partnerin zu töten. An jedem dritten Tag schafft es einer.[13] Fast immer geht solch einer Tat eine Historie an häuslicher Gewalt voraus. Fast immer kommt der Täter mit Totschlag im Affekt und anderen mildernden Umständen davon. Und es ist nicht so, als wären das ausschließlich des Einwanderers Jung', »de' Ali«, der austickt. Nope. Gewalt gegen Frauen zieht sich durch alle sozialen Schichten.[14] Irgendetwas ist bei vielen Männern tief in den Strukturen verwurzelt, was glauben macht, das weibliche Geschlecht müsse dem Manne untertan sein und kann nach Belieben »bearbeitet« werden, wenn sie es nicht ist.

Ich will bestimmt nicht zum Männerhass aufrufen. Im Gegenteil. Ich liebe Männer. Meinen liebevollen, liebens*würdigen* Mann, meinen bärtigen Spanier, der keiner Fliege was zuleide tun mag. Meine drei älteren Brüder. Meinen ältesten Bruder. (Ohne ihn wären wir Geschwister wie ein Haufen Welpen im Tierheim uns selbst überlassen gewesen.) Ich sehe die wunderbaren Väter, die ihre Kinder lieben, sich kümmern, nicht nur als Versorger, sondern auch als Männer, die teilhaben und erziehen. Und ich habe so einen wunderbaren Vater für mein Kind. Er liebt seine beiden Söhne abgöttisch. Ich sehe die Väter, die ihre Babys in den Manducas tragen oder stolz den Kinderwagen schieben, die ihre Kinder zum Ballett, zum Judo, zum Gitarrenunterricht bugsieren. In meinem Umfeld gibt es davon einige, aber wenn du dir die Statistiken über Gewalt anschaust, musst du kotzen.

Was also tun, angesichts der Zustände auf der Welt? Ich weiß, dass auf der Welt vielerorts scheinbar aussichtslose

Zustände herrschen. Aber es gibt immer jene, die ihre Umstände als Grund dafür angeben, dass sie nicht weiterkommen und jene, die diese Umstände als Antrieb sehen, dass sie unglaubliche Erfolge leisten. Es gibt stets einen Unterdrücker und eine, die sich unterdrücken lässt. Ich hoffe, dass dieses Buch dazu beiträgt zu erkennen, dass wir so viel mehr Kraft in uns tragen, als wir uns zugestehen, dass unser Körper, unser Geist, unser Leben für so viel mehr stehen kann als für den Status quo.

Ein »Unterdrücker« ist nicht immer ein prügelnder Ehemann, Eltern, die ihre eigenen Wünsche auf Kinder projiziert haben und einen bestimmten Weg verlangen oder der Mangel an Ressourcen, der vermeintlich kleinhält. Meist ist der Unterdrücker unsichtbar und doch allgegenwärtig. Das sind wir und unsere Gedanken. Die Gedanken, denen wir gestatten, dass sie uns das Gefühl geben, klein und unwichtig zu sein, nichts bewirken zu können. Wertlos zu sein. Ein Unterdrücker ist aber auch das engmaschige Netz der Anforderungen unseres Umfeldes, der Kultur, in der wir aufwachsen, in der wir uns entscheiden zu leben, die wir mitprägen. Die unrealistischen Anforderungen, die wir zu unserer Norm machen – zu unserer Überzeugung, zu unseren Glaubenssätzen, zu unserer Identität, bis nichts mehr von uns übrig ist als ein leerer, gut funktionierender Abklatsch einer tatsächlich unglaublich grandiosen Frau. Der Abklatsch eines machtvollen Wesens, welches sich seiner selbst nicht bewusst ist, und das nur ein Minimum seines Potenzials entfaltet.

»Schwester, wir sind auf dieser Welt, um uns zu ent-falten. Nicht um uns weg-zu-falten!«

Es wird Zeit, dass du deine eigenen Prägungen erkennst und überschreibst, um wieder zu der phänomenalen Person zu werden, die du bereits warst, bevor das Leben geschah!

Wir alle gehen jeden Weg, immer nur Schritt für Schritt. Einen Fuß vor den anderen. Eine Schwester neben der anderen. Ganz viele Schwestern miteinander, Hand in Hand. Keine von uns ist allein auf diesem Weg … Nie gewesen. Auch wenn es sich oft so angefühlt haben mag. **#wirsind-dietöchterderhexendieihrnichtverbrennenkonntet**

Als ich mich daransetzte, dieses Buch zu schreiben, bin ich nicht davon ausgegangen, dass dies ein feministisch angehauchtes Buch wird. Auch wenn ich schnell mitbekommen habe, dass der Titel, den ich geträumt habe, ursprünglich aus dem Feminismus der 1970er stammt, war das für mich kein Grund, *in die Richtung* zu denken. Obwohl ich sicher schon als kleine lockenköpfige Mini-Emanze aus meiner Mama geschlüpft bin, hätte ich mir selbst den Titel Feministin nicht verliehen. Früher. Heute sollte hinter Jasmin Gonzalez in Wikipedia überzeugte Feministin stehen. Okay, ich habe noch keinen Wiki-Eintrag, aber sollte es den irgendwann geben, hat das dazustehen. Ich bin nämlich eine von denen, die glaubt, dass wir Frauen zu hundert Prozent gleichwertig sind, dass wir alle gleiche Rechte und Pflichten haben sollten, und dass niemand besser ist als der andere. Pimmelchen hin oder her. Abgefahren, ne?! Ne, abgefahren bzw. wenn man darüber nachdenkt, *unglaublich* ist, dass das nicht **selbstverständlich** ist. Wie kann das sein?!

Ich gehe sogar noch weiter: Wir sind nicht nur alle gleichwertig, wir sind sogar alle eins. Wir sind alle Teile eines großen Ganzen. Die fabulöse Vera Birkenbihl beschrieb es in einem ihrer Vorträge, mit einem Bild, das für mich sehr gut verständlich ist: Wir sind alle Finger an derselben Hand. Wir sind bloß nicht in der Lage, den Handrücken, den Arm, geschweige denn das große Ganze, zu dem wir gehören, zu erfassen. Wann immer wir einander verletzen, hintergehen, mit Hass bedenken, tun wir dies letztlich uns selbst an.

Schade, dass viele von uns so strunzenblöd sind, dass wir meist nur unser eigenes Vorankommen im Blick haben und genau dadurch unser eigenes Vorankommen verhindern bzw. verlangsamen. Aber zum Glück ändern sich die Zeiten gerade. Ich bin überzeugt, dass diese Pandemie, die sicherlich viel Leid für viele mit sich bringt, auch gute Nebeneffekte hinterlässt. Ich habe das Gefühl, dass viele gerade ihren Status quo hinterfragen, und dass gerade wir Frauen dabei sind zu raffen, was für krasse Maschinen wir eigentlich sind. Ohne uns läuft gar nichts bzw. vieles sehr schief. ***Buzzersound.

Schwestern: *It's our turn.* *Wir* müssen verstehen, dass es an uns ist zu erkennen, dass **nichts unmöglich ist, wenn**

- die Welt endlich weiblicher wird und wir Frauen anfangen, das unendliche Potenzial unserer Intuition, unserer Verbundenheit miteinander und all dessen, das ist, bewusst für uns zu nutzen.
- wir anfangen, uns zu trauen, außerhalb veralteter Paradigmen zu existieren und uns dem zuwenden, was uns und unsere Seele ruft, und nicht dem, was uns von außen oder der eigenen Epigenetik mitgegeben wurde.
- wir unsere Stimme finden und anfangen, unsere BeSTIMMung zu leben.

Holy Smokes, das wird krass! Dann, wenn wir im Flow des, nenn es Universums, des großen Ganzen, am Ende schnuppe, wie man es nennt, schwimmen, und sich die Dinge für uns fügen. Weil wir eine Entscheidung getroffen haben, von der unser Herz und unser Hirn gleichermaßen zu hundert Prozent überzeugt sind. Eine, die wir mit solch einer Überzeugung treffen, dass wir mit jeder Faser unseres Körpers spüren, dass wir auf dem richtigen Weg sind. Unserem Weg!

Einem Weg, der ausschließlich für uns gemacht ist, maßgeschneidert, und mit all der Wucht und Weisheit unserer Weiblichkeit auch ausschließlich von uns gegangen werden kann.

Unser Weg:
der Weg der wilden Weiblichkeit!

Wenn wir bei dem Gedanken der Wahrhaftigkeit unserer Bestimmung Gänsehaut bis auf den Schädel und sogar an den Seiten unserer Wangen kriegen, eine Gänsehaut, bei der sich alles so zusammenzieht, dass sich unsere Nippel kräuseln, als wären wir nach dem Saunagang hinaus in den Schnee getreten. Eine Bestimmung, bei deren Gedanken an Erfüllung wir so richtig fett Schiss in der Butz haben … und uns dann doch trauen weiterzugehen … Schrittchen für Schrittchen, weil wir in uns diese leise Stimme vernehmen, eine, die uns Mut zuspricht. *»Keep going, girl, don't be afraid, you're made for this!«* Eine, die uns intuitiv wissen lässt, was zu tun ist, auch wenn der Verstand alles daransetzt, uns unser Vorhaben auszureden. Eine Stimme, die wir nicht intellektuell wahrnehmen, aber eine, die Wissen um Dinge in uns pflanzt, welches nicht lediglich von uns stammt.

Diese Stimme, die in uns Bilder und Ideen zeichnet, die uns verrückt vorkommen, **waghalsig, riskant, unrealistisch, unkonventionell,** so anders als all das, was wir bisher in unserer Realität wahrgenommen haben. Diese Stimme, deren Klang uns zu Aktionen anstiftet, die wir für uns nie in Betracht gezogen haben. Eine, deren Inspiration uns rückblickend sagen lässt: »Ich habe keine Ahnung, woher ich den Mumm und die Zuversicht genommen habe, das durchzuziehen« – ihn zu verlassen, einfach zu kündigen, das Kind doch zu bekommen, zu dem Angebot nein zu sagen, das Business zu gründen, das Produkt zu kreieren, meine Wahrheit zu sprechen, zu widersprechen, *you fill the gap.*

Diese kleine Stimme in uns, die uns zu Taten anstachelt, von deren Größe wir uns zuvor nicht hätten träumen lassen. Diese kleine Stimme in uns, *das,* meine Schwestern, sind wir! Das ist die leise Stimme unserer Seele. Eine Seele, die nicht allein aus uns, unserer ureigenen Essenz besteht, sondern eine Seele, in der sich auch das kollektive Bewusstsein unserer Ahninnen befindet. All der Frauen, die vor uns für uns den Weg schon gegangen sind, Schritt für Schritt. Die im Feld für uns einen Trampelpfad angelegt haben, damit es für uns nicht so beschwerlich ist, damit wir heute in der Lage sind, diese Pfade mit dem Zug, dem Auto, dem Flugzeug zu beschreiten. Das Bewusstsein all derer, die nicht nur für unsere Existenz gesorgt haben. Die, deren Wohlwollen und Liebe uns stets begleitet. Auch wenn wir es nicht wahrnehmen. Weil uns das Netz der Paradigmen, in dem wir uns befinden, keinen Raum lässt zu atmen, geschweige denn uns auszudehnen, zu strecken, nach Großem zu greifen, uns zu spüren. Aber Fakt ist, in uns fließen die Information, die Erinnerung, die DNA jeder einzelnen Frau, die dazu beigetragen hat, dass du deinen Weg auf diese Welt finden konntest, dass du in menschlicher Verkörperung hier bist, um das Erbe deiner Familie voranzutreiben. Deine Stimme zu finden, und verdammt noch mal deine BeSTIMMung zu leben.

Hold up, Schwester … Ist dir klar, dass du die Spitze der Evolution deiner Familie bist? Keine deiner Vorfahrinnen hat jemals die Möglichkeiten gehabt, die du hattest. Denk mal drüber nach, das ganze Wissen, dass dir (online kostenfrei) zur Verfügung steht, die technischen Gegebenheiten, die es uns heute so leicht machen wie nie, unseren Traum zu leben. Die Nahrung, die wir zu uns nehmen können, die dazu beiträgt, dass unsere Körper und Hirne mit all den Nährstoffen optimal versorgt sind, die sie brauchen, um Höchstleistung zu vollbringen. *Du,* Schwester, bist die Spitze der Evolution deiner Familie (bzw. falls vorhanden deine Kinder). Es wäre nicht unwahrscheinlich oder verwunderlich, wenn du zukünftig die erfolgreichste Frau deiner Familie bist. Es ist der natürliche Lauf der Dinge. Der Mensch, die Seele, ist auf konstantes Wachstum aus. Wir befinden uns in einem konstant expandierenden Universum. Natürlich fühlt es sich da falsch, nicht zufriedenstellend, wider die Natur an, wenn wir uns kleinmachen oder kleinhalten lassen. Das widerspricht allem, was die Natur uns vorlebt. Alles auf diesem Planeten strebt danach zu wachsen, zu erblühen, in voller Größe, die schönsten, die Pupillen fast sprengende Farben zu entwickeln, um die bestmögliche Version des vorgegebenen »Blueprints« zu werden. Alles Natürliche um uns herum zeigt uns, wie es geht. Unser eigener Körper. Wir produzieren unaufhörlich neue Zellen, während alte, defekte, jene, die uns nicht mehr dienlich sind, absterben.

Wachstum ist nichts, das es zu fürchten gilt. Es ist unser von der Natur vorgegebene Weg. Wir sind hier, weil wir eine Aufgabe zu erfüllen haben, eine Bestimmung. Egal wie klein oder groß diese erscheinen mag. Keine von uns ist zufällig hier, jede hat einen Plan, einen Blueprint. Wir sind alle dazu da, einander etwas zu lehren, eine Erfahrung zu ermöglichen, den eigenen individuellen Weg zu gehen, damit wir als Spezies unseren gemeinsamen Weg vollziehen. **Es. Ist. An. Uns.** Voranzugehen, mit gutem Beispiel. **Es. Ist. Vor. Allem. An. Uns.** Zu erkennen, dass die Tatsache, dass wir Jahrhunderte in der zweiten Reihe gestanden sind, dem Manne untertan, nicht nur uns nichts Gutes getan hat, sondern auch der Gesellschaft, in der wir leben, und dem Planeten, den wir bewohnen, nichts Gutes getan hat. **Es. Ist. An. Uns** zu erkennen, dass es unsere Aufgabe ist, unsere Macht anzunehmen und zum Wohle aller einzusetzen. Wenn wir verstehen und fühlen und leben, welche Wunder, aber auch welche Wucht und Weisheit in unserer Weiblichkeit steckt, dann wissen wir, dass wir die Welt bewegen und alles erreichen können. **Es ist an dir. Es ist an mir. Es ist an uns,** das zu ändern, von dem wir glauben, dass es uns zusteht, und zu erkennen, dass uns die Welt offensteht.

Wir sind die **Töchter der Hexen, die sie nicht verbrennen konnten.** Jede von uns. Ich trau mich. Ich geh voran. Mit der Seele einer Hexe, dem Herzen einer Frau, und dem Spirit eines Rockstars!

Als die Scham kam … habe ich mich verloren

Spieglein, Spieglein an der Wand, ist die Alte im Spiegel völlig ohne Verstand? Das habe ich mich sehr oft gefragt, weil ich mein eigenes Verhalten nicht verstanden habe, nicht nachvollziehen konnte. Mein inneres und äußeres Selbstbild haben so weit auseinandergeklafft, dass ich mir oft regelrecht selbst fremd war. Jetzt mit 41 Jahren kann ich retrospektiv einordnen und nachvollziehen, wie verschroben mein Selbstbild war, vielleicht in manchen Aspekten noch ist, und wie es dazu kam. Aber vor allem weiß ich heute, wie ich es ändern kann. Und auch hier sind wir alle *same, same – but different!* Keine von uns ist frei von Einflüssen aus dem Außen. Das diese nicht immer zuträglich sind, haben wir bereits festgestellt, aber ich kann nicht oft genug darauf hinweisen, wie sehr unser gefühltes inneres Selbstbild unser Leben bestimmt.

Auf meinen Spaziergängen mit meinem kleinen Benito nutze ich die Zeit abwechselnd dazu, meine Subliminals zu hören oder Hörbücher. Im Moment ist es »Psycho Cybernetics«[15] des plastischen Chirurgen Maxwell Maltz, der den Begriff »Selbstbild« maßgeblich mitgeprägt hat. Maltz ist der Meinung, dass ein guter plastischer Chirurg immer auch ein Psychologe ist und sein sollte. Er berichtet von seinen interessantesten Fällen, bei denen er unter anderem bemerkt hat, dass es Patienten gab, deren optische Transformation komplette Persönlichkeitsveränderungen bewirkten, während andere trotz massiver schönheitschirurgischer Veränderungen immer noch in den Ängsten und Unsicherheiten des alten Selbstbildes verharrten. So wurde ihm klar, dass wir alle über zwei unterschiedliche Selbstbilder verfügen: das innere und das äußere. Und auch wenn mir das irgendwie klar war, habe ich mir diese Tatsache vor mir selbst nicht eingestanden und schon gar nicht vor anderen zugegeben. Und wenn wir ehrlich sind, und zwar zuallererst zu uns selbst, wissen wir, dass Authentizität nichts ist, womit wir morgens einfach aufwachen. Genauso wenig wie mit Mut oder Waghalsigkeit, Tatendrang oder Selbstbewusstsein. Bei alledem handelt es sich um »Muskeln«, die es zu trainieren gilt.

Konformität ist Feigheit vor dem Selbst.

Ich weiß, dass ich sehr gut darin bin, nach außen etwas darzustellen, was ich nicht bin bzw. manchmal einfach an dem Tag nicht bin. Und das ist mitunter nicht nur extrem kontraproduktiv, sondern sogar fatal für unsere Gesellschaft. Denn wir *alle* ausnahmslos faken ja ab und zu. Und das ist in manchen Fällen auch zweckdienlich oder gar notwendig. Wenn wir dies aber ständig und ausschließlich tun, passiert genau das, was ich allerorts beobachte: Wir werden zu kranken Abziehbildern derer, die wir als Vorbilder auserkoren haben. Vorbilder, die so tun, als würden sie das schönste

Leben überhaupt führen, aber innerlich so leer sind, dass sie ihr eigenes Leben ohne Alkohol und oder Drogen gar nicht mehr ertragen oder sich die Seele aus dem Leib kotzen, sich selbst auflösen, seelisch und körperlich, weil sie sich selbst aus mangelndem Selbstwert das verwehren, was den Körper und die Seele nährt.

Ich habe ähnliche Muster bedient. Von außen betrachtet war ich eine intelligente, mehr oder weniger erfolgreiche junge Frau, die ihr Leben und das, was es ihr bietet, genießt. Und das recht frei. Wer hätte mich und meinen Krauskopf auch zähmen können? Niemand! Außer mir. Und die Glaubenssätze, die in mir gewirkt haben, über deren Existenz ich mir nicht bewusst war. **Scham** war und ist zum Teil meine konstante Begleiterin, und der Zaun, der sich immer enger um mich und mein Wesen gezurrt hat. Ich war mir meiner Scham null bewusst, denn rational gesehen gab es keinen Grund für Scham. Aber als emphatisches Wesen wird man ohne bewusstes Gegenwirken schnell zu der Summe der Energien, die am intensivsten auf einen einwirken. Ich habe mich für so vieles geschämt, für das ich neutral gesehen gar nichts kann.

Ich habe mich dafür geschämt, die Tochter meiner Eltern zu sein. Meine Mutter manisch-depressiv und hochgradig überfordert mit allem. Mein Vater ein alkoholkranker Studienabbrecher, dessen für mich scheinheilig gelebter islamischer Glaube ihn noch viel mehr zu einem inakzeptablen Vorbild gemacht hat.

Ich habe mich dafür geschämt, wenn meine Mutter, die oben nur noch einen einzigen verfaulten Zahn im Mund hatte, mit zu den Elternsprechabenden gekommen ist. Und ich habe mich dafür geschämt, wenn mein Vater nach einer Mischung aus Bier und Knoblauch gestunken hat.

Ich habe mich aber auch dafür geschämt, mich meiner Wurzeln zu schämen, denn ich war mir bewusst, dass ich Vater und Mutter ehren »sollte«.

Ich habe mich dafür geschämt, so aufgewachsen zu sein, wie ich aufgewachsen bin. Emotional verweist, in Chaos und Dreck.

Ich habe mich dafür geschämt, die Klamotten meiner älteren Geschwister aufzutragen und zu wissen, dass diese nach Zigarettenqualm und nach Ungewaschen-sein stinken.

Ich habe mich dafür geschämt, dass ich als Kind meinen Bruder im Gefängnis besucht habe und ihn dalassen musste. Ich habe mich ohnmächtig gefühlt. Ich wollte ihn so gern mit nach Hause nehmen. *Ich habe mich dafür geschämt,* dass alles unter den Teppich »von is' halt so so« gekehrt wurde und wir zu Hause so getan haben, als wäre nichts.

Ich habe mich dafür geschämt, dass meine Geschwister immer wieder ins Heim gekommen sind, während ich die ganze Zeit zu Hause bleiben »durfte«. *Ich habe mich dafür geschämt,* dass ich nichts sehnlicher wollte, als ins Heim zu kommen.

Ich habe mich dafür geschämt, dass meine Schwester als Prostituierte gearbeitet hat und ich so getan habe, als wäre es das Natürlichste der Welt. *Ich habe mich dafür geschämt,* dass ich mir eingeredet habe, dass es in Ordnung sei, auch wenn ich unweigerlich gesehen habe, dass es sie zerfrisst.

Ich habe mich dafür geschämt, dass ich einmal an dem Punkt war, an dem ich nur eine Haaresbreite davon entfernt war, meine Mutter umzubringen. *Ich habe mich dafür geschämt,* dass ich so weit gekommen war, dass ich so zerfressen von dem konstanten Hass, den ich abbekommen habe, war, dass ich dachte, ich könnte dem Hass und der Gewalt nur wiederum mit Hass ein Ende setzen. *Ich habe mich geschämt,* weil ich meine Mutter doch ehren soll. Familie das Wichtigste ist. Gute Christen halten beide Wangen hin. Ich hatte aber schon jedes Körperteil an mir hingehalten. Und auch dafür *habe ich mich geschämt.* Dass ich zugelassen habe, dass die Angst vor Schlägen bewirkte, dass ich aufhörte, ihr immer und immer wieder ins Gesicht zu schreien, dass es falsch ist, dass sie mich nicht brechen wird.

Ich habe mich geschämt, als ich bemerkt habe, kurz davor zu sein, gebrochen zu werden, von dem Druck des ständigen Versuches, das zu sein, was alle von mir wollen, und dennoch immer nur »nicht gut genug« zu sein.

Ich habe mich dafür geschämt, eine Frau zu sein, denn Frau sein heißt Sünde sein, heißt schwach sein, heißt überfordert, Opfer sein, instabil und immer allen anderen die Schuld zuweisend. Das ist das, was ich vorgelebt bekommen habe. (Leider hatte meine Mutter die meisten ihrer starken Momente, und die muss sie als Alleinerziehende von fünf Kindern gehabt haben, schon vor meiner Geburt aufgebraucht.)

Ich habe mich aber zeitgleich dafür geschämt, nicht weiblich genug zu sein. Denn weiblich und attraktiv zu sein, schien laut meiner Mutter die Fahrkarte aus unserem Moloch zu sein, die man mir aber nicht anbieten würde.

Ich habe mich dafür geschämt, ein sexuelles Wesen zu sein, eine Frau, die ihre Sexualität ungezügelt auslebt, denn was sexuelle Zügellosigkeit bewirken kann, habe ich an meiner Mutter und meiner Schwester gesehen. Eines war klar, ich würde nie auch nur ansatzweise Männer so nah an mich ranlassen, dass sie in der Lage sind, mich in der Weise zu manipulieren, auszunutzen und kaputtzumachen, wie das die Zuhälter meiner Schwester geschafft haben. Oder mich so unglücklich und hoffnungslos zurücklassen wie die (Ehe-) Männer meiner Mutter sie.

Ich habe mich dafür geschämt, dass ich Angst davor hatte, Mutter zu werden, weil ich dachte, dass die Frauen in meiner Familie offensichtlich nicht in der Lage sind, sich um sich, geschweige denn um andere zu kümmern.

Ich habe mich dafür geschämt, nicht so gut singen zu können, wie meine Mutter es gern gehabt hätte.

Ich habe mich dafür geschämt, nicht so schön und schlank zu sein, wie meine Plattenfirma das gern gehabt hätte, offensichtlich schien das die Währung des Erfolgs zu sein. *Ich habe mich dafür geschämt,* naiv genug gewesen zu sein zu glauben, dass die Tatsache, dass ich alle Songs geschrieben und gesungen habe, irgendetwas zu bedeuten gehabt hätte.

Ich habe mich dafür geschämt zu fühlen, denn meine Gefühle haben mich geschwächt und gleichzeitig rasend wütend gemacht. Ihre Intensität hat mich meist völlig überrollt.

Ich habe mich dafür geschämt, dass es geklappt hat, irgendwann nicht mehr zu fühlen und dafür, dass ich immer mehr wie diese abgewichsten Zombies wurde, die es schaffen, sich einen Scheiß um andere zu kümmern.

Ich habe mich dafür geschämt, um meine Ablenkungsmechanismen zu wissen, mir meiner Verhaltensweisen bewusst zu sein, die ich an den Tag legte, um nicht zu spüren, und dennoch zum Beispiel mit Männern zu schlafen, die ich nicht einmal leiden konnte, um paradoxerweise endlich etwas zu spüren. *Ich habe mich dafür geschämt,* Tinder hoch und runter und gefühlt einmal leergefickt zu haben, und es trotzdem nicht geschafft zu haben, es den Männern heimzuzahlen, die meine Schwester und meine Mutter wie eine Wegwerfflasche benutzt haben.

Ich habe mich geschämt, zu viel zu essen, damit die Übelkeit mich davon ablenkt, das zu spüren, was in mir abgeht.

Ich habe mich dafür geschämt, dass ich manchmal viel getrunken habe, um mich an das, was ich getan und gespürt habe, nicht mehr zu erinnern.

Ich habe mich dafür geschämt, dass ich mich selbst belogen habe, weil ich die Wahrheit nicht ertragen habe.

Ich habe mich dafür geschämt, die besten Ratschläge zu geben und selbst nicht in der Lage zu sein, sie umsetzen zu können.

Ich schäme mich auch heute dafür, theoretisch so viel tun zu können und dann doch nichts zu tun.

Ich habe mich dafür geschämt, Dinge zu wissen, die ich

nicht wissen konnte. *Ich habe mich dafür geschämt,* über eine Medialität zu verfügen, von der ich dachte, dass sie dem Bösen Zugang zu mir verschafft.

Ich habe mich dafür geschämt, dass ich Sex mit einer Frau hatte, und ich den mit Männern einfach bevorzuge, trotz der Tatsache, dass ich sie eigentlich verachten müsste. *Ich habe mich dafür geschämt,* überhaupt Sex mit einer Frau gehabt zu haben.

Ich habe mich dafür geschämt, die mit den vielen Talenten zu sein und dem großen Potenzial und »es« noch immer nicht geschafft zu haben.

Ich habe mich dafür geschämt, dass ich die Hoffnung meiner Mutter auf ein besseres Leben zu ihren Lebzeiten nicht erfüllen konnte.

Ich habe mich dafür geschämt, die ewig Suchende zu sein. Die, die ihre Berufung sucht, die, die ihre Erfüllung sucht, die ewig Neugierige, innerlich Rastlose, und das, obwohl ich doch immer wieder »ganz sichere, tolle Angebote« hatte, obwohl ich wiederholt hätte »reich heiraten« können.

Ich habe mich dafür geschämt, bis einen Tag vor der Geburt gearbeitet zu haben, *ich habe mich dafür geschämt,* zwei Wochen danach wieder damit angefangen zu haben.

Ich habe mich dafür geschämt, dass ich die Liebe für meinen Sohn anders empfinde, als das auf Instagram porträtiert wird.

Ich habe mich dafür geschämt zu denken, dass ich meinen Sohn dabei begleiten soll, er selbst zu sein, und ihm dabei als Vorbild diene, anstatt ihm jeden Wunsch von den Augen abzulesen und alles in den Hintern zu schieben. *Ich habe mich dafür geschämt,* dass ich Angst davor habe, dass mein Sohn, dem von allen Seiten etwas zugesteckt wird, weil er zugegebenermaßen so süß ist, dass man seinem Charme kaum widerstehen kann, zu einem weiteren Arschloch-Panz wird, der sich zu einem weiteren Mann entwickelt, der glaubt, dass seine bloße Existenz Grund für Applaus ist.

Ich schäme mich dafür, dass ich offensichtlich nicht in der Lage bin, eine »gute Freundin« zu sein, denn ich kann mir Geburtstage nicht merken und eigentlich nervt es mich, andauernd Geschenke kaufen zu müssen. Und das Einpacken erst … Schick mir doch einfach deinen Paypal-Link und ich überweis dir was. Und diese ständigen Anrufe und miteinander quatschen. Die meiste Zeit habe ich nichts Neues zu erzählen bzw. ich hätte, aber ich will es nicht erzählen, weil ich die Dinge lieber mit mir selbst ausmache, und das, was die anderen als wichtige interessante Nachricht empfinden, interessiert mich meist nicht wirklich.

Ich habe mich dafür geschämt, weder verheiratet zu sein noch Kinder zu haben, und noch viel mehr dafür, dass ich das erst gar nicht wollte.

Ich schäme mich auch jetzt offen zuzugeben, dass ich genau weiß, dass lediglich meinen Sohn großzuziehen, mich nicht nur nicht ausfüllen würde, sondern wahrscheinlich todunglücklich machen würde. *Ich schäme mich dafür,* dass ich auf meine Schwangerschaft zurückschaue und keinen verklärten Blick bekomme und mir andächtig über meine Plautze streiche, sondern denke: »Am Arsch, den Scheiß tu' ich mir nicht noch mal an.«

Ich schäme mich dafür, dass mein geliebter kleiner Scheißer gerade eine Phase hat, in der er fast immer nur zum Papa will. Papa hier, Papa da. *Ich schäme mich dafür,* dass ich eifersüchtig bin auf die wunderschöne innige Beziehung, die mein Schatz und mein Amörchen miteinander haben. *Ich schäme mich dafür,* dass es mich verletzt. *Ich schäme mich auch dafür,* dass ich die letzten zwei »ich schäme mich« einmal wieder gelöscht habe, weil ich mich halt dafür *schäme.*

Ich schäme mich dafür, meine Gefühle nicht mehr unter Kontrolle zu haben, und bei jeder Unicef-Werbung weinen zu müssen, weil ich nicht mehr in der Lage bin, es nicht an mich ranzulassen. *Ich schäme mich dafür,* dass ich meinen Ben so liebe, dass ich für ihn töten würde.

Kinnas, ich könnte hier noch drei Tage weiterschreiben. Kurzum: *Ich habe mich dafür geschämt, ICH zu sein. Ich habe mich dafür geschämt, eine Frau zu sein.* Ein Mensch zu sein, mit all dem, was das Menschsein halt ausmacht. Dieser alles abdunkelnde, erschwerende Schleier der Scham, die ich nicht als solche identifizieren konnte, ist einer, den ich schon mein Leben lang mit mir rumschleppe. Eine Scham, dir mir nicht einmal gehört. Und das ist das Paradoxe daran. ICH bin der Meinung, dass ich mich für *nichts* von dem, was ich aufgeführt habe, schämen muss. Und doch habe ich es ein Leben lang getan.

Der größte Teil, der für mich teils alles erdrückenden Scham wurde mir von außen oktroyiert. Sie war nicht meine. **Sie ist nicht meine.** Und doch hat sie mich mein Leben lang gehemmt. Ich war aber nicht in der Lage, sie einzuordnen. Denn wer sich die eigenen Gefühle über Jahre abtrainiert, der weiß sie, wenn sie wieder auftreten, nicht mehr einzuordnen. Und weil ich nicht wusste, dass diese Schwere, dieses Grau, welches mich früher regelmäßig über den Haufen gerannt hat, Energien sind, die gar nicht aus mir heraus entstanden sind, sondern welche, die ich immer und immer wieder von außen mitbekommen habe, habe ich gedacht, dieses Gefühl sei meins und konnte es nicht (be-)greifen.

Ich habe mich mir selbst fremd gefühlt, denn als die Scham kam, verlor ich mich.

Ich habe mich so oft selbst nicht verstanden, und deswegen manchmal vor mir selbst den Respekt verloren. Das hat dazu geführt, dass ich Jobs gemacht habe, die mich unterfordert haben, und dass ich immer viel zu niedriges Honorar verlangt habe oder gestattet habe, dass Menschen mich auf eine Art behandeln, die mir nicht gerecht wird. Dass ich mich mit

Menschen umgeben habe, deren Energie ich »gewohnt war«, aber nicht schätzte.

Und doch habe ich es auch immer wieder geschafft, die Ungezähmte, die Ursprüngliche, die »echte« Jasmin aufzurufen, durchzulassen, ans Steuer zu lassen. Wie du es auch nennen willst. Die Jasmin mit dieser ungezügelten Kraft, die nach vorne prescht wie ein wildes, heißblütiges arabisches Rennpferd, dass endlich aus der Startbox gelassen wird. Und dann war ich die, die nach außen lautstark proklamiert hat: »*Ich* empfinde keine Scham, ich rede über alles, nichts ist zu privat, zu dunkel, als dass man nicht darüber reden kann. Es aus dem Dunkel in das Licht zerrt.« Und das war und ist meine tatsächliche Wahrheit.

Die Scham, die ich empfunden habe, die mich zurückgehalten hat, die mich eingeschränkt und mich meines Feuers beraubt hat, diese Scham oder Schuld, das, was mich zurückgehalten hat, war nicht meins.

Wir alle tragen unseren eigenen Klang in uns

Mein Thema jedoch war schon immer meine Stimme. Und was ich jetzt endlich zu meistern gelernt habe, ist nicht, eine Harmonie auf die Melodie anderer zu singen, sondern genau hinzuhören und zu differenzieren, ob *mir* die Melodie der anderen überhaupt gefällt, bevor ich sie übernehme. Ob die Stimme, die die Ursprungsmelodie singt, meine ist oder eine von denen, die ich zu meiner gemacht habe. Wir alle tragen diesen Chor an Stimmen in uns. Aber wenn du dir den Raum und die Zeit gibst, ganz genau hinzuhören, du die aufrichtige Intention setzt herauszufinden, zu hören und viel mehr noch wahrzunehmen, dann wirst du »hören«, wie irgendwann eine Bewertung über dich, in deinem Kopf, den Klang der Stimme deines Vaters, deiner Mutter, deines Pfarrers, deiner Kindergärtnerin, deiner Lehrerin, deines Mannes, deiner Kinder, der Verwandten, deiner Freunde, einer Schlagzeile in einem Schönheitsmagazin, die Stimme einer Werbung, dir etwas verkaufen will. Oder du vernimmst die Stimme der Moral der Gesellschaft und du wirst wissen:

Das alles bin ich nicht!

All das hat weder Macht noch Wertigkeit für mich. Ich vertraue von jetzt an auf meine eigene Stimme. Es ist nicht immer leicht, die authentische wahrhaftige Stimme deiner selbst wahrzunehmen. Denn zu oft und zu lange haben wir die Stimmen anderer zu unserer gemacht und uns und unseren eigenen Klang dabei selbst verloren. Unser wildes, verspieltes, mutiges, neugieriges, lebenslustiges, waghalsiges, urweibliches, machtvolles, kreatives Ich verloren. Es wird Zeit, dass wir diese ursprüngliche, authentische echte Version von uns ... *Jasmin, hör auf, Dinge umständlich zu umschreiben, die keiner Erklärung bedürfen:*

Es. Ist. An. Der. Zeit,
dass wir *uns* wiederfinden.

Dieser Form von *Stimmarbeit* habe ich mich verschrieben. Die, in der wir uns wieder daran erinnern, die eigene Stimme zu erkennen, zu stärken, zu nutzen, zu genießen, zu spüren, zu verstehen, manchmal zu finden, aber immer zu nutzen, lautstark, für uns und einander. Und es wird nicht verwundern, dass mein Zugang hier die tatsächliche organische Stimme ist. Die manifestierte Schwingung der Vibration deiner Seele, deiner Quintessenz. Die Schwingung deiner eigenen Stimme ist in der Lage, all die Verspannungen und die Schwere, die die Stimmen anderer auf deinem feinstofflichen Körper hinterlassen haben, zu lösen, deine Faszien zu lockern und dich und deinen Körper, aber auch deinen Geist und deine Seele wieder flexibel und stark zu machen.

Schwester, Scham kann immer nur in der Dunkelheit der Verschwiegenheit existieren. Aber es ist Zeit, unser

Schweigen zu brechen. Und deswegen habe ich mich immer wieder dazu überwunden, über die Dinge zu sprechen, von denen ich dachte, dass sie meinen Wert für die Welt da draußen mindern ... Schwäche zeigen, sich verletzlich zu machen oder überhaupt erst mal zuzugeben, dass man verletzlich ist, ist definitiv nicht meine leichteste Übung, aber sie ist sehr *»rewarding«.* Denn es veranschaulicht uns, dass wir damit immer die ermutigen, die auch kurz davor waren zu beginnen, sich selbst anzunehmen, und dass wir nicht allein sind in unserer Angst, nicht angenommen, nicht geliebt, ausgestoßen zu werden. Genau wie in dir gab es in mir von jeher auch diese »Kämpferin«, die allen den Mittelfinger gezeigt« und laut geschrien hat: »Fickt euch, wenn ihr mich dafür verurteilen wollt, dass ich ehrlich bin, dass ich mich traue, ich zu sein, dass ich erst gar nicht versuche, perfekt zu sein, in dem vollen Bewusstsein, dass dies ein Ziel ist, das ich nie erreichen kann.« *#therealme*

Natürlich will ich auch angenommen werden, dazugehören, verstanden werden, ein Teil von etwas sein. Aber doch nicht von jedem. Ich möchte nicht zu denen gehören, die die Welt in Gut, Schlecht, Schwarz, Weiß, Richtig, Falsch kategorisieren. Wer jemals nur einen Fuß in mein Haus gesetzt hat, der weiß, ich liebe es bunt. Ich liebe es, die unterschiedlichsten Menschen, unterschiedliche Nationalitäten, Sprachen, Dialekte, groß, klein, dick, dünn, hell, dunkel, hetero, homo und das ganze Spektrum von LGBTQ, unterschiedliche Glaubensrichtungen, konfessionslos – mir scheißegal –, um mich zu vereinen. Solange deine Weltanschauung eine ist, die andere nicht einzwängt, nichts aufdrängt, bist du mir willkommen.

Ich möchte dieses eine Leben, welches ich gerade erfahren darf, dazu nutzen, meine *Stimme* tatsächlich zu nutzen. Und anderen ihre *Stimme* wiederzugeben bzw. daran zu erinnern, wie ihr ursprünglicher Klang ist. Dabei zu helfen, dass sie ihr Feuer in sich wiederfinden. Ich weiß, dass das Feuer in uns der Grund war, warum man(n) versucht hat, uns mit Feuer auszurotten. Aber Feuer ist nicht nur destruktiv, es ist ein Teil des Lebens. Es ist Teil von Kreation und Schöpfung, im Sinne von Kraft, Energie, Wärme, Antrieb, Passion, Licht.

In uns allen lodert dieses Feuer, steckt eine Stimme, deren Ruf so laut ist, dass sie nicht überhört werden kann. Die großartige Malala Yousafzai hat in einem Interview sehr treffend gesagt, und es treibt mir abermals die Tränen in die Augen: »Wenn alle schweigen, kann eine einzige Stimme die Welt verändern.«

Wir alle tragen ein *Lied* in uns.

We are the *Voice of the world.* Ich bin die Stimme der Welt, du bist die Stimme der Welt, und doch wurde meine eigene von kleinauf als unangebracht bewertet.

Ich habe als Kind so oft gehört: »Wieso kannst du nicht ein bisschen mehr sein wie xyz?«, »Musst du immer sagen, was du denkst?«, »Musst du so laut singen, kannst du nicht mal still sein?«, bis ich aufgehört habe zu sprechen. Doch das war auch nicht gut. »Warum sagst du nichts, jetzt hör mal auf mit dem Scheiß, du nervst«, bekam ich dann zu hören. Und ich habe all das tief in mir gespeichert.

Oft habe ich gefragt, wann es angefangen hat, dass ich den Glauben entwickelt habe, nicht »richtig« zu sein, nicht gut genug zu sein. Wann habe ich angefangen, mich für Dinge zu schämen, derer ich mich *nie* hätte schämen müssen? Ich habe mich so oft gefragt, warum ich denn so »anders« bin, warum ich zum Beispiel gar nicht zu den »coolen Kids« gehören will. Wie kann es sein, dass ich als Kind keine Kinder mag oder später als Frau keine Kinder will? Wie kann es sein, dass ich so anders empfinde als anscheinend alle anderen um mich herum? Wie kann es sein, dass ich abgetrieben habe und das nach wie vor für die absolut richtige Entscheidung halte? Wie kann es sein, dass ich immer wieder diese Momente habe, in denen ich so sehr bei mir bin, so unumstößlich weiß, dass ich in meiner Fehlerhaftigkeit absolut vollwertig bin? Dass ich das, was ich als anders empfinde, nur falsch eingeordnet habe, und es offensichtlich bloß nicht in der für mich passenden Crowd stattfindet? Und dann wiederum: Wie konnte es bitte passieren, dass ich irgendwann meine eigenen Gefühle nicht mehr einordnen konnte? Sie nicht mehr interpretieren konnte? Wie konnte es passieren, dass ich auf einmal meine eigene innere Stimme ersetzt habe, mit den Stimmen all derer, die eigentlich nichts mit mir zu tun haben??

An welchem Punkt wurde das Wirrwarr der Stimmen derer, die ich teils nicht einmal mochte, zu meiner inneren Stimme?

Da gab es viele kleine Momente. Ich erinnere mich sehr gut daran, dass ich es schon als ziemlich kleines Scheißerchen gehasst habe, dass alle immer meinen »süßen kleinen Lockenkopf« streicheln wollten. Ich habe es wirklich verabscheut. (Ich mag es übrigens heute noch nicht, am Kopf angefasst zu werden.) Aber zu sagen »Lass das«, was ich schon sehr früh kommuniziert habe, war ja nicht schicklich. Und auch wenn es mich nicht davon abgehalten hat, aus dem Kinderwagen rauszufauchen, hat sich diese Stimme, die sagt »Das macht man aber nicht«, tief in mein Sein gefressen. Und wann immer ich offenkundig mitgeteilt habe, dass ich etwas nicht will, habe ich den oft gehörten Spruch meiner Mutter in meinen Ohren klingen hören: »Krause Haare, krauser Sinn. Steckt der Teufel mittendrin.« Seit meinem vierzehnten Lebensjahr glätte ich meine Haare übrigens regelmäßig.

Ich habe es immer als unangenehm und unangebracht empfunden, es zu sagen, wenn mir etwas nicht passt. Gesagt habe ich es dennoch. *Because that's just me.* Aber das Gefühl, dass es sich nicht gehört, und das Empfinden dazu, dass dieses Verhalten falsch ist, haben dazu beigetragen, dass dies zu einer Eigenschaft wurde, derer ich mich tief in mir drin geschämt habe … *Ich war knapp zwei, wenn überhaupt, als mir diese Scheiße ins Hirn gedrückt wurde.*

Der Religionsunterricht in der Grundschule, an dem ich gern teilgenommen habe, der mir aber verklickern wollte, dass Maria Jesus als Jungfrau zur Welt gebracht hat, war ebenso ein solcher Moment. Ich habe damals laut in den Unterricht gerufen: *»Das stimmt nicht!«* Ich habe jede Folge der Zeichentrickserie »Es war einmal das Leben …« verschlungen, in der die komplexen Vorgänge des Körpers und die der Entstehung des Lebens im Körper der Frau auf sehr anschauliche Art und Weise erklärt wurden. Daher wusste ich ziemlich genau, dass es Bullshit war, was der Pfarrer verzapfte. Und die Nummer mit Eva aus der Rippe von Adam, ebenso riesiger Bullshit. Aber dennoch wurde ich mit der Erklärung abgewürgt, dass eine »gute« Gläubige das nicht hinterfragt. Habe ich natürlich trotzdem, ich war ja weiterhin ein denkendes Wesen. Bloß habe ich mich von da an dafür geschämt. *Ich war sechs, als mir diese Scheiße ins Hirn gedrückt wurde.*

Geburtstage wurden bei uns nicht groß gefeiert, dazu fehlte das Geld, aber meine erste Heilige Kommunion wurde auch bei uns »groß« gefeiert. Das heißt, es waren Verwandte da, die ich sonst nie zu Gesicht bekam. Meine Mutter praktizierte abends regelmäßig mit Bekannten Gläserrücken. Das versuchte sie auch an diesem Abend im Rahmen der Familie. Aber es wollte nicht so recht funktionieren. Irgendwann stand ich im Türrahmen und teilte der angespannten Runde mit, dass es nicht funktionierte, weil ich fehlte, denn ich sei das Medium. Alle waren ziemlich überrascht außer meine Mutter, die sich meiner Medialität von früh auf bewusst war, eines der wenigen Dinge, die sie und ich und meine Großmutter wohl gemein hatten. (Wovon ich erst nach ihrem Tod erfuhr.) Sie forderte mich ganz selbstverständlich auf, mich dazuzusetzen und mitzumachen. Dann hat es geklappt. Ich habe von dem Abend an regelmäßig am Gläserrücken teilgenommen. Meine Mutter hat mir strikt verboten, es in ihrer Abwesenheit zu praktizieren. Ich war damals acht Jahre alt und habe dem natürlich nicht Folge geleistet. Als wir Kinder ohne meine Mutter eine Séance abhielten und einen vermeintlich »bösen Geist« zu Gast hatten, waren wir nach ein paar Fragen so verängstigt, dass wir die Séance relativ schnell wieder beendeten. Ehrlich gesagt, erinnere ich mich nicht mehr an so viel, außer dass wir alle riesigen Schiss hatten. Meine Mutter hat immer in das Glas, welches wir benutzten, gepustet, bevor sie es wieder in den Schrank gestellt hat, um »sicherzugehen, dass der Geist raus ist«. (Ist klar, das bringt's natürlich.) Das hatte ich an dem Nachmittag vergessen, und hatte von da an konstant Angst vor allem, was ich außerhalb meiner fünf Sinne wahrgenommen habe. Ich war überzeugt, dass die Tatsache, dass ich solch einer Tätigkeit wiederholt nachgegangen bin, und dass ich vergessen hatte, in das Glas zu pusten, den »lieben« Gott veranlasst hat, mich nicht mehr vor dem Bösen zu schützen und ich das »Tor zum Bösen« offengelassen hatte. *Ich war acht, als ich mir den Scheiß eingeredet habe (habe einreden lassen).*

Einer der letzten Nachmittage mit meinem Vater war auch einer dieser Momente, der gegen meinen Willen etwas in mir hinterlassen hat. Es war ein schöner Nachmittag. Wir waren erst beim Minigolf und ich war zu Hause in der Wohnung, die mein Vater mit seiner damaligen Freundin bewohnte. Sie war eine sehr sympathische, eher zurückhaltende Person, die von meinem Vater mit wenig Respekt und sehr herablassend behandelt wurde. Auch wenn ich sie nicht gut kannte, störte es mich massiv, dass mein Vater sie wie Scheiße behandelte, während er bei mir so tat, als wäre ich das Wichtigste für ihn. Was Bullshit war, denn er verbrachte nur sporadisch Zeit mit mir, was mich zunehmend störte. Einer der Hauptgründe, warum ich die Zeit mit meinem Vater stets sehr genossen habe, war, dass er sich wirklich mit mir auseinandersetzte, mir jede Frage beantwortete, beantworten konnte, und dass ich bei jedem Besuch etwas lernte. Er hatte mir von der Ideenlehre Platons erzählt und davon, wie die Araber Algebra »erfunden« haben. Er erklärte mir Sternenkonstellationen, las mir aus dem Koran vor und diskutierte mit mir darüber. Auf Augenhöhe. Nicht von oben herab wie mit seiner Freundin.

Als ich an diesem Tag angesprochen habe, dass ich die Art, wie er mit Waltraud sprach, nicht mochte, öffnete ich die Büchse der Pandora. Denn auf einmal kramte er seinen Koran hervor und fing an, davon zu reden, dass ich ja bald in ein geschlechtsreifes Alter kommen würde, was laut des Korans eine große Veränderung für mich bedeuten würde. Denn von nun an würden Männer mich als Frau wahrnehmen, und deshalb müsste ich meine Reize verdecken und dürfte dem Mann nicht mehr widersprechen, was ich als Kind durfte, aber eben nicht als Frau. Und generell wäre die Frau dem Manne untertan. Er erdreistete sich sogar, die Eva-aus-Adams-Rippe-Nummer aus der Schublade zu kramen, um sein Argument zu untermauern. Ich erinnere mich, wie wir am Küchentisch saßen, an den Geruch in der Küche, der aus dem Backofen strömte, wie ich in den Backofen starrte, in dem sich die Chicken Nuggets befanden, die ich mir zu Mittag gewünscht hatte, und ich dachte: »Wie viele Biere aus den Kisten Bier, die draußen auf dem Balkon stehen, hat mein Vater wohl gleichzeitig getrunken, wenn er glaubt, dass ich bei dem Scheiß mitmache?« Der Blick, den ich ihm daraufhin zuwarf, muss Bände gesprochen haben, denn er ruderte gleich zurück und erzählte weiter, dass ich mich nicht komplett verschleiern bräuchte, sondern nur mein Haupthaar, denn es wäre Sünde, wenn man mein Haar sehen würde. Es wäre Sünde, wenn ich meine Reize offen zur Schau stellen würde. Ich erinnerte ihn daran, dass weder meine Mutter noch seine Freundin ein Kopftuch trugen. Mir ist noch sehr präsent, wie er mit angewiderter Stimme sagte, bei seiner Freundin sei das etwas anderes. Ich merkte, dass er für die Frau, mit der er zusammenlebte und die er hin und her kommandierte wie einen Hund, keinerlei Respekt hatte.

Das war der Tag, an dem ich meinen Respekt vor meinem Vater verlor. An dem ich eine extreme Aversion gegen jene Männer entwickelte, die den Islam vorschieben, um ihre Frauen zu unterdrücken. Das war noch lange, bevor mir meine Schwester Dinge offenbarte, die mich zusätzlich erschütterten. Ich habe mich nie mehr ausschließlich wohl gefühlt in seiner Gegenwart, und nicht lang später den Kontakt zu ihm komplett abgebrochen.

Und abermals wurde eine weitere Stimme des Außen zu einer meiner inneren Stimmen ... Wenn ich mich allzu weiblich, allzu aufreizend gebe, ist das sündhaft, und es wird unweigerlich bedeuten, dass Männer keinen Respekt vor mir haben. *Ich war zwölf, als mir diese Scheiße ins Hirn gedrückt wurde.*

Da war meine Plattenfirma, von der mir klar gesagt wurde, dass ich unbedingt abnehmen müsste, bevor wir unser Musikvideo zu unserer Single »Scheißkerl« (noch Fragen?) drehen könnten. Das war das erste Mal, dass ich eine Nulldiät gemacht habe, und sicherlich nicht das letzte Mal. Eine Plattenfirma, die uns für jeden Gig eine professionelle Stylistin finanziert hat, aber keinen VocalCoach. Singt doch einfach Playback ... Denn eine Band namens Vibe.Lich muss nicht zwingend gut klingen, aber gut aussehen. *Ich war 21, als mir dieser Scheiß zum wiederholten Male mit dem Presslufthammer ins Hirn gedrückt wurde.*

Es gab noch so viele Momente, die dazu beigetragen haben, dass ich es sehr schwer hatte, mich selbst anzunehmen …

All das und noch so viel mehr hat mich nachhaltig getroffen und verunsichert und meinen Glauben daran, dass ich so, wie ich bin, ausreiche und es wert bin, wertgeschätzt zu werden, erschüttert. Es hat so intensiv in mir gewirkt, dass aus der Stimme der inneren Kritikerin irgendwann ein kompletter Chor wurde, in dem ich meine eigene Stimme nicht mehr heraushören konnte.

Und so geht es uns allen. Es ist völlig egal, was du selbstbewusst und rational über dich denkst, wenn dein inneres Selbstbild einen anderen Song singt, wirst du immer im Konflikt mit dir selbst stehen. Vier Schritte vorwärts, drei zurück. *Story of my Life!* Vielleicht kommt sie dir ja bekannt vor. Dein inneres Selbstbild ist bei einem Slow Jam und dein Äußeres tanzt zu Elektrobeats. Da kommt nichts Harmonisches bei rum … und nach vorne geht es dabei, wenn überhaupt, nur sehr langsam.

Es ist so wichtig, dass wir wieder dahin kommen, dass wir unsere eigene Stimme wahrnehmen, wir den eigenen Klang als den schönsten für uns annehmen und unserer eigenen Stimme wieder Relevanz verleihen, Gehör schenken. Es ist wichtig, dass wir uns darauf trainieren zu separieren. Trainieren, um unterscheiden zu können zwischen: Ist das meine ureigene Überzeugung? Oder plappere ich lediglich den Rotz nach, der seit Jahrhunderten verzapft wird, ohne auch nur einen Gedanken daran zu verschwenden, dass dies eventuell keine Wertigkeit für mich hat, geschweige denn haben muss.

Sein Hirn einzusetzen und wirklich zu denken, sind zwei verschiedene Paar Schuhe. Wirklich zu denken, wird uns nirgends beigebracht, und für die meisten ist es angenehmer, erst gar nicht damit anzufangen. Den Status quo nicht zu hinterfragen und mitzutrotten.

Aber dafür sind wir nicht hier, Schwester!

Du, meine Liebe, bist gelebte Perfektion. Deine ursprüngliche »spirituelle DNA« ist perfekt. Es gibt keinen Raum zur Verbesserung. Du bist zu hundert Prozent vollwertig, wertvoll, liebens*wert*, und zu Unglaublichem fähig. Wenn *du* es nur selbst glaubst.

Ich habe dir dazu einen Song geschrieben, du findest ihn unter *www.wirsinddietoechterderhexen.de/resources* Am besten hörst du ihn dir mehrfach täglich an und singst dir selbst die Hook, wann immer es geht. Auf dass jedes Wort darin Einzug in dein Unterbewusstsein findet, und du anfängst es zu glauben.

Was glaubst du, wer du bist?

Wie oft habe ich den Satz von meiner Mutter entgegengespuckt bekommen. Mal mit unverhohlener Abscheu laut und voller Hass, und mal mit der zittrigen Stimme einer gebrochenen Frau. Jedes Mal, wenn ich mich gewehrt habe, jedes Mal, wenn ich habe durchblitzen lassen, dass das Leben, welches ich führe, führen muss, nicht richtig ist. Jedes Mal, wenn ich ihr entgegengeschrien habe, dass die Scheiße, die um mich herum abgeht, krank ist. Ich weiß, dass meine Mutter gern mehr für uns getan hätte, dass all ihre Wut und ihr Frust über das Leben, das sie führte, welches so anders war, als das, was sie für sich in ihren Sternen gewähnt hatte, irgendwo hin musste. Raus musste. Und ich war ab einem gewissen Zeitpunkt die Einzige, die noch da war. Alle anderen hatten frühzeitig das Weite gesucht. Ich war da, und ich war ihr Spiegel, für all die unerfüllten Wünsche und Sehnsüchte.

Ich weiß, dass es ihr leidtut, dass sie nicht die Mutter für mich sein konnte, die sie gern gewesen wäre. Und ich weiß, dass meine Mutter Hilfe gebraucht hätte. Fünf Kinder, alleinerziehend ohne Unterstützung von außen – das ist schon hart, wenn du mental gesund bist. Wenn du aber noch mit Depressionen zu kämpfen hast, wird es definitiv nicht besser. Wie gesagt, sie hätte Hilfe gebraucht. Professionelle Hilfe. Ich glaube, so ziemlich jede Familie, die in dieser Straße am Rande der Gesellschaft »gelandet« war, hätte Hilfe gebraucht. Mir war außerordentlich früh klar, dass ich mir für mich etwas anderes wünsche und dass ich anderes verdient hatte als das, was mich umgab. Das, was ich um mich herum wahrgenommen habe, war erdrückende Armut, Hoffnungslosigkeit und Verrohung. Allein in dem Haus, in dem ich aufgewachsen bin, gab es all das, von dem man kleine Kinder eigentlich fernhalten sollte: Gewalt, Alkoholismus, Selbstmord, später sogar Mord. Aber auch Inzest und Kindesmissbrauch. Jeder wusste es, die meisten haben weggeschaut. Jeder war ausreichend mit sich selbst beschäftigt. Das Leben war ein einziger Kampf. Ich will gar nicht beschreiben, wie ich mich da als Kind gefühlt habe. Als meine älteren Geschwister alle das Haus verlassen hatten, war ich allein. Allein mit meiner Mutter. Allein mit diesem Umfeld und allein mit der aufgestauten Wut, Enttäuschung und dem Frust einer desillusionierten Frau. Allein mit der konstanten Programmierung durch meine Mutter. Die trotz meiner geschlossenen Kinderzimmertür, einer geschlossenen Wohnzimmertür und eines sich dazwischen befindlichen Flures klar und deutlich zu hören war, wenn sie, ohne Übertreibung, stundenlang heulend auf der Couch saß und schrie. Immer wieder dasselbe. »Ich haaaasse dich, du bist der egoistischste Panz, den ich je gesehen habe. Ich haaaaasse dich. Wegen dir … *fill the gap.* Wegen dir … *fill the gap.*«

Es gibt nichts, was ich nicht an den Kopf geschmissen bekommen habe. Das Leben fühlte sich damals für mich an wie auf einem Minenfeld in Vietnam. Ich konnte mir bei keinem Schritt sicher sein, dass ich nicht auf eine Mine trete und eine Bombe platzt. Ich weiß, dass ich jeden Morgen aufgewacht bin und mich innerlich erst mal darauf vorbereiten musste, mein Zimmer zu verlassen. Aber es hatte auch sein Gutes. Dieses Leben hat meine Sinne geschärft. Ich habe gelernt, durch die geschlossene Tür zu erspüren, wie die Stimmung im Wohnzimmer oder im Schlafzimmer ist. Es war eine Art von Überlebenstraining. Die extremen Stimmungsschwankungen meiner Mutter machten mich zu einem lebenden hochsensiblen Stimmungsdetektor. Ich bin auch heute noch extrem emphatisch, mehr als mir lieb ist. Ich musste erst wieder lernen, meine Sinne auf das zu richten, was im Innen passiert, anstatt andauernd das Außen nach Gefahr abzuscannen. Das Gute ist, ich weiß sofort, wenn jemand oder etwas mit negativen Intentionen unterwegs ist. Meine Menschenkenntnis oder besser mein Gespür für Menschen ist durch diese Kindheit definitiv fine-getuned, was mir in meinem Leben immer gute Dienste erwiesen hat.

Worauf ich hinauswill, ist, dass ich, wie viele bzw. jeder auf diesem Erdball lebende Mensch, Programmierungen erhalten habe. Den wenigsten ist es klar. Mir war es definitiv nicht klar. Ich habe gedacht, weil ich weiß, dass das, was ich da abbekommen habe, nicht wirklich etwas mit mir zu tun hat, sondern eher mit dem, was in meiner Mutter abging, würde es mich nicht sonderlich tangieren. Aber diese frühkindlichen Programmierungen bestimmen heute noch einen Teil meines Lebens. Was überhaupt der Grund ist, dass ich dieses Buch schreibe: mein Bedürfnis nach wirklichem Wachstum, nach der Erfüllung all meiner Wünsche und Träume, nach dem Ausleben meines vollen Potenzials, nicht nur den Part, den mir meine Glaubenssätze gestatten. Auch oder gerade die Erfüllung der Wünsche, für deren Erfüllung ich mich richtig strecken muss. Ich, wie so viele von uns, habe von mir gedacht, ein selbstbestimmtes Leben zu führen, dass ich eine selbstbestimmte Frau bin, the *Captain(ess) of my boat.* Ich mache nur, was ich will. Pah! Bullshit. Den größten Teil meines Lebens habe ich mich selbst sabotiert. Verhalten an den Tag gelegt, das zu Handlungen geführt hat, deren Ergebnisse ich nicht wollte. Und die meiste Zeit war ich reaktiv. Habe genommen, was des Weges kam, und mich mit dem zufriedengegeben, was mir angeboten wurde. Ich habe mich unbewusst von Paradigmen leiten lassen, von deren Richtigkeit ich bewusst in keiner Weise überzeugt war. Und das, obwohl ich von kleinauf gespürt habe, dass für mich mehr geplant ist, als das, was mein Start mir hat vorgaukeln wollen.

Meine Mutter hat mich immer gefragt: **»Was glaubst du eigentlich, wer du bist? Du glaubst wohl, du wärst was Besseres?«** Und meine Antwort in mir drinnen war immer: Ja! *Ja*, ich bin besser als *das* hier. Ich wusste, ich habe es verdient, wertgeschätzt zu werden, mit Respekt behandelt zu werden, ich habe es verdient, geliebt zu werden, saubere Kleidung zu tragen, ein sauberes schönes Zuhause zu haben, jemanden, der nach mir schaut, zu haben, jemanden, der sich kümmert, regelmäßige Mahlzeiten, Heizung und Strom im Winter. Ich habe es verdient, nicht zu verwahrlosen … Und doch war meine Realität eine andere. Denn wir lebten in einem Loch. Nicht selten war der Kühlschrank leer und der Strom abgeklemmt. Wenn ich mich umgeschaut habe, ging es allen irgendwie scheiße, ich, wir waren nicht die Einzigen. Ich kannte nicht wirklich jemanden in meiner Kinderwelt, der in einem schönen, wohligen, fürsorglichen Zuhause lebte. Mit Mama und Papa. Mit Liebe und Fürsorge und alledem, dessen ein Kind bedarf und was es sich wünscht. Also außer die Cosbys im Fernsehen. Die Cosbys waren meine absolute Traumfamilie. Für mich war klar, glückliche Familien gibt's nur bei den People of Color. Kein Scheiß, ich dachte, dass ich offensichtlich als kleines weißes Mädchen einfach Pech gehabt hätte. Kinderlogik! Dennoch, ich wollte *das* für mich. Und wusste, dass ich es »wert« war. Ich war von dem Gedanken getragen, dass ich alles verdiene und alles erreichen kann als kleines Mädchen, tief in mir drin …

Zu Hause war ich primär Punchingball und habe ständig zu hören bekommen, was für ein furchtbar egoistisches Kind ich war. Ich wurde mit begrenzenden Glaubenssätzen bespielt wie eine Schallplatte. Immer und immer wieder. Auch wenn ich anscheinend als Mini-Emanze aus meiner Mutter geflutscht bin und ein durchaus charakterstarkes Kind war: Wenn du etwas nur oft genug hörst, macht das etwas mit dir. Wenn du es nur oft genug hörst, bleibt das, was die ersten hundert Male abprallt, mit jedem weiteren Mal ein bisschen mehr hängen. Selbst wenn du versuchst, nicht hinzuhören und intellektuell weißt, dass es sich dabei um nichts als krankes Geschwätz handelt.

Heute weiß ich, dass meine Programmierung schon im Mutterleib begonnen hat. Ich war nicht geplant und sicherlich auch nicht gewollt. Rückblickend kann ich es meiner Mutter nicht einmal übel nehmen. Ich war *»just another mouth to feed«.* Und so wurde in mir, schon vor meiner Geburt das Empfinden eingepflanzt, nicht gewollt zu sein. Keine Berechtigung zu haben. Nicht »gut genug« zu sein. Dieser Glaubenssatz hat mich mein Leben lang begleitet, doch dessen war ich mir nicht bewusst. Und so hatte ich Beziehungen zu Männern, deren Verhalten mir nicht gerecht wurde, habe Jobs gemacht, die mich auf jegliche Art und Weise unterfordert haben und habe mich immer unter Wert verkauft. Die Schwere der Last, der vermeintlichen Schuld, die mir zugeteilt wurde, das Leben meiner Mutter endgültig zerstört zu haben, hat bei mir bewirkt, dass jegliche Form der Unbeschwertheit, wenn sie jemals da war, schnell verschwand. Ich habe mich, seit ich denken konnte, alt und schwer gefühlt und werde gefühlt mit jedem Jahr jünger und leichter. (Nicht auf der Waage, aber das ist ein anderes Thema.)

Als Kind habe ich mir, so weit es ging, abgewöhnt zu fühlen, das hat meine Existenz wesentlich erleichtert. Ich konnte zwar *für andere Menschen* aus Empathie rasende Wut, tiefe Trauer, extreme Freude empfinden. Aber aus mir heraus … Nichts. Ich habe versucht, diese Leere in mir zu füllen. Versucht, mich konstant abzulenken, um nicht spüren zu müssen, dass ich nichts spüre. Dieses Nichts-spüren-Müssen hat sicherlich in meiner Kindheit Sinn gemacht, und vielleicht auch als junges Mädchen. Aber ein »nicht« bzw. »wenig« fühlender Mensch zu sein, ist ja kein zufriedenstellender Zustand.

Meine Natur war eigentlich immer auf Pippi Langstrumpf geeicht: »Das habe ich noch nie gemacht, daher bin ich mir sicher, dass es gut wird.« Aber mein Unterbewusstsein wurde auf Annika programmiert. Nicht in der Form, dass ich vor den Herausforderungen Angst hatte, sondern eher, dass ich konstant das Gefühl hatte, Erfolg, Wertschätzung und vor allem Wohlstand nicht zu verdienen. Oder diese Form der Erfüllung nicht in meinen Sternen stehen zu haben. Ich wurde als Kind auf Entbehrung, Kampf und Unzufriedenheit eingestellt. Und habe als Erwachsene all das, was ich hätte tun können, um das Gegenteil zu bewirken, sabotiert.

Ich rede in diesem Buch von Programmen, Programmierungen und deren Konsequenzen für uns. Denn der einzige Weg, hinderliche Programmierungen durch hilfreiche Programmierungen zu ersetzen, und das ist das Ziel, geschieht durch die Wiederholung!

Wenn ich nur von mir ausgehe, weiß ich, dass ich als Mini-Menschenkind mit dem untrüglichen Empfinden auf die Welt gekommen bin, dass ich für Großes gemacht bin. Dass sich für mich noch andere Tore öffnen werden als die Tore, die sich mir in meiner Kindheit offenbart haben. Aber wenn du in meiner Umgebung erzählt hast, dass du glaubst, eine Lebensaufgabe zu haben, dass du für Großes bestimmt bist, hast du was aufs Gesicht bekommen. Und zukünftig das Maul gehalten. Menschen, die sich für etwas Besseres hielten, waren per se unten durch.

Warum erzähle ich das alles? Weil ich weiß, dass ich

zeitlebens von außen als eine Person mit starkem Charakter und Selbstbewusstsein wahrgenommen wurde. Und an dieser Wahrnehmung ist auch nichts falsch, sie ist lediglich lückenhaft. Starker Charakter sicherlich, sich ihrer selbst bewusst? Auch. Aber das, was mich letztlich daran gehindert hat, mein tatsächliches Potenzial zu entfalten, war die Grütze, die in meinem Unterbewusstsein abging. Programmierungen, über deren Existenz ich mir lange nicht bewusst war und deren Auswirkungen ich nicht mit ihnen in Verbindung gebracht habe.

Und so geht es doch nicht nur mir. So ziemlich jede Frau, die ich kenne, hat diese blinden Flecke. Hat Verhaltensweisen, die sie ausführt, die zum Gegenteil dessen führen, was sie sich erwünscht, und scheint doch nicht in der Lage, dieses Verhalten entweder zu erkennen oder zu verändern. (Kuchen schmeckt während einer Diät dreimal so gut, oder?)

Schwester, in dem Satz »Wir sind die Töchter der Hexen, die ihr nicht verbrennen konntet« steckt so viel

Wahrheit.

Es geht nicht darum, mit *»Bad Vibes«* auf Ereignisse zu schauen, die vergangen sind, und somit im Ergebnis nichts mehr zu verändern. Es geht einzig und allein darum, sich der eigenen unerschöpflichen Macht bewusst zu werden, sie sich zurückzuholen, und somit das eigene Leben positiv auszurichten. Damit verändern wir das Leben der Menschen in unserem Umfeld positiv und dadurch in letzter Konsequenz auch die Welt. Es. Ist. An. Uns. An dir, an mir und an unseren Töchtern. Denn wir gebären, nähren und prägen die zukünftigen Männer dieser Welt. Es ist wichtig, dass wir genau wissen, wer wir sind und wofür wir stehen, was unsere Wünsche, Träume und vor allem Ziele sind. Denn wenn wir dazu kein klares Bild und kein Verständnis davon haben, was wir uns wert sind, wie wir in dieser Welt wahrgenommen und behandelt werden wollen, wird sich nachhaltig nichts ändern und das wäre fatal.

Es ist nicht unsere Aufgabe, uns kleinzumachen, damit sich andere besser fühlen.

Es ist nicht unsere Aufgabe, den Ideen und Vorgaben anderer zu entsprechen.

Es ist nicht unsere Aufgabe, uns anzupassen und angenehm für alle anderen zu sein.

Es ist nicht unsere Aufgabe, im stillen Kämmerlein zu leiden oder uns dort zu freuen.

Es ist nicht unsere Aufgabe, zu jedem Zeitpunkt unserer Existenz sexy und »fickbar« zu sein.

Es ist nicht unsere Aufgabe, leise und unauffällig zu sein.

Es ist nicht unsere Aufgabe, weitere funktionierende Kinder zu gebären, die sich den Paradigmen derer vor ihnen ergeben, ohne sie jemals zu erkennen, zu hinterfragen und selbst zu denken.

Es ist an uns, uns unserer wahren Größe bewusst zu werden, diese zu entwickeln und zu leben und anderen bei diesem Prozess zu unterstützen.

Es ist an uns, dafür zu sorgen, dass wir all die Gefühle, die wir empfinden, wahrnehmen, einordnen und regulieren lernen.

Es ist an uns zu erkennen, dass unsere Gefühle der Schlüssel zu unseren Handlungen sind.

Es ist an uns zu erkennen, dass unser inneres Feuer, unsere Begeisterung, die Währung ist, mit der wir unsere Zukunft kreieren.

Es ist an uns zu erkennen, dass wir die Leadsängerinnen sind, nicht der Chor.

Es ist an uns zu erkennen, dass wir die Hauptrolle spielen, keine Nebenrolle.

Es ist an uns zu erkennen, dass wir die CEO sind und nicht die Sekretärin.

Schwester, niemand hat die Macht, dich zu stoppen außer dir. Du bist da, um dein Feuer zu entfachen und nicht, um es zu erlöschen!

Hauptrolle statt Nebenrolle, Schwester!

Ob du dich in deinem Leben für die Haupt- oder die Nebenrolle entscheidest, hängt maßgeblich von dem ab, was du glaubst, wer du bist oder nicht.

Wie dieser »Glaube« als generelles Prinzip zustande kommt, damit beschäftige ich mich in diesem Kapitel. Aber bei allem, was ich hier schreibe, dreht es sich nicht um richtig, falsch, gut, schlecht. Es geht um das Verständnis dafür, warum wir uns verhalten, wie wir uns verhalten, und wie wir es schaffen, unser Verhalten so auszurichten, dass wir die gewünschten Ziele erreichen. Das wir selbstbe*stimmt* entscheiden, was wir für uns wollen, dass wir unseren Wünschen und Zielen endlich *Stimme* verleihen und uns nicht schon in unseren Wünschen und unserer Zielsetzung von den Glaubenssätzen anderer beeinflussen lassen, sodass wir schlussendlich unsere tatsächliche Be*stimm*ung leben, und nicht die Idee eines anderen für uns.

Seit etwa fünf Jahren ist meine persönliche Suche nach meiner Be*stimm*ung immer mehr in mein Bewusstsein und vor allem in meine Gefühlswelt gerückt. Ich war stets sehr sinngetrieben und habe auf dem Weg zu meiner Be*stimm*ung einige Abzweigungen eingeschlagen. Keine davon würde ich missen wollen, jede hat mich auf meinem Weg ein

Stück mehr in die »richtige« Richtung gestupst. Manchmal nur dadurch, dass ich gemerkt habe, dass ich auf der Abzweigung des Weges, die ich gegangen bin, völlig *lost* war. Gefühlt habe ich schon so ziemlich jeden Job gemacht, den man machen kann. Ich habe als Songwriterin begonnen und bin darüber zum Gesang gekommen. Über das Singen bin ich zur Gesangslehrerin geworden, darüber zur Moderatorin und Fernsehredakteurin, und daraus hat sich der Voice- & Videocoach entwickelt, womit ich in den letzten Jahren mein Geld verdient habe. Zwischendrin habe ich als Barfrau, Flugbegleiterin und Übersetzerin gearbeitet. Alle diese Jobs habe ich auf der einen Seite geliebt und auf der anderen Seite haben sie mich total unglücklich gemacht. Ich habe auf der einen Seite vieles von der Welt gesehen, was Otto-Normalverbraucher verwehrt bleibt und teils sehr interessante Menschen getroffen. Aber es ging bei meinen Jobs nie um mich, um das, was mich umtreibt, und das, was ich zu geben habe, sondern um die Position, die ich bekleidete, und die Aufgaben, die ich in diesem Rahmen zu erfüllen hatte. Jeder dieser Jobs war nicht für das, was ich für mich wollte, aufgrund meiner Bestimmung gewählt, sondern es waren Jobs, die mir auf meinem Weg entweder angeboten wurden oder »plötzlich des Weges« erschienen. Reaktiv gewählt. Natürlich war ich mir nicht bewusst, dass ich gelebt wurde, anstatt proaktiv zu leben. Was auch immer für Jobs mir des »Weges erschienen«, sie waren aufgrund der Frequenz, die ich ausgestrahlt habe, in mein Feld gekommen. Es war das, was mein Unterbewusstsein für mich für »machbar« hielt.

Jeder dieser Jobs hat einen bestimmten Teil meines Wesens erfüllt, aber halt nicht alle. Gemäß meiner Glaubensmuster habe ich mich jeweils für eine begrenzten Zeitraum damit zufriedengegeben, denn mein Paradigma hat mir jeweils vorgegaukelt: Jasmin, jetzt hast du aber bitte zufrieden zu sein. Was willst du jetzt noch? Werde bitte nicht übermütig und undankbar. Großes Wort. **Undankbar.** Ich habe glücklich und dankbar für ein und dasselbe gehalten. Ich habe gedacht, wenn ich für etwas tief und aufrichtig dankbar bin, darf ich nicht noch etwas anderes wollen. Dann muss ich doch glücklich sein. Das heißt, wenn ich nicht wirklich glücklich war, habe ich mich als undankbar und egoistisch empfunden. Und wirklich glücklich war ich selten in meinem Leben. Die letzten zwei Jahre waren so ziemlich die glücklichsten in meinem Leben, und das, obwohl ein Teil von mir denkt, dass ich doch »eigentlich nichts gemacht« habe.

Na ja, ich bin Mutter geworden, »eigentlich nichts gemacht« trifft es also nicht wirklich. Ich habe das bisher Wichtigste geleistet, denn ich habe das wohl goldigste, lustigste, aber auch eigensinnigste, charakterstärkste Baby, das mir bisher begegnet ist, zur Welt gebracht. Ich war berufstätig, trotz der Tatsache, dass unser Kakito die ersten vier Monate fast rund um die Uhr geschrien hat. Aber ich hatte nichts anderes erwartet als mein Granätchen, der mich fordert wie bisher nichts in meinem Leben und gleichzeitig so mit Liebe erfüllt wie nichts. Das ist auch der Grund, warum ich achtsamer, bewusster, effizienter und selektiver geworden bin denn je. Und warum ich jetzt so etwas von keine Lust mehr habe, die Nebenrolle zu spielen. Ich kann das erste Mal seit meiner Kindheit klar und ohne Scham vor Bewertung laut und deutlich sagen, dass ich nicht für die Nebenrolle gemacht bin. Ich bin eine fucking Hauptdarstellerin. Aber nicht nur das. Ich bin ebenso Drehbuchautorin, Regisseurin, Executive Producer, und den Soundtrack habe ich auch geschrieben und gesungen, in diesem Film meines Lebens.

Es ist für mich selbst interessant zu sehen, dass ich von außen schon immer so wahrgenommen wurde, aber Fakt ist, es gab diese Momente, in denen meine Paradigmen mir einen Strich durch die Rechnung gemacht haben. In denen mir meine innere SheNO, wie ich sie getauft habe, eingeredet hat, dass ich für etwas nicht gut genug bin oder etwas nicht verdient habe. Mein ursprüngliches Naturell ist allerdings die SheGO, das kleine Mädchen, das mit einem inneren tiefen Wissen darüber auf die Welt gekommen ist, dass sie für Großes gemacht ist und dass ihr all das Glück und jeglicher Reichtum dieser Welt zustehen. Dass sie es verdient hat, um ihrer selbst willen geliebt und wertgeschätzt zu werden. Es ist ebenso meine SheGO, die mich veranlasst hat, diesem Gefühl der inneren Leere zu folgen und es mir wert zu sein, dem Gefühl an seinen Ursprung zu folgen und den Ursprung zu bearbeiten. (Und ja, da stinkt's!)

Wieder mal habe ich mich auf die Suche gemacht und noch mehr gesucht als schon die letzten zwanzig Jahre zuvor. Ich habe mir offiziell die Erlaubnis gegeben, dafür zu sorgen, dass ich die beste, glücklichste, erfüllteste Version meiner selbst sein darf. Zugegebenermaßen zuallererst um Bens willen. Ich habe selbst erfahren, wie es sich anfühlt, eine Mutter zu haben, die für sich große Pläne hatte, diesen aber wegen ihrer Kinder nicht nachgegangen ist. Ich möchte den Zirkel brechen, der die eigene Unzufriedenheit, Wut und Enttäuschung auf die nächste Generation überträgt. All das, was ich in diesem Buch mitgebe, habe ich nicht erfunden, aber ich beschäftige mich seit mindestens meinem sechzehnten Lebensjahr mit Persönlichkeitsentwicklung, Hirnplastizität und Mental Hacking. Jedoch habe ich bisher lediglich Wissen bewusst angehäuft, ich habe den Übertrag ins eigene Unterbewusstsein, in meinen tatsächlichen Selbstwert nicht vollzogen. Ich war nicht in der Lage, meine alten hinderlichen Paradigmen durch neue zweckdienliche zu ersetzen. *Bis jetzt.*

Die drei Ebenen der Wonder Woman

Wonder Woman ist ein Scheiß gegen dich. *For real!* Du weißt gar nicht, wie krass die Fähigkeiten sind, über die du verfügst. Kennst du den Film »Philadelphia« mit Denzel Washington und Tom Hanks? In diesem Film sagt Denzel Washington, der einen Anwalt spielt: »Okay, und jetzt erklären Sie mir das Ganze als wäre ich ein Zweijähriger!« Und genau so habe ich mich gefühlt, als ich zum ersten Mal von kosmischen Gesetzen, Frequenzen, Vibrationen gehört habe. Es war so außerhalb dessen, was die kleine Jasmin als Realität und Erklärung für die Welt mitbekommen hat, dass es für mich lächerliches »Bäume-Umarmer-Geschwafel« war und mir »viel zu hoch« erschien. Diese Ideen und Konzepte sind mir immer wieder begegnet, und meine Paradigmen haben mir das Gefühl gegeben, dass das, was ich da zu hören bekomme, nichts als »Spiri Chi Chi« ist. Und mit »Spiri Chi Chi« wollte ich rein gar nichts zu tun haben. Aufgrund der Tatsache, dass meine Mutter depressiv und mein Vater Alkoholiker war, hatte ich stets eine unterschwellige Angst, auch irgendwann »durchzuknallen«. Ich weiß natürlich heute, dass keiner von beiden »durchgeknallt« war, sondern lediglich krank und somit hilfsbedürftig, aber damals dachte ich, die beiden seien einfach Freaks und ich wollte unbedingt sichergehen, dass mich dieses Schicksal nicht ereilt. Ich habe mich von allem ferngehalten, von dem ich dachte, das könnte in die Richtung führen, Alkohol, Drogen, mediale Aktivitäten.

Ich habe also sehr früh und sehr intensiv begonnen, mich mit den Auswirkungen von Kindheitstraummen auf die Psyche, mit Gehirnplastizität und Persönlichkeitsentwicklung im Allgemeinen auseinanderzusetzen, um diese sagenumwobene »genetische Disposition«, die gefühlt über mir schwebte wie ein Damoklesschwert, auszuhebeln. Und irgendwie blieb doch die Frage oder das Gefühl: Wenn ich doch weiß, was bei mir los war (ist), warum verhalte ich mich immer noch auf eine Art und Weise, die mir nicht guttut und meiner nicht gerecht wird? Warum gestatte ich Menschen, mich auf eine Art und Weise zu behandeln, die mir nicht guttut? Warum bin ich rational eine selbstbewusste Frau, die intensiv und hart an ihrem Selbstwert gearbeitet hat, und doch sabotiere ich mich immer und immer wieder selbst? Kurzum, warum erziele ich nicht die von mir gewünschten Resultate? Ich kann dir gar nicht sagen, wie viele Bücher ich zu dem Thema gelesen, wie viel Wissen ich dazu angehäuft (aber nicht verinnerlicht) habe und wie groß der Frust und die Enttäuschung waren, wenn ich gefühlt wieder mal drei Schritte nach vorne geprescht war, um dann zwei zurückzustolpern. Und im Zuge meiner Suche nach Antworten kam ich aus unterschiedlichen Richtungen zu der gleichen Erkenntnis:

Wenn ich mich nachhaltig ändern will, muss ich an die Ursache für mein Verhalten, mein

Unterbewusstsein.

Sowohl der Kurs »Ultra Mind« von José Silva als auch »Thinking into Results« von Bob Proctor bzw. »Uplift« von den wunderbaren Seelen Susanne Pillokat-Tangen und Nicole Frenken waren darauf ausgerichtet.[16] Beide Programme haben mal wieder mich gefunden, denn ich wusste ja bewusst nicht, dass es das ist, was ich brauche. Aber wie ich jetzt weiß: Wenn du eine Entscheidung aus vollem Herzen triffst, wird »das Universum« und alles andere dazu beitragen, dass du das bekommst, was du brauchst, um die notwendigen Handlungen zu vollziehen. Wichtig ist: Es passiert nicht *einfach so*. Du musst die Message, die Frequenz schon senden, quasi den Initialschuss geben. Während in beiden Programmen sowohl die wissenschaftlich-humanistische Seite als auch die spirituelle Seite behandelt wird, weil man beides letztlich nicht trennen kann, so hat Bob Procter es geschafft, mir eines klarzumachen. Nicht nur, wie ich etwas ändern muss, sondern auch warum. **Er hat es mir erklärt, als wäre ich eine Zweijährige.** Ich habe es zum ersten Mal nicht nur intellektuell verstanden, sondern auch verinnerlicht. Und zwar mit Strichmäneken. Und dann hat es klick gemacht. Nicht beim ersten Mal, auch nicht beim zweiten Mal, ich habe mir sein Video dazu bestimmt fünfzig Mal angeschaut. Jap. Nicht, weil ich schwer von Kapee bin, sondern weil ich es *wirklich* verinnerlichen wollte. Ich habe zum ersten Mal verstanden, warum ich mich verhalte, wie ich mich verhalte. Vor allem aber, wie ich es ändern kann. Und weil es für mich so sinnig und so revolutionär und zeitgleich simpel ist, möchte ich es mir dir teilen. Damit auch du raffst,

Damn Gurl! Du bist effing

Wonder Women!

Du kannst alles erreichen. Wirklich *alles*. Ich bin mir ziemlich sicher, dass Frauen durch alle Epochen hindurch verfolgt wurden, die Wissen um diese Macht hatten. Und die gab es schon immer. Vielleicht hatten die Frauen damals nicht »Ultra Mind« oder »Thinking into Results« als Kurs, aber sie waren noch viel, viel näher dran an ihren mentalen und medialen Fähigkeiten, als wir es heute sind. Sie waren ja wesentlich weniger Einflüssen und Frequenzen ausgesetzt, als wir es sind. Es wird uns aber auch denkbar schwer gemacht. Ich kann sehr gut nachvollziehen, dass für die Menschen damals, die wenigen, die in der Lage waren, ihre mentalen und medialen Fähigkeiten wirklich einzusetzen, von außen spooky bzw. bedrohlich gewirkt haben. Und gegen Bedrohung kämpfen wir. Das ist heute leider nicht viel anders. *But changes are coming.* Das Wissen um das, was ich mit euch teile, war schon immer da und stand allen zur Verfügung. Es wird in jeder bedeutsamen Schrift beschrieben. Jeder große Denker oder Leader hat eins für sich erkannt. **Du bist, was du denkst.** Und das klingt so platt und abgenudelt, weil das so ziemlich jeder Coach, der auf einer Bühne steht, von selbiger herabposaunt. **Aber. Es. Ist. Der. Schlüssel** zum heiligen Gral. Um dein Denken zielführend einzusetzen, ist es von maßgeblicher Wichtigkeit zu lernen, deinen Geist effizient einzusetzen, und ich betone, ich habe nicht geschrieben »dein Hirn«. Dein Hirn unterliegt nämlich deinem Geist. Wieder zwei verschiedene Paar Schuhe! Aber eins nach dem anderen. Ich erklär dir jetzt erst mal das Prinzip der Strichmäneken, und dafür muss ich kurz ein Ticken ausholen.

Wir alle existieren auf drei Ebenen. Wir sind spirituelle Wesen, die über einen Intellekt verfügen und in einem physischen Körper leben. Wir sind nicht unser Körper. Wir leben in einem. Wenn wir sterben, stirbt unser Körper, die Hülle, aber Energie vergeht nicht, sie wechselt lediglich die Form. Das habe ich bereits im Physikunterricht gelernt, ich weiß nicht mehr genau, siebte oder achte Klasse?

**Allgemeiner Energieerhaltungssatz:
In einem abgeschlossenen System ist
die Summe aller Energien konstant.
Die Gesamtenergie bleibt erhalten.**

Das gilt auch für uns, unsere Seele, unsere Quintessenz. Wie auch immer du es nennen magst. Wir sind ein Teil des großen Ganzen. Wir sind eine Frequenz in einem Meer aus Frequenzen, das weder einen Anfang noch ein Ende hat. Alles, was wir tun, jeder Gedanke, den wir denken, sendet eine Frequenz aus. Eine Frequenz ist nichts anderes als ein bestimmtes Level einer Vibration. Den ganzen Tag über bist du mit mentaler Aktivität beschäftigt, die dir größtenteils nicht bewusst ist. Diese sendet den ganzen Tag Frequenzen aus. Alles, was du jemals kreieren »wirst«, ist schon da, denn nichts wird kreiert oder zerstört. Energie vergeht nicht. Sie wechselt lediglich die Form.

Wenn du das verstehst, bedeutet das, dass du lediglich zu der Person heranreifen musst, die sich zutraut, all das zu erreichen, was du erreichen willst. Du musst nicht noch sieben Zertifikate, drei Fernstudiengänge und acht Kurse absolvieren, um dann zehn Kilo abzunehmen, damit du den von dir erwünschten Erfolg erreichst. Du bist bereits als diese Person auf die Welt gekommen. Wir haben es lediglich »vergessen«, »verlernt«. Wir wurden mit neuen Konzepten, Ideen und Glaubenssätzen programmiert oder besser zugemüllt, und die haben wahrscheinlich nicht vom Dach geschrien wie in meinem Fall: »Die Jasmin, die wird einen Bestseller schreiben und damit ein Movement in Gang treten.« Sondern eher so etwas wie, ebenfalls in meinem Fall: »Träume sind Schäume«, »Schuster, bleib bei deinen Leisten«, »Von nix kommt nix« und »Der Apfel fällt nicht weit von Stamm« und weiterer hinderlicher Gedankenrotz! Genau das ist die Herausforderung. Die alten Programmierungen durch neue zu ersetzen. Und diese Fähigkeit haben wir. Jede von uns. Jap, es ist Arbeit, im Sinne von »sich ungewohntes Verhalten« aneignen. Das heißt in meinem Fall, dass ich um fünf Uhr morgens aufstehe, um an meinen hinderlichen Glaubenssätzen zu arbeiten, um sie durch neue, zweckdienliche zu ersetzen. Ich konsumiere Information, die meinen Geist für das öffnet, was ich alles erreichen kann. #*Alles*. Dann schreibe ich meine Affirmationen, das Ziel sind hundert am Tag, während ich mit Brainwave Entrainment meinen Geist in einen hypnagogenen Zustand bringe, der mir ermöglicht, die neuen Glaubenssätze leichter von meinem Unterbewusstsein aufnehmen zu lassen. Was das ist und wie es wirkt, erkläre ich noch, sodass du diese »Hacks« auch für dich nutzen kannst. *Schwester, I got you covered.*

Unser Geist ist die stärkste Macht, über die wir verfügen. (Jetzt gähnst du vielleicht und denkst dir, jaaa Jasmin, jetzt erzähl mir mal was Neues.) Aber hör auf zu nerven und mach den Kopf auf, so richtig auf. Versuch mal so neutral wie möglich die nun folgenden Informationen aufzunehmen: Unser Geist denkt in Bildern. Die besten Bücher sind die, die die tollsten Szenarien, ergo Bilder vor unserem inneren Auge, in unseren Köpfen kreieren. Wir denken in Bewegtbildern. Nicht in Instagramposts, #*schickebildchen.de,* nein, wir denken in Bewegtbildern. Wann immer du Informationen über einen deiner fünf Sinne (Sehen, Hören, Riechen, Schmecken, Tasten) aufnimmst, übersetzt du die gesammelten Informationen vor deinem geistigen Auge in Bilder. Wenn du mit einem komplett neuen Konzept konfrontiert wirst, zu dem du dir noch kein Bild machen kannst, ist dein Geist verwirrt. Du wirst Schwierigkeiten haben, die neu gewonnene Information nicht nur zu verarbeiten und zu erinnern, sondern vor allem, umsetzen zu können. Deswegen ist es für den menschlichen Geist so wichtig, »sich ein Bild« zu machen.

Wenn ich dich jetzt bitte, dir deine Lieblingsschuhe vorzustellen, hast du ein Bild dazu vor Augen, du weißt, wie sich das Material, aus dem sie hergestellt sind, anfühlt, und falls es zum Beispiel ein Lederschuh ist, kannst du sogar das Leder riechen. Du weißt, wie du dich fühlst, wenn du sie trägst und nimmst vielleicht sogar innerlich eine andere Körperhaltung ein. Denn all unsere Sinne sind miteinander verbunden. Und nun bitte ich dich, dir eine Zitrone vorzustellen, eine dicke saftige Zitrone, die du im Geist in zwei Hälften schneidest. Spüre dabei die Sonne Spaniens auf deiner Haut, die bewirkt hat, dass die wunderbare Zitrone dieses unglaublich frische nach Sonne riechende Aroma entwickelt hat. Und nun quetsche diese Zitrone aus und stelle dir vor, wie du den Saft direkt in deinen Mund träufelst. Deine Speicheldrüsen werden Speichel produzieren, um die erwartete Flüssigkeit zu schmecken und zu zersetzen. Unser Geist hält das imaginierte Szenario für Realität und unser Körper reagiert dementsprechend. Unser Geist unterscheidet nicht zwischen Realität und Vorstellung. Es gibt für unseren Geist auch keine Vergangenheit, Gegenwart oder Zukunft. Was immer du dir vor deinem geistigen Auge vorstellst, empfindest du. Denn dein Geist befiehlt es deinem Körper. Deswegen muss ich jedes Mal beim Ende von »Titanic« heulen. Ja, mein Bewusstsein kennt die Geschichte, ich weiß, dass Rose dem hageren Jack auf der Tür keinen Platz macht, obwohl er da noch dreimal draufgepasst hätte. Die Tatsache, dass ich gerade die Geschichte der beiden im Film noch mitgelebt und durchlebt habe, lässt mich Empathie für den riesigen Verlust, den Rose erleidet, empfinden und Bewunderung für das Opfer, das Jack für seine Rose bringt. All das weiß ich bereits, bevor Jack die verhängnisvollen Karten für die Reise auf der Titanic beim Pokern gewinnt und doch … bin ich wieder mittendrin. Mein Bewusstsein sagt nicht: »Ach komm, Jasmin, das ist doch nur ein Film, das lässt uns kalt.« Die gleichen Bilder, die gleiche Musik, die gleiche Reaktion meines Körpers. Ich bekomme Tränen in den Augen, während ich bewusst zu mir sage: »Echt jetzt, Jasmin?! Schon wieder?« Doch unser Bewusstsein unterscheidet nicht zwischen Realität, Imagination oder Bewegtbildmaterial. Und genau darin liegt die unglaubliche Macht, die wir uns zunutze machen können.

Wir sind Wesen, die auf drei Ebenen existieren: spirituell, intellektuell und physisch.

Was wir auch prozessieren, wirklich verstehen wollen, müssen wir vor unserem inneren Auge sehen können. Oder es führt zu Verwirrung in unserem Hirn. Wenn ich dich jetzt bitte, dir deinen Geist vorzustellen, wirst du höchstwahrscheinlich an dein Hirn denken. Aber Geist und Hirn sind zwei komplett verschiedene Paar Schuhe. Das Hirn ist begrenzt, der Geist nicht. Du hast höchstwahrscheinlich noch kein Bild für deinen Geist. Und das, obwohl der alles bestimmt – dein komplettes Leben, dein Körper wird durch deinen Geist gesteuert, und doch hast du kein Bild dazu. Und darin liegt das maßgebliche Problem. Wie wollen wir denn etwas ändern, was wir uns nicht einmal vorstellen können? Wann immer wir ein Verhalten ändern wollen, ist es notwendig, die Ursache für das Verhalten zu finden und daran zu arbeiten. Und die ist in deinem Geist verankert.

Es bringt also nichts, das Resultat zu bekämpfen. Es hat mir überhaupt nichts gebracht, Wissen darüber anzuhäufen, wie meine Kindheitstraumata auf meine Psyche wirken, was sie Schlimmes bewirken können. Denn ich habe mich die ganze Zeit nur mit dem Worst Case beschäftigt. Na, tolle Wurst, kein Wunder, dass ich irgendwann jegliche Form von

Freude verlernt hatte und mindestens zwei depressive Episoden in meinem Leben durchlebt habe. Ich habe mein Unterbewusstsein konstant mit Informationen und Vibrationen zu dem Thema gefüttert. Nachdem ich meine Mutter eineinhalb Jahre bis an ihr Lebensende betreut hatte, inklusive Chemo, Palliativstation und den ganzen Kladderadatsch, musste ich Lebensfreude erst wieder erlernen, erinnern. Kein Scheiß, ich hatte mich eineinhalb Jahre intensiv mit dem Tod und dem Sterben beschäftigt. Es wäre Zeit gewesen, das Leben zu zelebrieren. Aber das erschien mir »unangebracht«. Das »macht man nicht«. Was für ein Unsinn. Zum Thema »Trauern« habe ich mittlerweile eine ganz andere, eigene Meinung. Ich halte Trauern, wie wir es praktizieren, für »verschwendete Energie«. Ich finde, wir sollten diese in das Feiern und Preisen des Lebens der Verstorbenen investieren. Den Verlust eines geliebten Menschen zu betrauern, ist absolut legitim und wichtig, aber das in den Fokus zu rücken, halte ich für mich nicht für richtig. Ich weiß heute, dass ich konstant umgeben, geleitet, getragen, geschützt bin, von all denen, die vor mir kamen. Das hat mir ein besonders eindringliches Erlebnis gut vor Augen geführt, von dem ich in einem Video erzähle (https://studio.youtube.com/video/NWLIuqzrjDY/edit).

Wenn wir etwas in unserem Leben erfahren, das wir uns anders wünschen, ein Verhalten, ein Ergebnis, ist es ist wichtig, die Ursache zu erkennen und unseren Geist entsprechend anzupassen. Wir handeln alle zu 80 Prozent aus Gewohnheiten heraus. Was sind Gewohnheiten? Im Unterbewusstsein angelegte Programme. Verhaltensweisen, die aus dem Unterbewusstsein heraus geschehen, müssen im Unterbewusstsein neu angelegt werden. Das kannst du entweder durch ein intensives Ereignis erreichen, das einen riesigen emotionellen Einschlag bei dir bewirkt, wie etwa eine tödliche Diagnose, der Verlust eines geliebten Menschen, etwas, das dich tief in deinem Inneren erschüttert. Oder durch ein kollektives Ereignis, ein Krieg, eine Krise, 9/11. Diese Art von Ereignissen haben oft, nicht immer, zur Folge, dass sich ein Verhalten maßgeblich, und vor allem, das ist der Schlüssel, langfristig ändert, weil es mit einer hohen Intensität aus dem Bewusstsein in dein Unterbewusstsein katapultiert wurde. Und dort ist es nun verankert. Niet- und nagelfest. Es ist förmlich in dein Bewusstsein tätowiert. Unter »die Haut deines Bewusstseins«.

Thurman Fleet hat 1930 diesen Vorgang via Strichmäneken erklärt und damit das Denken und Handeln von Millionen von Menschen nachhaltig verändert.[17] Meins ebenso! Und ich hoffe, es wird dasselbe für dich bewirken. Selbstverständlich habe ich aus dem Strichmäneken ein Strichfrauchen gemacht, wir sind ja schließlich die Töchter der Hexen und nicht die Söhne. *#Girlpower.*

Hier das erste Strichfrauchen, Schwester. Das bist du.

Nein, du hast keinen Wasserkopf. Die Proportionen sind so gewählt, weil dein Geist, den wir nur für das Bild vor unserem inneren Auge im Kopf verordnen, das allem Übergeordnete ist. Dein Geist steckt in allem, in jeder Zelle deines Körpers, dein Geist befiehlt deinem Gehirn, und das befiehlt deinem Körper die physische Ausführung, dein Handeln. Wenn du also etwas an deinem Verhalten ändern möchtest, dann musst du dies in deinem Geist, über dein Unterbewusstsein anlegen.

Dein Geist wird durch eine Energie gespeist, die zu dir fließt und durch dich hindurchfließt. (Genau wie bei unserer elektromagnetischen Form des Torus.) Diese Energie ist das, was uns alle miteinander verbindet. Sie ist überall. Es existiert kein »leerer Raum«, alles ist gespeist mit und wird gespeist von dieser Energie. Du darfst es nennen, wie du magst. Es gibt dafür wissenschaftliche, religiöse und spirituelle Terminologie. Aber wir alle meinen dasselbe. Ich nenne es entweder die Quelle oder *die* liebe Gott. Diese Energie fließt zu dir und durch dich durch. Diese Energie bewirkt dein Denken. (Nicht zu verwechseln mit mentaler Aktivität.) Sie steht dir konstant rund um die Uhr zur Verfügung. Ob du dich dabei in einem bewussten, unterbewussten oder unbewussten Zustand befindest, ist völlig irrelevant. Diese Energie steuert deinen Körper, meinen Körper, jeden Körper, Tiere, Pflanzen, alles. Und sie nährt deinen Geist mit Impulsen und Inspirationen.

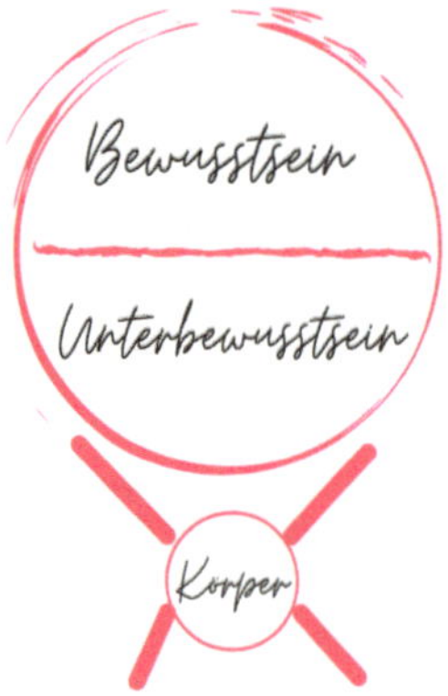

Diesen Geist werden wir der Simplizität zuliebe in zwei Hälften teilen: in Bewusstsein und Unterbewusstsein. Die Proportionen sind nicht verhältnismäßig, wir wissen eindeutig, dass der unterbewusste Anteil viel größer ist, aber es geht hier nur um eine Veranschaulichung. Wir hatten bereits geklärt, dass der Geist in allem steckt und alles beeinflusst. Es gibt keine einzige Zelle, kein Elektron in deinem Körper, das nicht von

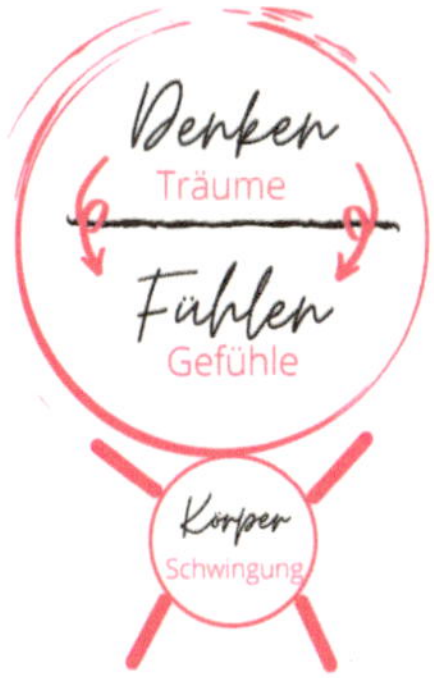

Geist durchflutet ist. In allem steckt die Quellenergie. In allem steckt »Gott«. Dennoch brechen wir den Geist in zwei Teile herunter: Bewusstsein und Unterbewusstsein. Wir könnten auch in denkenden und fühlenden Geist unterteilen.

Wobei das *Bewusstsein für das Denken und das Unterbewusstsein für das Fühlen* steht. Beide sind aufgrund ihrer Wechselwirkung nicht voneinander zu trennen. *But you get the picture.* (Hoff ich.) Der denkende Geist verfügt über eine der großartigsten Fähigkeiten, wenn nicht die großartigste Fähigkeit überhaupt. Die Imagination, die dich befähigt, so ziemlich alles zu kreieren, was du möchtest.

Schon in der Bibel steht: Im Anfang war das Wort. Aber vor dem Wort steht was? Was musst du haben, bevor du etwas *verworten* kannst? Du hast es erraten: ein Bild. Stell dir bitte an dieser Stelle den Klang einer göttlichen Harfe vor.

Harfe jetzt …

Die ist lediglich der Beginn der Kette des Umprogrammierens und des Kreierens. Weil es im geschriebenen Worte zugegebenermaßen sehr komplex ist, habe ich dir dazu ein Video erstellt, welches du dir unbedingt anschauen solltest. Für mich waren diese Informationen revolutionär und erhellend. Du findest sie unter **wirsinddietöchterderhexen.de/bonus** unter dem Namen **»Stick Sista«.**

Peeptoes oder Sneakers?

Wenn du dir klarmachst, dass alles schon immer da war, wenn du einen Wunsch hast, eine Idee, das Verlangen, die Passion, etwas zu ändern oder zu kreieren, dann hast du das in deiner Zukunft bereits erlebt – und gerockt! Es ist schon da. Du hättest sonst den Wunsch nicht!

Auf jede Frage, die du dir stellst, trägst du die Antwort bereits in dir.

Sonst wäre die Frage danach nicht möglich. Du kannst dir deine Antworten ins Hier und Jetzt holen. Wir sind alle an ein und dasselbe energetische Feld angeschlossen. Nicht nur das. Du kannst durch die Macht deines Geistes, deine Realität alternieren und Dinge aus der Imagination in deine Realität holen! Und zwar nicht durch harte Arbeit und jahrelanges Hustlen. Nein, durch die Kraft deiner Gedanken und deine Vibration! Ja, haste auch schon tausendmal gehört, aber ich erkläre dir, wie!

Der Schlüssel dazu ist Imagination in Kombination mit Emotion. Ich nenne es *»Imagimotion«*. Komm ich später zu! Stell dir erst mal die Frage: Bist du Typ *Peeptoe oder Sneaker*? Die Zeit des Lernens ist vorbei. Jetzt heißt es umsetzen.

Wissen anhäufen und Wissen anwenden sind zwei sehr unterschiedliche Paar Schuhe.

Wissen anhäufen sind die Peeptoes. Oh, meine geliebten Peeptoes ... Ich liebe sie, sie sehen so gut aus und geben mir das Gefühl, fresh und sexy zu sein. Genauso wie ich es liebe zu lernen und das Gefühl, smart und schlagfertig zu sein, mir wiederum das Gefühl vermittelt, alles erreichen zu können. Es beschwingt und inspiriert mich. Peeptoes sehen nicht nur gut aus, sitzend sind sie auch sehr bequem. Aaaaber sitzend kommt Frau nicht voran. Und Fakt ist: In Peeptoes kannst du keine Strecke machen. Deshalb ist jetzt die Zeit der Umsetzung. Es ist Zeit, Wissen anzuwenden.

Wissen anwenden sind die Sneaker. Sie sind eher sportlich als sexy und eher bequem als schön, aber um von der Stelle zu kommen, braucht es eher sportlich als sexy und eher bequem als schön. Und ja, die Mischung macht's.

Sister, das Zeitalter des Umsetzens, der Entwicklung, des Wachstums, der Transformation ist angebrochen.

Transformation ist Information + Emotion in Anwendung.

All das, was du immer predigst, deiner besten Freundin, deinen Kindern, denen, die du von ganzem Herzen liebst, empfiehlst. Setz. Es. Um. Leider ist unser Schulsystem völlig für den Arsch, denn wir lernen hier lediglich die Anhäufung von Wissen und nicht dessen Anwendung. Und die Inhalte sind im wahren Leben nur teilweise hilfreich. Daher ist es an uns, dienliches Wissen zu erlangen und dieses *first and foremost* anzuwenden. Lass die alten, zu klein gewordenen Schuhe stehen und trau dich, dir die Schuhe anzuziehen, die du von Geburt an mitgegeben bekommen hast. Dieses eine Paar Schuhe, in das du hineingewachsen bist, in dem nur *du* wirklich richtig laufen kannst. Auch wenn es viele ähnliche gibt. Diese Schuhe sind maßgeschneidert.

Es gibt keine Zufälle. Du hast all diese Ideen, »Hirngespinste« nicht ohne Grund. Diese Funken, die immer wieder vor deinem inneren Auge aufblitzen. Du bist nicht hier, um dich anzupassen, dich einzufügen, zur »Miss Durchschnitt« gewählt zu werden. Du bist nicht hier, um in eine Schablone reinzupassen, die dir viel zu klein ist. Scheiß auf »Das macht man so«. Du bist hier, um deine ureigene DNA auf das Vollste auszuleben. All deine bemerkenswerten Eigenarten machen dich besonders. Sie machen aus dir diese unverwechselbare Frau. Du bist wortwörtlich einzigartig. Also hör auf, der einen, die am lautesten röhrt, nachzubrüllen, wenn *du* eher flüstern magst. Und wenn du laut singen magst, sing, auch wenn alle um dich herum behaupten, Flüstern sei hip. Wenn du die am hellsten flackernde Kerze auf dem Kuchen bist, dann bist du nicht »zu hell«. Du stehst verdammt noch mal auf dem falschen Kuchen. Zieh los und such dir deinen Kuchen! Such dir ein Umfeld, das dich in deinem Vorhaben unterstützt, dich beim Wachsen animiert. Such dir ein Umfeld, in dem die Energie, in die du noch reinwachsen möchtest, bereits gang und gäbe ist. Du willst Millionen verdienen? Na, dann häng nicht immer mit denen rum, die andauernd klamm sind und über Geldnöte klagen. Du willst kreativ und ausgeflippt sein? Dann ist dein Buchhaltungsjob bei der Stadt nicht der, der dich zwingt, konstant über dich hinauszuwachsen und mutig und waghalsig neue Wege zu beschreiten. Das erfordert Kreativität. Um die Ecke denken, aus der Schublade krabbeln und aus der Reihe tanzen. Anpassen und Normen folgen wird nicht dafür sorgen, dass du kreative Ergüsse erlebst. Wenn du das Denken und Entscheiden anderen überlässt, ist es nicht verwunderlich, dass du verlernt hast, deine eigene Stimme wahrzunehmen.

Nur wenn du dich traust, auf dich zu vertrauen, wirst du den Klang deiner eigenen Stimme und den Ruf deiner Bestimmung wahrnehmen.

Es ist so wichtig, nein, es ist von maßgeblicher Bedeutung für unser Vorankommen, uns mit Menschen zu umgeben, die unsere Ziele und Ambitionen verstehen und uns dabei unterstützen. Diese eine Freundin, die dir immer Kuchen bäckt, wenn du abnehmen willst, oder der Freund, der jedes Mal, wenn du mit einer Idee kommst, aufzählt, was alles schiefgehen kann – das sind keine Freunde. Das sind Verhinderer. Und davon haben wir von Haus aus schon genug. Da brauchen wir keine weiteren. Es passiert so häufig, dass wir uns kleinmachen oder kleinhalten lassen, damit wir anderen nicht unangenehm auffallen, weil wir sie daran erinnern, dass sie längst aufgehört haben, selbst zu denken, zu fühlen oder wirklich einen Fuß vor den anderen zu setzen. Aber nur dann, wenn wir erkennen, dass es an jeder Einzelnen von uns ist, dem Status quo in den Hintern zu treten, wenn wir begreifen, dass wir keine unwichtigen Lichter im Fackelmeer sind, wenn wir verstehen, dass es *an uns* ist, das Ruder herumzureißen, dass jede von uns wichtig ist. Nur dann können wir dieses Leben, diese Gesellschaft, diesen Planeten zu einem lebenswerteren Ort machen. Einen, in dem das Gleichgewicht wiederhergestellt wird. Nur dann, wenn wir verstehen, dass das Vorankommen der Einzelnen uns als Gemeinschaft stärkt, wenn wir lernen, Konkurrenz, Neid und Missgunst ad acta zu legen und einander unterstützen, erst dann wird die Wucht unserer wilden Weiblichkeit diesen Planeten verändern und retten können. Und dies wird notwendig sein, Schwester.

Aber dazu braucht es vor allem eins …

Hokuspokus – Fokus!

Hokuspokus … Fokus!

So ziemlich jede von uns hat einen Arsch voll Dinge zu erledigen, den ganzen Tag lang. Und wir reden uns ein, dass wir Multitasking beherrschen. Dabei ist das nur ein Mythos. Unsere To-do-Listen sind manchmal länger als die Dreads von Rapunzel. Aber wenn wir nicht anfangen, uns zur Priorität zu machen und verstehen, dass unser persönliches Wachstum allen in unserem Umfeld dienlich ist, werden wir als Personen, als Individuen immer nur Versorgerinnen der anderen sein. Währenddessen werden unsere Renten weniger, die Zeit, die wir in die Familie investieren, wird weder honoriert noch vergütet, und das, während uns zunehmend mehr abverlangt wird. Das alles ist in sich schlüssig, dient allerdings ausschließlich einem elitären Patriarchat und weder dir noch mir. Es ist also abermals an uns zu verstehen, anzunehmen und vor allem umzusetzen, dass wir in unserem Leben an erster Stelle stehen müssen.

Ich bin selbst Mutter eines eineinhalbjährigen Sohnes. Ich liebe ihn über alles, was nicht schwer ist, ich habe ja das tollste Kakito der Welt, aber dennoch nehme ich mir immer wieder Zeit für mich, die ich auch mit ihm verbringen könnte. Wenn ich aber in der Zeit, die ich mit ihm verbringe, nur physisch anwesend bin, weil ich im Geiste woanders bin, fühlt sich das für mein Sonnenscheinchen sicherlich nicht gut an, das weiß ich aus eigener Erfahrung. Mein

Sohn und auch ich haben mehr verdient. Als ich vor gefühlt hundert Jahren als Flugbegleiterin gearbeitet habe (#TeeoderKaffee? #SchinkenoderKäse?), war es zunächst sehr befremdlich, den Passagieren beizubringen, dass sie zuerst sich und dann erst ihren Kindern die Masken aufsetzen sollen. Aber bei genauerer Betrachtung macht nichts anderes Sinn. Und doch handeln wir oft nicht danach, weil uns von kleinauf eingetrichtert wird, es wäre besonders erstrebenswert, eine selbstlose Person zu sein, sich zuerst um alle anderen zu kümmern und im Zweifelsfalle, auch wenn man ungerecht behandelt wird, die zweite Wange hinzuhalten. Ähm, geht's noch?!

So machen wir uns schon frühmorgens daran, all das, was von uns verlangt wird, wortwörtlich abzufrühstücken und verschenken die produktivste Zeit unseres Hirns. Mit jeder Aufgabe, mit jeder Entscheidung, die wir erledigen, bevor wir zu dem kommen, was für *uns* wichtig ist, »versiffen« wir unser Hirn. Es gibt etwas, das sich »Decision Fatigue« nennt. Roy Baumeister, Princeton University, hat unzählige Bücher und Studien zum Zusammenhang zwischen Gefühlen, Gewohnheiten und Handlungen und zum Zusammenspiel von Entscheidungen und irrationalem Verhalten gemacht.[18] Unsere mentale Stärke ist wie ein Muskel. Wenn wir ihn den ganzen Tag überstrapazieren, haben wir abends nur noch Gummi in den Knochen. Da ist von Muskelkraft und Stärke nichts mehr übrig. Ähnlich ist es mit unserem Hirn. Wenn wir den ganzen Tag über Entscheidungen treffen, egal wie komplex oder simpel sie sind, sind wir abends kaum mehr in der Lage, sinnvolle Entscheidungen zu treffen. Selbstregulation und Disziplin sind quasi ausgeflogen und Chips oder Wein und Käse haben ein leichtes Spiel mit uns. Daher ist es wichtig zu verstehen, dass was auch immer wir als Priorität erachten, tatsächlich an erster Stelle kommt! Lange vor Social Media oder E-Mails checken. Wenn wir nämlich am Morgen unsere produktivste

Zeit *(#messagetomyself!)* damit verschwenden, auf die Bedürfnisse anderer zu reagieren, entscheiden wir uns immer für andere, und unser persönliches Wachstum oder simpel das Erledigen der Dinge, die für uns relevant sind, bleiben auf der Strecke. Wie oft bist du abends ins Bett gefallen, wenn du dich fühlst, als hättest du den kompletten Song von Tim Bendzko gelebt, und nebenbei die Welt gerettet, hast aber nichts getan, das wirklich für *dich* ist …? Lass das! Hör auf mit dem Scheiß! Ersetze dieses destruktive Verhalten mit neuen Gewohnheiten, die *dich* voranbringen. Alle, wirklich alle in deinem Umfeld werden dadurch gewinnen.

Wenn du endlich anfängst, dich in den Mittelpunkt zu stellen, werden alle in deinem Umfeld davon profitieren!

Worauf ich hinauswill, ist: Die Tatsache, dass wir unser persönliches Vorankommen immer hintanstellen, ist völlig für den Allerwertesten und de facto kein Zeichen von Selbstlosigkeit, sondern viel eher von mangelndem Selbstwert. Auch hier sind wir geprägt von kollektiven Paradigmen, die uns nicht dabei helfen, die beste Version von uns zu leben. Aber wir wissen ja: **Es. Ist. An. Uns.** Sag es! Sag es laut. Laut, habe ich gesagt! Sag laut: **»Es ist an mir, die Veränderung zu leben, die ich erzielen will.«** Jede kleine Entscheidung zählt. Es ist wichtig, dass wir die Kraft und die Macht unseres Geistes und dessen Fähigkeiten erkennen und nutzen, um unser Ziel zu erreichen.

Wir nehmen unser Umfeld über unsere Sinne war. Wir sehen, hören, riechen, fühlen und schmecken. Sie sind unsere Antennen nach draußen. Aber wir verfügen noch über weitere Fähigkeiten, die für das Erschaffen unseres Umfeldes verantwortlich sind. Mit unseren Sinnen nehmen wir unser

Umfeld wahr und mit unseren mentalen Fähigkeiten kreieren und modifizieren wir unser Umfeld. Zu diesen mentalen Fähigkeiten gehören unter anderem: **Erinnerung, Vernunft, Intuition, Wille, Vorstellungskraft.** All diese Fähigkeiten sind wie Muskeln, trainiert werden sie stärker, nicht angewandt verkümmern sie.

Erinnerung: Es gibt kein gutes und kein schlechtes Gedächtnis. Es gibt ein starkes und ein schwaches Gedächtnis, und hier geht es um Training und Anwendung. Es gibt Techniken, das Gehirn zu trainieren. Durch Assoziationen. Ich war einmal bei einem Workshop, in dem der Trainer uns sagte, dass er es schaffen würde, uns beizubringen das Alphabet rückwärts aufzusagen und das Ganze unter dreißig Minuten. Natürlich habe ich sofort gedacht: »No effing way.« An manchen Tagen kann ich mich nicht an den vierstelligen PIN meiner Bankkarte erinnern ... Also hat er uns gebeten, uns eine Geschichte auszudenken, um uns dazu zu bringen, Assoziationen zu kreieren, die so abgefahren sind, dass sie hängenbleiben. So etwas liebe ich ja. Jedes Wort musste mit dem jeweiligen Buchstaben beginnen. Zum Beispiel: Zorro y(j)agt Xanthippe, während Vati unter Tage seinen Rücken quält ... Es hat keine zehn Minuten gedauert und jeder von uns hatte seine Geschichte parat und konnte anhand dieser das Alphabet rückwärts auswendig aufsagen. Und so kann man lernen, komplette Bücher zu erinnern! (Aber wer will das schon?)

Vernunft: Deinen Verstand sinnvoll und effizient einzusetzen, ist wichtig und durchaus hilfreich, wenn du ein produktives zufriedenes Leben führen möchtest. Zielführendes Denken kann erlernt werden, genauso wie wir es erlernen, für alles einen Grund zu finden, warum etwas vielleicht nicht funktionieren kann. Aber während Ersteres dazu beiträgt, etwas zu erreichen, trägt Letzteres lediglich dazu bei, nicht vom Fleck zu kommen. Ich weiß ja nicht, wie es dir ergangen ist, aber ich bin nicht in einem Umfeld aufgewachsen, in dem von den endlosen Möglichkeiten geschwärmt wurde, die das Leben uns bietet. Ich war eher von Menschen umgeben, die das Jammern zu einem Hochleistungssport erklärt haben. Jammern über zu wenig Geld, über einen Scheißjob, einen (angeblichen) Scheißchef, das Wetter, das Leben und gern auch über andere. All das hat mich geprägt und an den Schnüren meines mentalen Korsetts gezurrt, welches sich immer enger um die Genialität meines ursprünglichen Geistes gelegt hat. Habe ich gerade Genialität meines ursprünglichen Geistes geschrieben?! Jap. Hab ich, und völlig zu Recht. Wir alle verfügen über einen Geist, dessen Leistungsfähigkeit so weit außerhalb dessen liegt, was wir ihm zusprechen. Wir alle sind kleine Genies. Aber dann kommen das Leben und die Erfahrungen, die es mit sich bringt, und wir werden immer kleiner. Passen uns Schritt um Schritt mehr dem an, was wir von klein auf als Norm ins Hirn getrommelt bekommen.

Schau dir folgendes Diagramm genau an. Es veranschaulicht dir den Kreislauf der Kreation. Egal in welchem Bereich. So kreierst du. Wenn deine Gedanken deine Gefühle erzeugen und deine Gefühle deine Handlungen initiieren, welche wiederum deine Ergebnisse erzeugen, die in Wechselwirkung deine Gedanken inspirieren, *sollte* es dann nicht oberstes Gebot sein, dass wir unsere Gedanken ausschließlich auf das fokussieren, was wir tatsächlich kreieren wollen?

Schau dir das Diagramm wiederholt an und denk daran, wenn du dir vor dem Zubettgehen noch mal irgendeinen Scheiß reinziehen willst. *(#Message to myself!)* Schau dir das Diagramm an und denke daran, wenn du als Erstes in der Früh darüber grübelst, was du gestern hättest alles besser machen können.

Kurzum, schau dir das Diagramm an, wann immer du kannst. Punkt.

Gedanken
ERZEUGEN
Gefühle
INITIIEREN
Handlungen
BEWIRKEN
Ergebnisse
INSPIRIEREN
Kreation
ERGEBNISSE

Die Waffen einer Frau! #higher faculties

Wir wachsen auf und uns wird weisgemacht, die Waffen einer Frau seien ihr Körper, ihr Sexappeal, ihre Fähigkeit, um den Finger zu wickeln, den Kopf zu verdrehen, andere einzulullen und gefügig zu machen. All das bezieht sich auf den Mann, denn unser einziges Lebensziel ist es natürlich, beim Mann Eindruck zu hinterlassen und zu gefallen und für immer in der Kategorie »fickbar« abgelegt zu werden. *Is' kla'. *fingerindenhalssteck.* Was für eine zum Himmel stinkende gequirlte Scheiße. Das Bild der Frau in den Massenmedien, in der Werbung, auf Instagram, *Holy shit.* Da bin ich raus. Ich liebe es, Frau zu sein, und ich mag es auch sehr gern, mich attraktiv und sexy zu fühlen, aber das ist weder mein Lebenswerk noch das, worauf ich meine Karriere oder meinen Selbstwert aufbaue. Wenn ich mir die Medien anschaue, dann kann ich mir vorstellen, wie hart es heute für eine Dreizehnjährige sein muss. Zu glauben, dass frau einen Körper wie Jessica Rabbit haben muss, im Bett eine kleine Pornodarstellerin spielen muss und immer mehr gefordert wird zu verrohen, um das zu leisten, was es bedarf, um als hip und begehrenswert zu gelten. *Holy Smokes,* wie anstrengend.

Eine meiner Visionen ist es, die Inhalte meines Buches

in eine Projektwoche zu verpacken und an Schulen für Mädchen anzubieten. Um aufzuzeigen, nahezubringen und vorzuleben, was die wahren »Waffen« einer Frau sind. Das Wort »Waffen« verwende ich dabei lediglich sinnbildlich im Einsatz für ein »neues« Frauenbild, für eine gleichberechtigte Gesellschaft und für den Erhalt dieses wunderbaren, lebens- und liebenswerten Planeten, den es unbedingt zu schützen gilt. Wie großartig wäre es, wenn jedes Mädchen mit dem Bewusstsein aufwachsen würde, dass sie ein machtvolles Wunder ist und alles erreichen kann. Weil dem so ist! Das ist eines meiner Ziele, Teil meiner Vision. Außerdem möchte ich Lesungen und Workshops für weibliche Gefangene in der Vollzugsanstalt geben. *And you know:*

Avrah k`davra.
Ich erschaffe, während ich spreche!

Ein Teil meines Curriculums wird die höheren Fähigkeiten unseres Geistes behandeln. *The real weapon of a Woman.* Wenn man naiv ist, wie ich es war, geht man ja davon aus, dass Schule dazu da ist, uns auf das Leben vorzubereiten, uns die Informationen mit an die Hand zu geben, die wir im Leben benötigen, und uns vor allem lehrt, diese anzuwenden. Nicht jedoch in meiner Welt. Lesen und schreiben konnte ich bereits vor Antritt der ersten Klasse. (Höhere) Mathematik kann ich bis heute nicht. Biologie, Physik etc. – kaum etwas von dem, was ich dort für Tests gelernt habe, ist hängengeblieben. Ich für mich weiß, dass die Fächer, die mich wirklich interessiert haben, die einzigen waren, deren Inhalte teilweise hängengeblieben sind. Deutsch, Englisch, Philosophie, und … Religion. Ich sage dies nicht, um meine Lehrer zu dissen, im Gegenteil, größtenteils hatte ich nämlich tolle Lehrer. Aber sie haben mir, uns, lediglich beigebracht, Wissen anzuhäufen, nicht, es zu verinnerlichen, geschweige denn anzuwenden. Zwei komplett verschiedene Paar Schuhe, wie du weißt.

Aber wessen bedarf es denn, um in dieser Welt eine erfolgreiche, selbstbe*stimm*te Frau zu sein, die sich und ihr Umfeld so kreiert, wie sie es möchte? Ich lehne mich hier zum Teil an die Lehren Bob Proctors an, der sich wiederum auf die Inhalte von Napoleon Hills Buch »Think and grow rich« bezieht, und um seine eigenen Erfahrungen ergänzt hat. Ich kann dir beide zur Lektüre empfehlen, ebenso wie das Werk von Sharon Lechter.[19]

Eine wichtige Grundlage ist das Verständnis deiner selbst und die Nutzung deiner Superpower, die Tatsache, dass wir alle verdammte Wunder sind. Nicht jeder weiß, wie er an seine Ressourcen kommen kann. Daher ist es wichtig, dass wir anfangen, unseren Kindern ein paar grundlegende Dinge beizubringen, um sie zu zufriedenen, kreativen Schöpferinnen und Schöpfern ihres Schicksals heranwachsen zu lassen.

Da wo ich aufgewachsen bin, ging es nicht darum, seine höheren mentalen Fähigkeiten einzusetzen! Die fünf Sinne dienten dazu, im besten Fall alle Rechnungen, aber zumindest die dringlichsten zahlen zu können. Survival Mode. Konstant. Wenn du hübsch warst, war es ein Mann, der dich aus dem Elend »retten« sollte, und wenn du klug warst, eine gute Bildung. Aber die bringt dir nichts, wenn dein Selbstbild nicht mit an Bord ist, und du somit nicht in der Lage bist, deine höheren mentalen Fähigkeiten gewinnbringend für dich selbst einzusetzen. Ich spreche aus Erfahrung. Wissen, Intelligenz sind nicht die relevantesten Faktoren auf dem Weg zum Erfolg. Es sind unsere höheren mentalen Fähigkeiten, die angeschlossen und gespeist sind von … (und hier darfst du den Ausdruck deiner Wahl einsetzen, ich nenne es: die Quellenergie).

Die **Waffen einer Frau** liegen in ihr selbst. Aber es

sind im Grunde Werkzeuge und keine Waffen. Zu Waffen werden Werkzeuge erst, wenn sie zur Zerstörung eingesetzt werden, aber dafür stehe ich in keiner Weise und dazu rufe ich nicht auf. Ganz im Gegenteil. Ich habe verstanden, dass all das, was ich dir antue, mir antue. Meine selbstzerstörerische Phase habe ich definitiv hinter mir gelassen, und ich möchte auch dich inständig bitten, dahingehend Gedankenhygiene zu betreiben, denn:

אברא כדברא, avrah k'davra –
»Ich werde erschaffen, während ich spreche.«

Wahrscheinlich ist das einer der wichtigsten Sätze dieses Buches. Wenn wir wirklich verinnerlichen, dass *Abrakadabra* bzw. *Avrah k'davra* kein hohler Hokuspokus ist, sondern die Grundlage all unseres schöpferischen Seins. Und deswegen ist es von enormer Wichtigkeit, dass du dir immer bewusst bist, welche Welle du reitest, Schwester!

Die Welle, die du reitest

Alles wird bestimmt von der Welle, die du reitest. Ich werde es dir anhand eines Bildes, welches dir wahrscheinlich geläufiger ist, erklären: du und dein Handy. Wenn du ähnlich abhängig bist wie ich, verlässt du dein Haus selten ohne dein Handy und hast es meist in Griffnähe. Du vertraust darauf, dass du mit diesem Gerät mit einer gewünschten Person in Kontakt treten kannst. Auf »Wählen« gedrückt – und schon klingelt es. SMS. Auf »Senden« gedrückt und fast simultan macht es bei der gewünschten Person »piep«, und die Nachricht steht ihr zur Verfügung. Wir alle funktionieren auf ähnliche Art und Weise. Wir alle sind miteinander verbunden. Wir alle sind Masse, die aus Energie besteht und von derselben Energie gespeist wird. Eine Energie, die nicht vergeht und nicht stillsteht. Semjon Kirlian hat bereits in den Dreißigerjahren die nach ihm benannte »Kirlianfotografie« erfunden, welche diese austretende Energie sichtbar macht. Jegliche Materie besteht aus Energie, egal was es ist. Ob lebend oder nicht. Es strahlt Energie aus.

Wenn du in Google in der Bildsuche »Kirlianfotografie« eingibst, wirst du »Kirlianfotos« von den unterschiedlichsten Materialien sehen. Dinge, die wir als lebende Organismen beschreiben würden, also zum Beispiel einen Apfel, ein Blatt oder »tote Materie« wie einen Schraubenschlüssel, einen Stein, einen Tisch. Nichts ist tot im klassischen Sinne. Weil alles lebt, sich bewegt. Konstant. Du wirst sehen, alles sondert Energie ab, und alles, was materialisiert ist, »lebt«. Nicht in Form von Herz, Lunge, Seele etc., sondern in Form von Energie, die sich rasant bewegt, schwingt. Alles ist Energie. Alles ist in Bewegung, alles lebt.

Wir werden in der Schule darauf getrimmt, nur das zu glauben oder als existent zu betrachten, was wir mit unseren körperlichen Sinnen wahrnehmen können. Hören, Sehen, Fühlen, Riechen, Schmecken, Tasten. Aber nur, weil du etwas nicht mit deinen fünf körperlichen Sinnen wahrnehmen kannst, kann es doch trotzdem existent sein, oder?

Wenn du (in Deutschland) nicht gerade unter einem Stein lebst, dann surfst du doch ab und an im Internet? Aber das Internet als solches kannst du auch nicht mit deinen fünf physischen Sinnen erfassen. Diese Einstellung, dass es nicht gibt, was wir nicht sehen oder anfassen können, ist schlichtweg veraltet. Aber viel von alledem, was heute existent ist, war vor dreihundert Jahren noch nicht vorhanden. Obwohl die Möglichkeit, es zu kreieren, immer da war. Es musste bloß lediglich ein Mensch daherkommen, der seine höheren Fähigkeiten entwickelt und einsetzt und sich seiner gottgegebenen Schöpferkraft, die uns allen innewohnt, bedient.

Und diese Gott ist krass,

»SHE's a BADASS«

Wir werden von kleinauf darauf trainiert, in Grenzen zu denken, aber das Universum, das uns umgibt, ist grenzenlos, ständig in Bewegung, konstant schöpfend. Es gibt keinen Stillstand. Kein Anfang, kein Ende. Wenn du meine Aussage in Perspektive gesetzt haben möchtest, dann leg mein Buch *jetzt* zur Seite, nimm dein Handy oder deinen Rechner zur Hand, geh auf YouTube und gib folgenden Link bzw. Titel[20] ein: *Cosmic Eye original HD Version https://bit.ly/2NmAyaQ*

All das, was du gerade sehr eindrucksvoll gesehen hast, hat einen Ursprung. Ich nenne diesen Gott, weil ich so konditioniert worden bin. Und jedes Mal, wenn ich das Video schaue, denke ich mir: Diese Gott ist krass – »She's a effing Badass«!

Du wirst dich jetzt wahrscheinlich entweder riesengroß oder extrem winzig fühlen. Eventuell sogar beides. Denn beides entspricht der Wahrheit. Und du wirst fühlen, dass alles miteinander verbunden ist und in einer Form der universellen, göttlichen Ordnung stattfindet. Alles ist via Frequenzen, Vibrationen miteinander verbunden. Die Frequenz, auf der du stattfindest, die Vibration, die du aussendest, bestimmt dich, deine Realität, dein Sein. Alle Frequenzen sind miteinander verbunden, und wir gestalten unsere Realität gemäß der Frequenz, auf der wir uns befinden. In der wir senden. Um sich dieser Frequenz wieder bewusst zu werden und sie gezielt zu steuern, damit wir die volle eigene Strahlkraft entwickeln, ist es wichtig, alle »Störfrequenzen auszuschalten«. Und so abgenudelt es klingen mag, Ruhe, Introversion und Meditation bilden den Schlüssel dazu, die eigenen Gefühlszustände und das, was wir senden, wahrzunehmen. Meist sind uns diese nicht bewusst. Und das verläuft mitunter tragisch. Manche nennen es selbsterfüllende Prophezeiung, Einstein oder Proctor nennen es Physik. Sie sagen, wenn du etwas haben möchtest, musst du anfangen, deine Frequenz auf die deines Ziels zu erhöhen. Es empfinden. Unsere Gefühle und Vorstellungen sind hier der Schlüssel zu allem. Denn diese verbinden uns wie ein riesiges unglaubliches Spinnennetz. In den Alltag übertragen bedeutet das: Wenn du zum Beispiel einen Partner finden möchtest, der dich als Frau seiner Träume wahrnimmt, du dich aber selbst als das hässliche Entlein empfindest und als wenig liebenswert betrachtest, dann wirkt das wenig anziehend auf das, was du dir wünschst. Du sendest schlichtweg die falsche Info an potenzielle Partner. Tragisch.

Wenn du, wie ich, gerne R'n'B, oder wie JamFM es nennt, Urban Contemporary, hörst, musst du dein Radio erst einmal auf die richtige Frequenz einstellen. Und zwar auf UKW (Ultra Kurzwelle) und da auf 93,6 Megahertz. Nur dann kannst du JamFM empfangen. Aber: Nur weil du deinen Empfänger nicht auf 93,6 eingestellt hast und deshalb JamFM nicht empfängst, heißt es nicht, dass JamFM keine Musik spielt!

Es ist also zwingend notwendig, deinen Empfänger auf den Empfang einzustellen. Und dann auf die Frequenz dessen, was du »hören und senden« möchtest, feinzutunen.

So weit, so klar. Menschen neigen aber dazu, als Unsinn abzutun, was sie noch nicht erfahren haben. Kenn ich nicht, kann ich nicht anfassen oder essen, funktioniert bei mir nicht, gibt es nicht!

Wahrnehmung!

Unsere stärksten Fähigkeiten können wir nicht sehen oder anfassen. Der größte Teil dessen, was wir wahrnehmen, sind Gefühle, Schwingungen, Frequenz. Alles, was jemals kreiert wird oder wurde, wurde zweimal kreiert. Einmal vor dem inneren Auge in deiner inneren Welt, deiner Vorstellungskraft und einmal durch die physische Umsetzung. Alles entsteht im Inneren. Dort können wir alles erschaffen, hier sind wir grenzenlos. In der Umsetzung kreieren wir aber in den allerseltensten Fällen allein. Wir ziehen die Menschen, die uns bei der Umsetzung unserer Ideen und Pläne behilflich sind, in unser Leben. Durch das, was wir senden. Wenn dein Inneres davon überzeugt ist, dass du Erfolg und Glück nicht verdient hast, bringt dir zum Beispiel auch ein gutes Hochschulstudium nicht viel. Du wirst dich mit einem Job abfinden, für den du hochgradig überqualifiziert bist und mit einem Typen, der nicht dich, sondern lediglich einen warmen Hintern in seinem Bett will. Das ist deine innere Überzeugung, das ist der Vibe, auf dem du sendest. Das ist das, was du in dein Leben ziehst.

Aber wir haben die Möglichkeit, dies zu ändern. Dank unserer höheren mentalen Fähigkeiten.

Wir beginnen mit der **Wahrnehmung.** Die »rein mechanische Wahrnehmung« unseres Gehirns ist ein Flickenteppich aus bereits erlebten Ereignissen und dem, was unser

Gehirn aufgrund der erlebten Erfahrungen und daraus resultierenden Ergebnissen antizipiert.

Aber unsere Wahrnehmung ist nicht starr und unbeweglich. Sie ist hochgradig anpassungsfähig und kann sich auf wesentlich mehr beziehen als das, was unsere fünf physischen Sinne an Informationen bieten. Schließlich nehmen wir Menschen, Energien und Informationen aus dem Raum um uns herum über den »sechsten Sinn« wahr. Du kennst das, du kommst in einen Raum, ein Geschäft, ein Restaurant, an irgendeinen Ort, und du bekommst auf einmal ein »ungutes« Gefühl. Du hast dafür erst mal keine intellektuell sinnige Erklärung. Es ist lediglich dieses Bauchgefühl, eine Gänsehaut, Härchen, die sich aufstellen, deine Sensoren, die dir eine Gefahr, ein »Gib-acht«-Gefühl signalisieren, welches deine fünf physischen Sinne nicht bestätigen können. Wir tun dies dann schnell ab. Schütteln uns einmal kurz und wollen diese Energie so unterbewusst loswerden. Denn wir haben unterbewusst eine Vibration wahrgenommen und diese bewusst als ein Gefühl in unserem Körper verspürt. Unsere Gefühle sind nichts anderes als die physische Manifestation, die Übersetzung einer Vibration. Oftmals können wir unsere Gefühle gar nicht mehr richtig einordnen, weil wir nur noch auf die Info, die uns unsere fünf physischen Sinne präsentieren, verlassen und dabei grenzen wir die größte Informationsquelle aus: die Energie dessen, was uns umgibt. Wir alle nehmen einander energetisch war. Eine spontane Antipathie oder Sympathie ist meist nichts anderes als das Übersetzen der Energie des Gegenübers in ein Gefühl. Wenn ich zum Beispiel in ein Restaurant gehe und das Gefühl habe, hier ist ein »schlechter Vibe«. Die Luft »ist dick oder schwer«, dann esse ich dort nicht und ziehe weiter. Wenn ich mich mit jemandem unterhalte und mein Körper vermittelt mir »Gib acht!«, dann gebe ich acht. Ich überlege mir genau, was ich preisgebe und beschränke mich auf ein Minimum, in dem Bewusstsein, dass ich vielleicht nur aus der Erinnerung getriggert werde. Allerdings habe ich gelernt, dieses Empfinden nicht einfach abzutun.

Du kennst wahrscheinlich das Sprichwort *misery loves company* oder »Gleich und gleich gesellt sich gern«. Da ist aus vielerlei Gründen etwas dran. Es fühlt sich besser an, sich mit Menschen zu umgeben, mit denen man wortwörtlich auf einer Welle schwingt, in Resonanz geht, harmoniert. Diese Resonanz wird durch die Gedanken der jeweiligen Person kreiert, die sich als Vibration, Energiefeld des jeweiligen Körpers manifestiert. Unsere Spiegelneuronen zum Beispiel nehmen blitzschnell die Energie eines Menschen auf, und wandeln sie in ein Gefühl von Vertrauen oder Misstrauen um. *#glaubhaftigkeit* Wenn der »Vibe« und das gesprochene Wort nicht übereinstimmen, wenn also die Worte, die die *Stimm*e spricht, und die *Stimm*ung, die die Energie vermittelt, nicht überein*stimm*en, signalisiert uns das unser eigenes Energiefeld sofort.

Wir können Menschen buchstäblich lesen.

Wir lesen nicht nur ihre Mimik, Gestik, den Stimmtonus, welcher maßgeblich die Energie des Gegenübers transportiert, sondern auch das Energiefeld als solches. Wenn du also verstehst, dass deine Gefühle eine Übersetzung der Energie des Gegenübers sind, kannst du diese Wahrnehmung so sehr trainieren, dass es erschreckend ist. Du kannst die Energie eines Menschen sogar wahrnehmen, wortwörtlich spüren, wenn dieser den Ort längst verlassen hat. Einen Verstorbenen zum Beispiel. Kein Hokuspokus. Energie vergeht nicht. Sie wandelt lediglich ihre Form.

Manche Menschen sind so feinsinnig, dass sie sogar die Bilder, die das Gegenüber vor seinem inneren Auge sieht, wahrnehmen können. Auch das kann man trainieren. Man nennt diese Fähigkeit *»Remote viewing«.* Zum Beispiel: Person X denkt an eine rote Kuh, und Person Y sieht eine rote Kuh vor dem inneren Auge.

Es gibt einen sehr interessanten TED-Talk zum Thema *Extra Sensory Perception (ESP),* der im Nachhinein von der Plattform genommen wurde.[21] Bei der »Extra Sensory Perception« handelt sich um einen Wahrnehmungssinn. Dieser beruht nicht auf Informationen, die wir über unsere fünf physischen Sinne aufgenommen haben, sondern auf Informationen, die wir energetisch übermittelt bekommen und aufgenommen haben. Und auch hier gilt wie bei allen Sinnen: Wenn dieser Sinn nicht angewandt wird, verkümmert er. Wird er trainiert, kann er Unglaubliches leisten.

Russell Targ, ursprünglich ein Laserspezialist, der jahrzehntelang ein von der CIA gefördertes Labor geführt hat, um Remote Viewing und ESP zu erforschen und den Militärs (erfolgreich) beizubringen, erzählt im TED-Talk von den Ergebnissen und Erlebnissen seiner Arbeit. Die offizielle Aussage des CIA, welches das Labor nach zwanzig Jahren eingestellt hat, war, dass das Labor nicht viel gebracht hat. Wenn man Russell Targ in seinem Ted Talk zuhört, kommt man zu einer konträren Erkenntnis. Russell Targ hat sogar eine kostenfreie App kreiert, mit der man seine ESP, seine übersinnliche Wahrnehmung trainieren kann. Gib einfach ESP in deinen App Store ein und du wirst sie finden!

Alles ist Energie, nichts steht still, *we live in an Ocean of Motion.* Und das Gesetz der Anziehung gilt als das erste Gesetz des Universums. Wir wissen aus der Physik, dass alles in konstanter, rasanter Bewegung ist, so sehr und kleinteilig, dass es unser Auge nicht zu erfassen vermag. Um genau zu sein: **Nichts ist, wie es scheint.** Der Sessel, auf dem ich sitze. In Bewegung. Das MacBook, an dem ich schreibe, in Bewegung. Alles ist in Bewegung. Alles vibriert, strahlt Energie aus. Um genau zu sein: **Alles ist Energie.** Und diese ist immer. Also sie entsteht nicht neu oder wird zerstört. Sie ist immer und wechselt lediglich ihre Form. Wasser verdunstet, wird zu Feuchtigkeit in der Luft, steigt auf, sammelt sich, entlädt sich als Regen. Dieser versickert ins Erdreich oder verdunstet, wird zu Feuchtigkeit in der Luft, sammelt sich, steigt nach oben, Temperaturwechsel, kommt als Schnee zurück auf den Boden, schmilzt, verdunstet, steigt in die Luft und so weiter und so fort.

Nichts wird kreiert oder zerstört, **alles ist schon da.** Es wechselt lediglich die Form. Und das ist die Grundlage für alles. Formwechsel, ja. Aber die Energie, all das, was wir uns zukünftig erschaffen werden, ist bereits da. Wir sorgen lediglich dafür, dass es eine materielle Form annimmt oder wandelt. Der Mensch. Er »stirbt« nicht, er vergeht nicht, er entmaterialisiert sich und ändert die Form. Die Energie als solches kann nicht zerstört werden. Du wirst gezeugt. *Yes, Mami and Daddy, did the Dirty.* Eine winzige Eizelle und ein winziges Spermium verbinden sich. All das, was du bist. Also alles ist bereits darin enthalten. Jegliche Information und Energie. Sie materialisiert sich lediglich. Du wächst heran, und bis dein Körper stirbt, werden deine Zellen absterben und dein Körper wird diese erneuern. Dann verstirbt deine Hülle. Du wirst verbrannt oder vergraben. Dein Körper ist deswegen nicht »tot«. Deine Materie wandelt sich, dein Körper verwest und wechselt konstant die Form, bis sich jegliche Materie entmaterialisiert hat, und die Form gewandelt hat. Die Energie jedoch, die ist nicht verpufft. Denn Energie vergeht nicht. Sie wechselt lediglich ihre Form. Du wirst wieder zu einem Teil des großen Ganzen. Deine Energie besteht fort, als Vibration, als Frequenz. Und diese können besonders feinsinnige Menschen wahrnehmen. Aber diese Wahrnehmungsgabe ist nichts Übernatürliches, sondern etwas Natürliches.

Gerade wir Frauen verfügen über eine große Begabung und Offenheit, etwas wahrzunehmen, das physisch nicht fassbar ist. (Wobei Männer diese Fähigkeit ebenso in sich veranlagt haben.) Etwas, das vielleicht vielen vermeintlichen Hexen überhaupt erst ihren Ruf eingebracht hat. Aber es ist natürlich schwierig, deine Emotionen wahrzunehmen und einzuordnen, wenn wir von kleinauf beigebracht bekommen, diese zu kontrollieren und uns ausschließlich auf unsere physischen Sinne zu beschränken. Oder wenn du, wie in meinem Fall, von kleinauf darauf konditioniert bist, Gefühle und Schwingungen anderer aufzunehmen und deine zu unterdrücken, als Selbstschutz. Aber wir können nicht nur trainieren, die eigenen Gefühle (wieder) wahrzunehmen, sondern auch die der anderen. Empathie, Einfühlungsvermögen ist wie ein Muskel. Entweder er wird trainiert oder er verkümmert. Auch hierbei handelt es sich um eine Wahrnehmung, die von Natur aus in jedem Menschen angelegt ist.

Familienaufstellungen arbeiten genau damit. Eine Familienaufstellung ist eine Methode, die sich die »repräsentierende Wahrnehmung« zunutze macht. In einer Aufstellung wird eine unabhängige Person als Stellvertreter für ein Familienmitglied eingesetzt, um einen ungelösten Konflikt zu lösen. Manchmal sind die vertretenen Personen bereits verstorben, manchmal nicht auffindbar, nicht bekannt oder schlicht nicht gewillt, zur Lösung des Konfliktes beizutragen, und so bedient man sich dieser Methodik. Eine unabhängige, unbeteiligte Person wird anstelle der Person, mit der es den Konflikt zu lösen gilt, aufgestellt und kann anhand ihrer repräsentierenden Wahrnehmung Informationen aus dem »wissenden Feld« oder auch dem »Gruppenunbewusstsein« entnehmen, und die betroffene Person stellvertreten. Das, was der Therapeut das »wissende Feld« oder das »Gruppenunbewusstsein« nennt, bezeichnet manch anderer als das »morphische Feld«, das »Universum«, das »große Ganze«. Und das, was der Therapeut die »repräsentierende Wahrnehmung« nennt, nennt eine spirituelle Person, ein Medium, dann »channeln«. Eine Medium channelt, indem es die Energie der Betroffenen verspürt, in Gefühle übersetzt und diese verbalisiert. Und dabei hat jedes Medium oder jeder Mensch seinen Zugang. Manche sehen, andere hören, wieder andere empfinden physisch. Dies ist eine durchaus gängige Praxis, um das Bewusstsein oder die Energie einer nicht anwesenden Person wahrnehmbar zu machen. Daran ist nichts »übersinnlich«. Es wird selbstverständlich davon ausgegangen, dass wir alle an ein Energiefeld angeschlossen sind. Ich nenne das Ding *»Geist«, »Gott«, »Spirit«, »Quelle«, »Universum«*. Und es ist völlig irrelevant. Fakt ist, wir sind alle (elektro-)energetisch miteinander verbunden und können auf unterschiedlichste Weise miteinander kommunizieren.

Ich möchte dich einladen, dich mit dem Gedanken anzufreunden, dass du über so viel mehr Fähigkeiten verfügst als du a) glaubst und dir b) bewusst ist.

Anstatt jemanden anzurufen, nimm dir doch vor, während eines Tages dreimal intensiv an eine Person zu denken und um Zeichen zu bitten. Nicht Anruf, WhatsApp, E-Mail, sondern Zeichen. Und versuch offen für die Zeichen zu sein. Zum Beispiel habe ich eine Freundin, mit der ich gerade nicht spreche, die mir in den letzten Tagen aus heiterem Himmel immer wieder in den Kopf gekommen ist. Dann hatte ich bei Facebook in den Erinnerungen einen Post, in dem ich von ihr schreibe, jetzt ist die Magen-Darm-Grippe meines Sohnes dazwischengekommen, aber morgen ist der Papa da, da werde ich sie anrufen, denn ich bin mir sicher, sie hat mir `ne mentale WhatsApp geschickt. Die Zeichen sind nicht immer die, die wir erwarten, aber wenn man die Augen offenhält, sind sie da …

Probier es doch selbst mal aus!

Intuition – unser natürlichstes und mental wertvollstes Hexenzeug

Intuition können wir leichter erfahren als beschreiben. Ich versuche es dennoch. Der intuitive Geist ist eines unserer wertvollsten mentalen Werkzeuge. Denn die Intuition ist der Receiver, den es zur Kommunikation mit dem Energiefeld des großen Ganzen, von dem alles Existierende ein Teil ist, unbedingt braucht.

Wenn wir durch unseren Körper, also Masse, die Energie, Frequenz von etwas aufnehmen, bedarf es eines Receivers zum Empfangen der Energie. Das ist unsere Intuition, diese nimmt die Energie in der Masse auf, und diese wird uns über unsere fünf Sinne übersetzt. Denn wir Menschen verstehen lediglich die »Sprachen«, die wir kennen. Im übertragenen Sinne habe ich versucht, noch mal genau hinzuschauen, denn früher habe ich die Intuition in meinem Körper als ein Bauchgefühl beschrieben, was es aber nicht genau trifft. Ich beschreibe dir, wie sich Intuition für mich darstellt. Darüber, dass es unterschiedlichste »Intuitionstypen« gibt, darüber rede ich mit Sue Messlinger in dem unten verlinkten

Interview, es kann also durchaus sein, dass sich deine Intuition für dich anders darstellt. Wir Menschen nehmen Informationen auf und speichern sie. Auf einiges können wir bewusst zugreifen, auf das meiste, das Unterbewusste, nicht. Aber das heißt nicht, dass das Unterbewusste nicht dennoch in uns wirkt und uns zu Handlungen verleitet. Wenn du schläfst und von einem Viech gestochen wirst, bewirkt der Juckreiz, dass dein Unterbewusstsein dich dazu bringt, dich zu kratzen. Es greift auf bereits Erfahrenes zurück und koppelt Juckreiz mit Kratzen, du kratzt und hast bald einen fetten geschwollenen Stich am Bein. Am nächsten Morgen erinnerst du dich nicht daran und fragst dich, woher das Monsterteil an deinem Bein kommt. Und genau das ist es: Das Unterbewusste ist mit bereits Erlebtem gekoppelt. Hier sind deine Erfahrungen gespeichert, die sich über die Wiederholung zu Programmen auswachsen. Wenn du also eine Person triffst, die dir unsympathisch ist und bei der du ein »schlechtes Bauchgefühl« hast, ist es wahrscheinlich nicht deine Intuition, die dir dieses Gefühl eingibt, sondern eine Erinnerung an eine früher durchlebte Erfahrung. Denn das Unterbewusstsein ist unmittelbar an unseren Körper gekoppelt und bewirkt daher körperliches Empfinden.

Ich für meinen Teil habe gelernt bzw. *let's be real,* bin täglich dabei zu lernen, dass ich versuche, nicht mehr so reaktiv zu urteilen. Denn ich habe gewisse wiederkehrende Reizmuster bemerkt. Mich triggert zum Beispiel Lautstärke beim Reden. Wenn jemand zu laut redet oder umgekehrt so leise, dass ich ihn nicht verstehen kann, stößt beides bei mir auf eine Abwehrreaktion. Bisher habe ich dies als Antipathie eingestuft. Dabei haben mich beide »Sprechtypen« lediglich an Prototypen in meinem Leben erinnert und diese Sprechweisen haben mich deshalb stets getriggert. Mein Bauchgefühl, also das sich Zusammenziehen meines Bauches oder das aufsteigende Feuer in meinem Bauch, aka Wut, bezieht sich immer auf mein Unterbewusstes und hat mit der betreffenden Person, die es auslöst, meist nicht viel zu tun. (Hat mein Spanier oft genug abbekommen!) Hier greift unser Bewusstsein, unser gesunder Menschenverstand, wenn wir ihn lassen. Und den sollte frau nicht unterschätzen, denn wir sind alle nur Menschen.

Ich finde, wir sollten alle uns zur Verfügung stehenden Ressourcen nutzen, um dieses wunderbare Leben zielführend zu gestalten. In diesen reaktiven Momenten halte inne, überleg kurz, atme ein paar Mal tief ein und aus, und dann horch mal rein. Direktes reaktives Verhalten stammt fast immer aus dem Unterbewusstsein und ist oftmals nicht das Passende in der vorherrschenden Situation. Trust me!

Meine Intuition äußert sich für mich anders. Sie ist meist leise, sie hat irgendwie etwas

Erhabenes.

Sie kommt nur selten mit starker Intensität oder Wucht über mich. Ein Gedanke, der so gestochen scharf und klar ist, dass ich mir selbst eine Hi-Five geben möchte, oder ein leiser, klarer auditiver Satz. Es sei denn, ich ignoriere manche Zeichen schon sehr lange. Dann wird's auch mal intensiver. Eine Aussage eines Gegenübers, die wahrhaftig und von Relevanz für mich ist, wird bei mir fast immer mit einer Gänsehaut am ganzen Körper quittiert. Aber ich weiß, wenn mir ein Schauer den Rücken entlangläuft, ist das eine ganz andere Info. Wenn jemand lügt, weiß ich es einfach, und ich kann dir dies nicht einmal erklären. Meine Intuition kommuniziert mit mir in meinen Träumen oder in meinen »Leerlauf-Phasen«. Wenn ich nicht denke oder fühle. Wenn ich jogge, dusche, schlafe oder – kein scheiß – putze. Intuition ist ein Geistesblitz oder eine Eingabe, etwas, das sich für mich immer erhellend und nach Ausdehnung anfühlt, anstatt das dunkle Erschwerende des Bauchgefühls. Manchmal wache ich auf und schreibe ganze Songs nieder, ohne sie wirklich zu schreiben. Sie sind fertig und ich muss sie bloß notieren. Oder ich empfinde auf einmal einen intensiven Drang, etwas zu tun, was eigentlich »nicht auf dem Programm« steht. Oder ich vernehme ganz klare Anweisungen. Heute traue ich mich, darauf zu vertrauen und folge diesen, auch wenn mein Bewusstsein manchmal sagt, WTF, Jasmin?

Intuition äußert sich manchmal auch in dem Wissen um etwas, zu dem mir jegliche Form der Information fehlt. Eine Einsicht, ein Verstehen ohne Kenntnis um die relevanten Faktoren. Eine absolute Gewissheit, ohne jegliche Grundlage. Die Ortskenntnis eines Ortes, an dem ich nie zuvor war. Oder das Bewusstsein, wenn ich vor einem Plakat einer Veranstaltung stehe, die mir null sagt, die mich aber »magisch« anzieht, sodass ich meinen Culito aka Popöchen dahin schwingen soll, weil ich dort etwas mitnehme, das für mich von Relevanz ist. Ich folge diesem Drang, weil ich bereits viele dieser Referenzerfahrungen gemacht habe und darauf vertrauen kann. Und ich glaube, dass Intuition auch etwas mit Erfahrung zu tun hat. Jene Erfahrung, die man macht, wenn man merkt, dass diese Infos und Impulse kein Humbug, sondern relevant sind.

Ich weiß, dass es *»very out there«* klingt, wenn ich sage: Wir können mit allem eine energetische Verbindung aufnehmen. Alles schwingt und Schwingung ist Information, Kommunikation. Es bedarf dann der Übersetzung in die Art und Weise, wie wir Menschen Informationen empfangen und prozessieren und vor allem verstehen. Da liegt die Krux begraben. Wir erkennen oft die Zeichen nicht und selbst, wenn sie zuhauf da sind, findet unser begrenzter Intellekt immer wieder Mittel und Wege, diese als nichtig oder absurd erscheinen zu lassen. Diese »Übersetzungsarbeit«, also Schwingung und Gefühle in Bilder und Sprache zu übersetzen, die wir Menschen verstehen, das ist exakt, was ein Medium, eine Kartenlegerin oder »Hexen« machen. Nicht mehr und nicht weniger. Manche nutzen dazu Hilfsmittel, Tarotkarten, Kristalle, Handflächen, Kleidung der Person, Kaffeesatz etc. Aber am Ende nehmen sie Schwingung auf und übersetzen. Ausgestattet mit dieser Fähigkeit sind wir alle. Wir vertrauen lediglich nicht darauf. Wir trauen uns oft scheinbar selbst nicht ausreichend.

Jede(r) von uns ist *intuitiv.*

Unter diesem Link findest du das Video mit Sue Messlinger zu den unterschiedlichen Intuitionstypen: »Intuition und ihre Ausdrucksformen« *www.youtube.com/watch?v=HW_C3Dv6rLY&t=454s*

Intuition wird uns Menschen als Werkseinstellung mitgegeben. Es gilt jedoch, auf diese zu vertrauen. Sich selbst zu vertrauen. Intuition kommt auch mit Erfahrung. Wenn man eine Tätigkeit sehr häufig ausübt, schaut man irgendwann weniger auf die Fakten und das lässt Raum, um die Intuition wahrzunehmen und auf sie zu vertrauen.

»Shush it!«

»Shush it«, sagst du im Englischen, um etwas auszudrücken wie »Halt die Babbel» oder: »Klappe zu.« Denn um deine Intuition zu trainieren, um generell deine höheren mentalen Fähigkeiten zu trainieren, ist es notwendig, immer mal wieder nach innen zu hören, um der inneren Stimme die Möglichkeit zu geben, wahrgenommen zu werden. Diese sagenumwobene innere Stimme kommuniziert konstant mit uns. Allerdings sind wir meist zu abgelenkt, um selbige wahrzunehmen. Und deswegen ist es wichtig und notwendig, Momente der Ruhe und des Nach-innen-Horchens in den Alltag einzubauen. Dazu musst du nicht im Schneidersitz in einem vorher ausgeräucherten abgedunkelten Raum sitzen und chanten, wobei all das sicherlich nicht von Nachteil sein wird. Deine innere Stimme ist immer da, sie steht dir jederzeit zur Verfügung, und sie ist konstant auf »Go«. Sie ist ein Teil von dir. Sie ist dein höheres Selbst. Deine Quintessenz.

Achtung! Wenn ich von deiner inneren Stimme rede, dann meine ich nicht die Stimme in dir, die konstant babbelt und primär kritisiert. *Das bist nicht du. Du bist die Person, die diesen konstanten inneren Dialog wahrnimmt.* Dieser innere Dialog ist eine Form der Verarbeitung dessen, was um uns geschieht. So ordnen wir das, was wir wahrnehmen, in das System, das wir bereits kennen, ein. Es ist jedoch sehr wichtig, dass wir verstehen, dass diese oft nörgelnde, manchmal nicht zufriedenzustellende Stimme in deinem Ohr nichts mit dir zu tun hat. *Du* kannst entscheiden, ihr Aufmerksamkeit zu schenken oder aber auch nicht. Insbesondere, wenn du beginnst zu meditieren, wird dir diese innere Stimme, die ich immer als *»SheNO«* beschreibe, permanent in die Kandare grätschen will. Sie wird versuchen, deine Aufmerksamkeit auf die nichtigsten Dinge zu ziehen. Alles wird auf einmal noch mal angebracht werden: die Wäsche, die nicht gemacht ist, der Einkauf, der erledigt werden will, die Tatsache, dass du xy zurückrufen wolltest und dies noch nicht getan hast, und der Umstand, dass deine Grundschullehrerin dir in der dritten Klasse völlig zu Unrecht eine 2+ statt einer 1- gegeben hat.

Stell dir vor, du datest diesen Typen, der dir wirklich gefällt, und deine innere Alexa kann kaum aufhören, daran zu denken, wie aufmerksam und intelligent er ist, und deine Mental-Siri versucht zeitgleich, alles an ihm niederzureden: Hast du gesehen, wie er nervös mit seinen Fingern gespielt hat, und die Socken, echt jetzt diese Socken?! Und du hörst nur irritiert zu und fragst dich: »Was geht denn jetzt auf einmal?«, dann ist sinnbildlich Alexa deine »SheGO« und Siri deine »SheNO«, und *du* bist diejenige, die sich das Ganze anhört und im besten Fall beiden den Stecker zieht. Dabei hilft die Meditation. Zu lernen zu differenzieren: »Was nehme ich gerade wahr?«

Was von all dem Geschnatter bin wirklich ich?

Wenn ich von deiner **»inneren Stimme«** rede, meine ich nicht die zwei Tratschtüten, sondern diese innere Stimme in dir, die dir auf einmal einen Gedanken vermittelt, der genau die Antwort auf eine Frage ist, die dich schon seit Tagen oder Wochen quält. Die innere Stimme, die in mir bewirkt, dass ich mich sofort hinsetzen will, um einen Song zu schreiben. Einen, der gedanklich bereits komplett fertig ist, den ich »lediglich« zu Papier oder »auf Band« bringen muss. Diese eine Eingebung, die dich veranlasst, auf einmal in den Tiefkühler zu schauen, um dort deinen von dir verlegten Schlüssel wiederzufinden, den du beim Einräumen des Einkaufs irgendwie mit hineingelegt haben musst, welchen du aber niemals dort gesucht hättest! Oder es ist diese eine geniale Geschäftsidee, die dir kommt, während du stupide deine Wäsche faltest und bei diesem fast meditativen Vorgang endlich mal für ein paar Momente die Tratschtanten ausgeschaltet hast, sodass deine Eingebung, deine Intuition, deine innere Stimme mit dir kommunizieren kann, und du sie endlich mal wahrnimmst. Diese leise Stimme, die dir zuflüstert: »Trau dich, tu es!«, auch wenn alle Logik besagt, dass es verdammt schwer werden könnte.

Deine innere Stimme ist es auch, die dir, wenn du jemandem zuhörst, sofort vermittelt, ob du Glauben schenkst oder nicht. Sie ist es, die mich Fragen stellen lässt, von denen ich nicht einmal wusste, dass die Antwort von höchster Relevanz für mich ist.

Ich empfehle dir aus vielen Gründen Ruhe zu schaffen und zu meditieren, um deiner inneren Stimme Raum zu geben. Zehn Minuten pro Tag ist ein Start. Eine Zen-Weisheit besagt:

Wenn du keine zehn Minuten täglich aufbringen kannst, um zu meditieren, dann brauchst du mindestens zwanzig Minuten pro Tag.

Meditation kann die unterschiedlichsten Formen haben. Du kannst täglich einen Spaziergang machen und dich dabei auf den Himmel und die Wolken oder dich auf die Steinplatten unter deinen Füßen konzentrieren. Am Ende geht es darum, sich auf etwas zu fokussieren, um Mental-Alexa und Schnatter-Siri auszuschalten.

Ich habe mal den Satz gehört: »Beten ist, wenn du mit ›Gott‹ redest. Meditation ist, wenn ›Gott‹ mit dir redet.« Gott steht an dieser Stelle für das »große Ganze«, für die Energie, die uns nährt und jeder einzelnen unserer Zelle mit auf den Weg gegeben hat, was »zu tun« ist. Das setzt aber voraus, dass wir zuhören. Deine Intuition ist dein Receiver. Das Signal ist immer da, aber die Fähigkeit zu empfangen bedarf eines »Empfängers«. Dieser Receiver existiert in dir, immer und zu jeder Zeit. Allerdings ist er in den seltensten Fällen auf Empfang geeicht. Die Stimme deiner Intuition ist so laut, wie deine Bereitschaft, diese Stimme wahrzunehmen, ist. Vertraue, sei achtsam und hör zu. Was du zu hören bekommst, ist mitunter **real good Shit!**

Aber sei dir bewusst, dass jede ihre Intuition unterschiedlich wahrnimmt. Es gibt nicht diesen einen ausschließlichen Weg. *Jede Jeck is anders*, um noch mal in meine Muttersprache zu verfallen. Nicht jede empfindet körperliche Impulse. Manche empfangen ausschließlich auditiv oder visuell, andere wiederum haben andere Wege.

Schwester, wenn du erst einmal anfängst zuzulassen, dass deine innere Stimme mit dir kommuniziert, wird diese immer lauter werden. Es werden dir überall Zeichen erscheinen und du wirst irgendwann in bestimmten Momenten genau wissen, dass du gerade »geführt« wurdest. Apropos geführt. Dazu sag ich nur: Chaka, chaka, Caravaca.

Chaka, Chaka, Caravaca!

Vor drei Jahren waren mein Mann und ich in Spanien im Urlaub, dort wo er jeden Urlaub seiner Kindheit verbracht hat. Seinem zweiten Zuhause. Besonders daran war, dass mein Mann und seine zwei Brüder das erste Mal als Erwachsene zeitgleich mit ihrer Mama vor Ort waren.

Diesem Urlaub war ein Gespräch am Küchentisch daheim in Deutschland vorausgegangen, bei dem meine Schwiegermutter, meine Carmita, mir mit glänzenden Augen von ihrer Hochzeitsreise, damals als 26-jährige junge Frau, erzählt hatte. Diese Tage dort beschrieb sie immer als mit die schönsten ihres Lebens. Sie schwärmte von diesem Ort mitten im gefühlten Nichts, der bekannt für seine heißen Quellen ist, und erzählte, wie gern sie noch mal nach Baños de Mula fahren würde. Ich googelte also nach Bildern, zeigte sie ihr und fragte: »Meinst du das hier?« Und dann bekam meine extrem gefasste Carmita Tränen in den Augen und ich sah ihr an, wie sie ihn vermisste, ihren Juan, den sie bei einem tödlichen Unfall in Spanien verloren hatte, als Carlos neun Jahre alt war. Ich merkte, dass es ihr zu viel war und sie nicht darüber sprechen konnte. Ihr brach die Stimme und sie brauchte es nicht zu sagen, aber sie wollte allein sein. Ich war mir sicher, meine Carmita, die all ihren Schmerz immer im stillen Kämmerlein in ihr Kissen geweint hatte, damit ihre Kinder es nicht mitbekamen, hat auch an diesem Abend in ihr Kissen geweint.

Ein paar Wochen später in Spanien beschlossen Carlos und ich spontan, sie zu überraschen. Morgens, ungeplant. Mitten in der Woche. Wir sagten ihr lediglich, dass wir einen Ausflug machen wollten und sie ihre Badesachen einpacken sollte. Wir fuhren los, Richtung Baños de Mula. Über eine Stunde saß sie auf dem Rücksitz unseres Mietwagens und hatte keinen blassen Schimmer, wohin es ging, bis sie schließlich ein Straßenschild entdeckte: Baños de Mula. Lautlos liefen ihr die Tränen über die Wangen, bis sie ihr Schluchzen nicht mehr unterdrücken konnte. Ich musste sowieso gleich mitheulen, aber ich sah, dass auch mein bärtiger Spanier am Steuer feuchte Augen hatte und es tunlichst vermied, zu mir rüberzuschauen. Die Stimmung war sehr emotional. Ich fühlte mich diesem Mann, Carlos Vater Juan, den ich nie kennengelernt habe und dessen Existenz mehr oder weniger totgeschwiegen wurde, weil der Schmerz über seinen Verlust noch allgegenwärtig war, so extrem verbunden.

Ich war es, die Carmens alte Fotos durchkramt und Fotos mit ihm, die glückliche Momente festgehalten hatten, überall in unserem Haus verteilt hatte. Alle waren sich einig, dass er ein großartiger Vater, ein großartiger Ehemann und ein von allen geliebter Mensch gewesen war. Wieso fand er dann in dieser Familie null statt? Kein Scheiß, nachdem Carlos und ich den Zeichentrick Film »Coco« gesehen hatten, einen grandiosen Film über einen kleinen Jungen, seinen verstorbenen Opa, Musik, und den Tag »Día de Muertos«, an dem die Verstorbenen gefeiert und eben nicht betrauert werden, musste ich unbedingt Fotos von seinem Vater aufstellen.

Wir saßen also in diesem Auto und keiner sagte ein Wort. Wir alle weinten um einen Menschen, der viel zu früh gehen musste. Wir kamen dort an und schwammen in der heißen Quelle. Wir redeten über Juan und Carmen erzählte uns ein paar Geschichten über diesen anscheinend außerordentlich lebenslustigen Menschen. Carmen sagt immer, Carlos wäre ihm extrem ähnlich, er musste also ein wirklich toller Kerl gewesen sein.

An diesem Tag folgte Carlos seiner Intuition. Er war es, der spontan genau diesen Tag vorgeschlagen hatte, um nach Baños de Mula zu fahren, und er war es auch, dessen Idee es war, nach dem Bad in der Quelle noch essen zu gehen. Carmen und ich schlugen den Weg zu dem nächstgelegenen Restaurant ein. Wir waren enttäuscht, als wir es erblickten, denn es sah eher schäbig und wenig einladend aus. Carlos jedoch bog um die Ecke und lief schnurstracks eine unscheinbare Treppe hoch. Oben angekommen, trauten wir kaum unseren Augen. Ein hochmodernes, absolut geschmackvoll eingerichtetes Restaurant lag da inmitten des Nichts in den Felsen gehauen. Der Anblick als solches war schon die Reise dorthin wert. Ich muss nicht erwähnen, dass das Essen vorzüglich schmeckte und wir eigentlich alle drei mehr als rundum zufrieden waren!

Schließlich schlug Carlos unvermittelt vor, noch nach Caravaca zu fahren, einem nahegelegenen Wallfahrtsort. Carmitas Augen leuchteten wieder auf wie bei einem Kind zu Weihnachten, denn sie ist tiefkatholisch. Also *tief* katholisch. Das Kreuz von Caravaca ist eine Reliquie mit einem Splitter aus dem Kreuz Jesu Christi, so heißt es. Carmen wollte schon immer mal nach Caravaca de La Cruz.

Wir machten uns also auf den Weg und hatten Glück, die Kirche war offen. Und nicht nur das, an diesem Tag war sogar die Schatzkammer von Caravacca geöffnet, was höchst außergewöhnlich ist. Die Bezeichnung Schatzkammer trifft es, denn es handelt sich um einen kleinen Raum, der gefühlt wie Fort Knox gesichert ist. Das Kreuz befand sich in einem dicken fetten Glaskasten. Das Kreuz von Caravacca zu sehen, so nah, war für Carmita wie Weihnachten und Ostern zusammen. Der Tresorraum ist sonst nur an besonderen Feiertagen zugänglich. An diesem Tag sollte das Kreuz sogar im Gottesdienst eingesetzt werden, und man konnte sich damit segnen lassen. Für mich »no big deal«, aber meine Carmita war gefühlt schon fast im Himmel. Ich sah mir das alles an und war erstaunt, aber auch irgendwie ergriffen zu bemerken, wie viel Carmen das bedeutete. Wir saßen im Gottesdienst und meine Augen hingen an dem Prunk und den Unmengen von Gold, die in dieser Kirche vorhanden sind. Während ich bei mir still und leise dachte, dass das Gold wesentlich besser für Bedürftige eingesetzt werden könnte, stieß Carlos mir mit dem Ellenbogen in die Rippen und fing an zu übersetzen. Das ganze Bohei wurde veranstaltet, weil die Eltern des Pfarrers einen besonderen Tag feierten, nämlich ihren fünfzigsten Hochzeitstag. Wir alle blickten uns ungläubig an, schließlich war der Trip, den wir unternahmen, eine Hommage an den Hochzeitstag meiner Carmita und ihres Juan. Ich bekam eine fette Gänsehaut bis auf die Stirn. Als der Pfarrer die Namen seiner Eltern nannte, fielen wir alle drei fast vom Glauben ab, und brachen simultan in Tränen aus.

Die zwei, die ihren fünfzigsten Hochzeitstag in der Kirche in Caravaca de la Cruz feierten, heißen Carmen und Juan …

Ein magisches Zeichen?

Das magische Wort

Stell dir vor, es gäbe etwas in deinem Leben, mit dem du nach Belieben alles beeinflussen könntest. Du könntest herbeizaubern, dass du glücklich und erfolgreich wirst. Aber Vorsicht, wenn du dein Zaubermittel falsch handhabst, dann zauberst du dir auch schlechte Laune herbei oder bleibst erfolglos.

Und jetzt kommt's: Das gibt es! *#isso* Es handelt sich hierbei um deine – Fanfaren bitte:

Chimichanga

Ach so ne, Chimichangas sind frittierte Burritos. Sorry. Ich faste gerade. Aber ihr müsst zugeben: Chimichanga ist ein Wort, das rein phonetisch extrem magische Fähigkeiten haben *könnte*?! Aber nein, ich rede von eurer: **Einstellung.**

Einstellung ist aber nicht diese eine Sache, sondern eine Kombination aus verschiedenen Faktoren. Quasi eine Kumulation von Zutaten. Wie eine Tortilla. Eine leere Tortilla. Aber packst du gebratenes Gemüse, Salsa, Guacamole und Käse rein, wird aus deiner leeren Tortilla ein Taco. (Wie gesagt, ich faste gerade, deswegen kommen mir gerade ausschließlich Metaphern, die Essen beinhalten.)

Worauf ich hinauswill, ist, dass deine Einstellung keine

extrahierte Sache ist, sondern sich aus **deinen Taten, deinen Gefühlen** und **deinen Gedanken** zusammensetzt. Und wir wissen, dass all das in Wechselwirkung zueinander steht. Deine Einstellung ist deshalb so signifikant, weil sie das ist, was du (energetisch) in die Welt schickst. Und das, was du rausgibst, ist das, was du empfängst. Du kennst das: Wenn du auf eine Party gehst, weil sie eine »Pflichtveranstaltung« ist und du schon vorher voll muffelig drauf bist, weil du lieber auf der Couch lesen möchtest, wirst du sicherlich nicht den geilsten Abend haben. Du ziehst dich halbherzig an und die im Spiegel gefällt dir nur »geht so«. Deshalb fühlst du dich halt auch nur »geht so«. Denn dein Unterbewusstsein ist der Beweisführer für dein Bewusstsein. Es sucht jetzt nach Gründen, warum die Party scheiße ist. Dann kommst du dort an, und die Leute sind »mäh«, das Essen ist »mäh«, die Musik ist »mäh«. Alles ist »mäh«. Aber deine Freundin, die seit Monaten das erste Mal »kinderfrei« hat und sich voll auf den Abend gefreut hat, erzählt von dem Abend als »der Party ihres Lebens«.

Wir wissen, dass eines der universellen Gesetze das der Anziehung ist. Wie funktioniert das noch mal? Du hast einen Gedanken, diesem gibst du einen Vibe durch eine Bewertung, positiv oder negativ. Diesen Vibe übernimmt dein Unterbewusstsein, welches ja nichts hinterfragt oder überprüft, sondern schlicht annimmt, und übersetzt es in eine Vibration. Diese Vibration übersetzt dein Gehirn wiederum in Gefühle, sodass du sie fassen und verstehen kannst. Deine Gefühle sind also immer die Übersetzung deines Gehirns von der Vibration deines Körpers. Bei negativer Bewertung hast du ein schlechtes, unwohles, träges Gefühl in dir **(Befinden)**, dann **befindet** sich dein Körper in einer niedrig schwingenden Vibration. Das Tragische ist, dass nicht nur du diese empfindest, sondern dass du diese auch ausstrahlst. Und das, was du ausstrahlst, kommt zu dir zurück. Also negative Gedanken bewirken eine niedrig schwingende Vibration deines Körpers. Diese übersetzt dein Gehirn für dich in Gefühle wie Abgeschlagenheit, Enttäuschung, Aussichtslosigkeit, Ratlosigkeit, Antriebslosigkeit, halt in all diese Gefühle, die dich nicht zu Luftsprüngen animieren. Diese Vibration, Frequenz, Energie strahlst du einerseits aus, und – das ist das eigentlich Verheerende daran – ziehst du andererseits auch wieder an. Genau deswegen befinden sich so viele Menschen in dem fortwährenden Kreislauf von *more of the same.*

Nur zur Info, Schwestern: Das ist kein Eso-Spiri-Geschissel-Manisel, das ist Wissenschaft. Das heißt, dass es unser oberstes Anliegen sein müsste, akribisch darauf zu achten, was uns a) zu Gedanken animiert, also was wir an Inhalten konsumieren, und b) wie wir mit denselben verfahren, wie wir auf sie reagieren. **#Selbstregulation.** Nehmen wir sie an? Hinterfragen wir sie? Lassen wir sie einfach auf uns einprasseln, ohne überhaupt einen Hauch einer Ahnung davon zu haben, was das mit uns macht? Sind wir die Kreateurinnen unserer Energie, oder sind wir reaktive Opfer der Energie anderer?

Ich erzähle dir ein wunderbares Beispiel einer Frau. Ich nenne keine Namen! Ich kenn die nich', ich schwöre! Wirklich. Diese Frau ist mit einem besonderen Sinn für Pünktlichkeit ausgestattet. Sie wuchs mit dem Glaubenssatz »Pünktlichkeit ist die Höflichkeit der Könige« auf. Pünktlichkeit ist der Respekt, den man der Zeit des Gegenübers zollt. Diese Frau hat einen Mann geheiratet, *auch hier nenne ich keine Namen,* der das komplett anders sieht. Einen Südländer. Dessen Standardantwort lautet prinzipiell erst mal »mañana«. Zeit ist in seinem Empfinden eine vage Idee, deren Auslegung eher individuell ist. »Ich bin gleich da« kann eine Zeitspanne von zwanzig Minuten, aber genauso gut fünf Stunden bedeuten. Diese Frau, *deren Namen ich nicht nenne,* bekam zu Beginn der Beziehung jedes Mal regelrechte Wutausbrüche, wenn Mr. Mañana mal wieder 'ne halbe bis ganze Stunde zu spät war. Diese Frau, die ihre Sprache sehr gezielt einsetzt, fragte somit sehr konkret nach der Ankunft von Mr. M. Die Antwort fiel jeweils so aus, dass die benannte Zeitspanne tatsächlich die sei, in der er zu Hause aufschlagen würde.

Süß, ne? War es natürlich nicht. Mr. Mañana kam meistens eine halbe bis Dreiviertelstunde später im Zustand einer Tiefenentspanntheit an, die sie wahnsinnig machte. Er war sich natürlich keinerlei »Schuld« bewusst. Die Frage, warum nicht eine Nachricht geschickt wurde, die über die Verspätung informierte, schien ihn in seinem ureigenen Manifest zu erschüttern, denn er tat so, als wäre das die radikalste und innovativste Möglichkeit seit Erfindung des iPhones. Unpünktlichkeit, das Nicht-Einhalten von Aussagen und Abmachungen – völlig selbstverständlich für den einen, hochgradig irritierend für die andere. Dummerweise oder besser gesagt glücklicherweise, waren beide arg ineinander verliebt und gleich stark daran interessiert, die Beziehung aufrechtzuerhalten.

Jegliche Form der sinnigen Argumentation ihrerseits verlief völlig ins Leere. Mr. Mañana berief sich auf Argumente wie »Ich bin Spanier, wir sind so« und damit war Frau Pünktlichkeit am Ende ihrer Weisheit und emotional ausgelaugt, weil die konstanten Streitereien sich für sie auf den Fortbestand elementar wichtiger Dinge bezogen, für ihn aber bloß Bagatellen waren. Also »zwang« sie ihn, mit zum Beziehungscoach zu gehen, der ihm klarmachen sollte, wie falsch er lag.

Den Beziehungscoach, der Carlos, ich meine Mr. Mañana, klarmacht, wie falsch er liegt, und wie richtig sie, sucht sie heute noch. Denn natürlich gibt es dieses eine »Falsch« und dieses eine »Richtig« so nicht. Glücklicherweise habe ich etwas von Carlos Ignoranz übernommen. Also sie, meine ich. Nicht ich! Lange Rede, kurzer Sinn – guckst du:

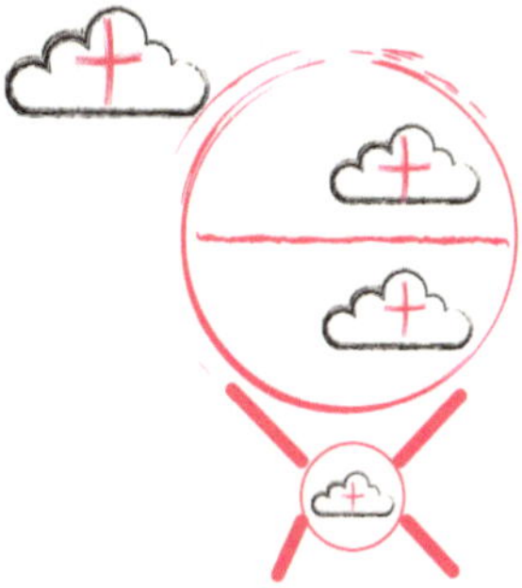

Dein Unterbewusstsein
bestimmt Deine Vibration!

Hier musste ein Perspektivwechsel stattfinden. Eine neue Einstellung zur Situation, zur Beziehung, zum Gegenüber. Weil Fakt ist: Egal wie falsch Carlos lag, und wie sehr ich wusste, dass ich recht hatte (und das war immer, is klar, ne?): Die Art, wie wir an die Sache herangegangen sind, war wenig erfolgversprechend und ich war mehrfach davor, diese Beziehung zu beenden. In einer Scheidung hätte es geheißen »aufgrund unüberbrückbarer Differenzen«. Jetzt haben wir zwei Spacken uns aber von Herzen geliebt und wollten gar nicht ohne einander sein. Und deshalb mussten drastische Geschütze aufgefahren werden. Entwicklung, Wachstum, und so …

Die Frage war: Wollte ich in einer glücklichen Beziehung sein oder im Recht?

Natürlich wollte ich beides. Aber das stand so nicht auf der Speisekarte. Ich habe also meine Einstellung geändert. Ich wurde mir bewusst, dass ich, wann immer es die Möglichkeit gab, davon ausging, dass Carlos zu spät kommen würde, sich an eine Abmachung nicht halten würde, ich mich nicht auf ihn verlassen würde können. Ich nahm mir also vor, ihn so zu behandeln, als wäre er bereits der Mann, von dem ich wusste, dass er es sein kann bzw. in der zukünftigen Version ist. Zuverlässig, pünktlich, verantwortungsbewusst etc. Jedes Mal, wenn er das Haus verließ, bedankte ich mich bei ihm vorab von Herzen aufrichtig dafür, dass er pünktlich nach Hause kommen bzw. mich über etwaige Verspätungen rechtzeitig informieren würde. Bei einer Veranstaltung, die wir gemeinsam aufsuchen wollten, bedankte ich mich im Voraus für den wunderbaren Abend, welchen wir am kommenden Tag haben würden. Ich ging schlicht und ergreifend – konträr zu früher – davon aus, dass er sich an unsere Abmachungen halten würde, anstatt dass er jede Gelegenheit nutzen würde, diese zu ignorieren.

Und siehe da: Mr. Mañana fing nach und nach an (wahrscheinlich war das für ihn selbst so unglaublich wie für mich), seine Mrs. Pünktlichkeit mit einem Verhalten zu überraschen, dass sie sich selbst kaum anders hätte wünschen können. Eine Aussage ist eine Aussage, eine Uhrzeit ist eine verbindliche Abmachung, und eine kleine Textnachricht ab und an, und sei es bloß, um eine liebevolle Geste zu veranschaulichen, war sogar auch noch drin. Vielleicht sollte ich erwähnen, dass meine Toleranz der Fünf-Minuten-Verspätung-ohne-Benachrichtigung auf eine halbe Stunde ausgewachsen ist, was in meiner Welt ein halber Tag ist.

Heute kann ich selbst nicht glauben, dass wir zu Beginn wegen solcher Nichtigkeiten extreme Auseinandersetzungen hatten. Es klingt jetzt so lapidar, einfach seine Einstellung zu ändern, Ich sag's dir: Einfach war daran für uns beide nichts. Aber es hat einen Unterschied wie Tag und Nacht bewirkt! Und das können wir auf alle Lebensbereiche übertragen. Wir verschwenden, oder lass mich bei mir bleiben:

Ich habe mein ganzes Leben so viel Zeit und Energie darauf verschwendet, das, was ich nicht will, abzulehnen, das Ungewollte zu bekämpfen, *bevor* es da war, und damit geradezu heraufbeschworen. Ich war an einem Punkt, an dem ich von meinem konstanten Kampf so ausgelaugt war, dass ich in meinem Leben zwei Mal depressive Phasen hatte, die mich lähmten. Heute weiß ich, dass ich dafür gesorgt habe, dass ich mich stets in dieser Energie befunden habe, denn ich habe ja an nichts anderes gedacht.

Seit ich Kind war, hatte ich extreme Schlafstörungen. Ich machte mir ständig Sorgen, nicht nur meine eigenen, für alles und jeden. Nie gab ich mir den Raum und die Zeit, mal darüber nachzudenken, was denn alles gut gehen, wie am Schnürchen laufen könnte oder was ich wirklich möchte. Mir erträume. Träumen?! Dass ich nicht lache. Träume sind Schäume, sagte ich immer – mir und allen anderen. Nie habe ich mir wirklich Gedanken darüber gemacht, was ich wirklich will. Was ich in diesem einen wertvollen Leben erreichen und bewirken will. Ich war gefangen in den Glaubenssätzen dessen, was für mich von außen betrachtet bereitsteht. Und da war die Krux begraben.

Ich habe mein Leben von außen nach innen gelebt, und nicht umgekehrt. Und dabei habe ich sehr oft an mir vorbei gelebt.

Von außen nach innen funktioniert nicht.

Nie. Es *muss* andersherum geschehen. Und ich weiß wirklich, wie schwer es ist, das »Außen« auszublenden, insbesondere, wenn du so sehr darauf getrimmt bist, das Außen immer im Blick zu haben, um dich, wie in meinem Fall, davor zu schützen. Unsere fünf Sinne, Sehen, Hören, Schmecken, Riechen, Tasten, versorgen uns den ganzen Tag über mit so unglaublich vielen (Sinnes-)Eindrücken. Wenn wir sie alle wirklich wahrnehmen würden, würden wir sowas von durchknallen. Ich war oft schon überfordert mit dem, was von außen auf mich eingeströmt ist, dass ich mir erst gar nicht anschauen wollte, was im Innen los war. Dass da ein direkter Zusammenhang besteht, war mir natürlich nicht bewusst.

Da wir Menschen der Bilder bedürfen, um Dinge zu verstehen, möchte ich das »magische Wort«, unsere Einstellung, noch mal anhand unserer Strichfräuleins, aka. Bob's Stickfigures, veranschaulichen.

Ein weiteres universelles Gesetz, welches für alles und jeden gilt, ist das **Gesetz der Polarität.** Es gibt immer ein **»Gegenüber«.** Alle Gute hat sein Schlechtes, jedes Ying sein Yang, kein Oben ohne Unten, kein Hinten ohne Vorne usw. Ihr versteht das Prinzip.

Jetzt kannst du dich entscheiden, in allem »nach dem Haar in der Suppe« zu suchen oder dich entscheiden, in allem das Bestmögliche zu sehen und das vorhandene Potenzial zu beklatschen, anstatt des »Ist-Zustands«. Natürlich ist auch das, wie alles im Leben, ein Prozess, wenn es darum geht, eine Gewohnheit zu überschreiben, indem du eine neue Gewohnheit formst.

Gehen wir jetzt davon aus, du entscheidest, die schlecht gelaunte Ilse zu sein, die alles und jeden kritisiert, die, die nur ungern eingeladen wird, die, die dir Energie durch ihre bloße Anwesenheit raubt. Was passiert, wenn du dich darauf fokussierst, das Negative in allem zu sehen?

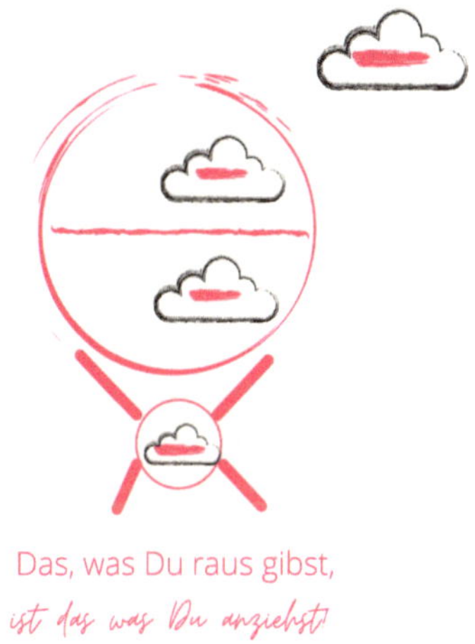

Wenn du in allem und jedem immer nur das Schlechte siehst, wirst du deine ganze Aufmerksamkeit, all deine Sinne, darauf fokussieren, Schlechtes zu finden. Und du weißt ja: Bewusstsein und Unterbewusstsein. Dein Unterbewusstsein wird dir einen grandiosen Dienst darin erweisen, all das Schlechte dieser Welt zu entdecken und zu erkennen. Es wird nur höchst selten vorkommen, dass dich jemand oder etwas positiv überrascht. Und das Allerschlimmste ist: Du wirst exakt das anziehen, was du ausstrahlst.

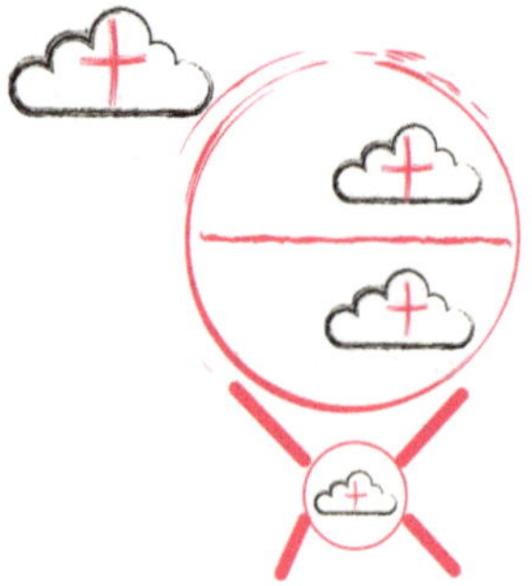

Dein Unterbewusstsein
bestimmt Deine Vibration!

Ich gehe mal davon aus, dass wir uns das anders wünschen. Deswegen ist es zukünftig unsere höchste Aufgabe, Gedankenhygiene und Selbstregulation zu betreiben. Das klingt irgendwie nicht so grob sexy, aber anders wird es nicht gehen, andersartige Ergebnisse in unser Leben zu ziehen. Wenn du dich also dazu entscheidest, deine Einstellung dahingehend zu verändern, dass du zukünftig in *allem,* was dir widerfährt, das Positive zu sehen, dann verspreche ich dir, wird sich dein Leben maßgeblich ändern.

Entscheide dich dafür, ein Glückskind, statt eine Kämpferin zu sein!

Chimichanga!

Und täglich grüsst dein Murmeltier

Und jetzt einen heißen Kaffee. Das ist so ziemlich jeden Morgen das Erste, das ich denke, wenn ich meine Knöpfe aufmache. Im Schnitt sind 80 Prozent der Gedanken, die wir täglich denken, Wiederholungen. Das veranschaulicht, wie sehr wir Menschen Gewohnheitstiere sind. Manchmal verbringen wir halbe Tage damit, nicht ein einziges Mal wirklich proaktiv zu denken, sondern lediglich alte Gedanken zu wiederholen. Falls du jetzt »denkst«: »Häh? Was redest du, ich denke den ganzen Tag!« Nein, tust du nicht.

Mentale Aktivität und Denken sind zwei Paar Schuhe.

Eine Überzeugung nachplappern, von der du glaubst, dass sie wirklich deine Überzeugung ist, ist nicht denken. Das ist Erinnerung abrufen und wiedergeben. Das ist das, was wir in der Schule lernen. Information aufnehmen, abspeichern, Erinnerung abrufen, Information wiedergeben. Es hat mit Denken nichts zu tun. Denken ist Information aufnehmen, von unterschiedlichen Seiten beleuchten, auf ihren

Wahrheitsgehalt hin überprüfen, zu einer eigenen Überzeugung zu gelangen und diese der Entwicklung der Sachlage anzupassen.

Ja, Informationen ändern sich nämlich konstant. Unsere Vorväter haben geglaubt, waren überzeugt davon, dass die Erde eine Scheibe sei. Das Konzept der Erdatmosphäre war ihnen noch nicht bekannt oder bewusst. Die Erde war nie eine Scheibe, von deren Ende man hätte runterpurzeln können, die Erdanziehungskraft existiert von jeher. Alles, was sich verändert hat, sind unser Wissen darum und unser Glaubenssatz dazu. So ist es mit allem. Unsere Glaubenssätze, das, was wir uns gebetsmühlenartig immer und immer wieder selbst sagen, *das* gilt es zu hinterfragen, und zu einer eigenen Überzeugung zu kommen.

Allerdings sind wir von so vielen Informationen und Emotionen anderer »imprintet«, quasi **emotional tätowiert,** dass wir glauben, sie seien Fakten. So kannst du dir zum Beispiel ein Leben lang einreden, schüchtern zu sein. Dabei bist du auf die Welt gekommen und hast geglaubt, die Welt sei dein Spielplatz und dein Untertan. Wie so ziemlich jedes Baby. Und dann … kam das Leben. Die Prägungen von außen, die du häufig genug gehört und gespürt und dann übernommen hast. Vielleicht hattest du eine Mutter, die sehr darauf bedacht war, was andere über sie denken, die dir gesagt hat, nur »keine Fehler« zu machen. Nicht »zu laut« zu sein, nicht aufzufallen, keine Fläche für Kritik zu bieten. Und du hast dieses Verhalten gesehen, immer und immer wieder gesehen, ihre Angst vor Kritik oder Ablehnung gespürt. Du hast den Glaubenssatz entwickelt, extrovertiert und ausdrucksstark zu sein, sei irgendwie gefährlich. Du hast mit diesem Verhalten ein schlechtes Gefühl verbunden, Angst, Unsicherheit etc., und angefangen, dich zurückzunehmen. Schließlich kommt die erste Kindergärtnerin, die sagt: »Oh, die Kleine ist aber schüchtern.« Eine Tante wertet dein Verhalten als schüchtern. Du hörst diese Einschätzung häufig genug, um sie für bare Münze zu nehmen und entwickelst den Glaubenssatz, »schüchtern« zu sein. Du richtest dein ganzes Leben danach aus, nicht aufzufallen, denn du bist ja »schüchtern«. Du hast einen großartigen Job im stillen Kämmerlein für dich gefunden, zum Beispiel als Buchhalterin. Im Grunde müsstest du *superglücklich* sein, denn du hast einen Job, der toll zu deinen Eigenschaften als Person passt. Nur bist du gar nicht glücklich, das ist nur das, was man dir eingeredet hat, das du seist. Eigentlich willst du raus unter Menschen, das Leben genießen, vielleicht auf eine Bühne, vor anderen sprechen. Doch du traust dich kaum, das auszusprechen, weil das ja für so eine »schüchterne« Person wie dich »absurd« ist.

Aber immer, wenn du andere siehst, die sich auf die unterschiedlichsten Arten und Weisen ausdrücken, willst du das auch, es fängt an in dir zu kribbeln, und die Unzufriedenheit über das Leben, das du führst, wird so groß, dass sie dich von innen auffrisst. Du versucht also, diese Leere zu füllen, mit Dingen, die du kaufst, mit Essen, das du isst, mit Drogen, die du konsumierst, was auch immer es für Betäubungsmechanismen gibt, um den eigenen Schmerz über die innere Leere nicht mehr zu spüren. Und das alles nur, weil die Person, die du bist, nicht gelebt, unterdrückt, wegnormiert, angepasst wird – bis du nur noch ein Abklatsch vom Abklatsch vom Abklatsch bist. Eine weitere Lieschen Müller, die unglücklich viel zu früh an einer Krankheit stirbt, die aus einer Seele herrührt, die ihren höchsten Ausdruck ihrer selbst nicht leben konnte. Manifestiertes »hätte, hätte, hätte«. Wie häufig sehe ich das …

Viel zu häufig sterben Menschen und tragen bis dahin ein komplett ungelebtes Leben in sich, von dem sie sich wünschen, dass sie den Mut und die Chuzpe gehabt hätten, es zu leben. *Das,* Schwester, wird dir nicht passieren! Du wirst nämlich lernen, zwischen deiner tatsächlichen Überzeugung und oktroyierten Glaubenssätzen zu differenzieren.

Trau dich, den Status quo zu hinterfragen, und deine eigene Wahrheit zu leben.

Du bist nicht auf die Welt gekommen, um es Gott und derselben recht zu machen! Ich habe es selbst erst mit 39 Jahren wirklich gerafft, dass ich die Rampensau, zu der ich immer deklariert wurde, gar nicht bin. Ich muss nicht im Mittelpunkt stehen. Ich brauche nicht dauernd beklatscht werden, in den meisten Fällen war mir das sogar unangenehm. Im Grunde bin ich ein introvertiertes *freakin' fiery female,* welches über eine große Portion Bühnenpräsenz und ein unterhaltsames Wesen verfügt. Wenn ich dieses mit meinem Bedürfnis nach Sinnhaftigkeit kombinieren kann, bin ich glückselig. Fehlte Letzteres, ist es für mich eine Anstrengung, von der ich mich tagelang erholen musste. Ich habe ja nicht nur als Sängerin, sondern auch als Moderatorin gearbeitet, viele und teils auch sehr gern TattooConventions moderiert, war danach aber drei Tage platt. Meine Batterien wurden dabei entladen und nicht aufgeladen, diese Großveranstaltungen mit all den Energien und Eindrücken, die so extrem tief in mich eindringen, zehren an mir, wenn ich keinen für mich wichtigen Grund habe, dort zu stehen. Drei Tage lang moderierte ich 2015 den CSD in Köln auf der Hauptbühne. Extreme, heiße Temperaturen, wenig Schlaf, insgesamt 950.000 Zuschauer. Kein Problem. Denn ich bin dort gestanden und eingestanden für etwas, von dem ich zutiefst überzeugt bin. *Equality for everybody.* Aber ich habe nur einmal eine Messe für Sanitärzubehör moderiert – zwei Tage, wesentlich weniger Zuschauer, wesentlich besser bezahlt, aber ich wollte danach drei Tage lang durchschlafen. Ich war so leer und habe eine Woche mit keiner Menschenseele gesprochen.

Worauf ich hinauswill, ist, dass ich das, wofür man mich erklärt hat, gar nicht bin, und vor allem nie war. Man kann auch als introvertierte Person sehr gut in Situationen bestehen, die Extraversion erfordern. Nach C. G. Jung bedeutet Introversion eine nach innen gewandte zurückhaltende Grundhaltung. Wer mich kennt, wird wahrscheinlich denken, Zurückhaltung sei nicht unbedingt eine meiner ausgeprägtesten Eigenschaften. Das ist jedoch falsch. Ich halte mich nicht zurück, wenn ich das Gefühl habe, etwas Wichtiges zu sagen zu haben, aber generell bin ich eine, die immer erst mal zuhört und sich ihre Gedanken macht. Zum Beispiel kommuniziere ich ein Problem erst, nachdem ich es in mir, mit mir ausgemacht habe, in den seltensten Fällen vorher. Also bin ich eine introvertierte Person mit extrovertierten Tendenzen. Dieser Differenzierung war ich mir lange nicht bewusst.

Nur weil Menschen Dinge über dich behaupten und als gegeben ansehen, heißt es nicht, dass du das für dich annehmen musst. Oder an der Situation nichts ändern kannst. Du darfst und solltest das, was du *glaubst* zu sein, hinterfragen und abklopfen. Vielleicht bist du nur jahrzehntealten Meinungen aufgesessen, die wenn überhaupt, zum damaligen Zeitpunkt ihre Richtigkeit hatten. Schließlich entwickeln wir uns ja konstant.

Du, Schwester, kannst sein, wer und was du willst! *Alles!*

Glaubenss(ch)ätze

Wenn wir unser Leben nachhaltig verändern wollen, müssen wir uns verändern. Daran führt kein Weg vorbei. Die Jasmin von vor fünf Jahren würde nichts kreieren, was sich außerhalb ihrer Vorstellungskraft befindet und wofür sie keine Referenzerfahrung hat. Dabei würde es für den Anfang schon reichen, sich mit Menschen zu umgeben, die bereits erreicht haben, was du noch erreichen willst. Das kann bereits helfen, um für dein Unterbewusstsein die Tür dahin aufzumachen, dass diese Realität (für dich) möglich ist.

Alles, was wir sind, was wir erreichen, was wir fühlen, was wir denken und insbesondere unsere Handlungen sind von unseren Glaubenssätzen gesteuert, und davon haben wir eine ganze Menge. Glaubenssätze über uns selbst, unser Selbstbild, über die Welt und wie sie funktioniert und unsere Weltanschauung. Der Platz, den wir uns gestatten, in der Welt einzunehmen, wird ebenfalls von unseren Glaubenssätzen bestimmt. Eine Ansammlung von ineinandergreifenden Glaubenssätzen nennt man **Paradigma.** Es gibt nicht nur individuelle, sondern auch kollektive Paradigmen. In muslimischen Ländern glaubt man, dass Schweinefleisch unrein ist und verzehrt primär Rind und Lamm. In Indien ist die Kuh ein heiliges Wesen und es ist eine Sünde, sie zu verspeisen. Dass sind kulturelle Glaubenssätze.

Wir leben zum Beispiel in einer Gesellschaft, die den

Glaubenssatz forciert, viel Wissen anzuhäufen, würde zu erfolgreichem Verhalten führen. Leider geht es nur um das Anhäufen des Wissens, klammert aber aus, wie man dieses anwendet und produziert so lebensunfähige junge Erwachsene. Wissen, das nicht angewandt wird und somit brachliegt, verkümmert wie Muskeln, die nicht eingesetzt werden. Stupide Wissen anzuhäufen, ohne es anzuwenden, bringt uns fürs Leben deshalb gar nichts.

Zusätzlich agieren wir noch dazu bewusst entgegen besseren Wissens, und das, obwohl wir das Ergebnis nicht einmal wollen. Hirnrissig, oder? Jetzt mal ehrlich, jeder weiß, dass Zucker nicht nur ungesund ist, sondern auch noch dick macht. Trotzdem fällt es uns so schwer, auf das Plätzchen, den Kuchen, das Weißbrot zu verzichten. Unser Gehirn hat das wohlige Gefühl des Genusses abgespeichert und gaukelt uns vor, es ist gut, weil es sich gut anfühlt. Schließlich hat Mama ja immer, wenn sie uns etwas Gutes tun wollte, den Pudding gekocht. (Das war schön, **sabbersabber*). Unser Gehirn gibt an dieser Stelle einen feuchten Kehricht darum, dass Zucker schlecht für uns ist. Das geht vielen ähnlich mit diesem einen Typ Mann, der einem nicht guttut, auf den man aber immer wieder reinfällt, weil in uns ein Glaubenssatz existent ist, dass wir es nicht verdient haben, respektiert und wertgeschätzt zu werden. Oder wir haben abgespeichert, dass echte Männer immer Arschlöcher sind und dass es sich mit der Liebe eben so verhält, haben wir das doch genauso bei Mama und Papa gesehen. Jeder Junkie weiß, dass es nicht gesund ist, sich dieses Elendszeug zu spritzen, aber das Gefühl, das es einem (wenn auch nur für kurze Zeit) vermittelt, lässt alle Argumente dagegen schwach aussehen. Es ist ja nicht so, als wären Intelligenz oder Wissen Garanten für smartes Verhalten. Nicht im Ansatz. Ich weiß, dass ich bei Gott nicht die dunkelste Kerze auf dem Kuchen bin. Darüber hinaus bin ich weder unsympathisch noch kriegt man bei meinem Anblick Herpes auf der Pupille. Und doch sind andere, die es schlechter getroffen haben, teils wesentlich erfolgreicher als ich. Ja, ääh … Was läuft denn hier falsch? Nichts. Es läuft alles gemäß den Programmierungen, die ich erfahren habe. Das weiß ich heute. Deshalb habe ich es mir zur obersten Priorität gemacht, meine Programme, Paradigmen, Glaubenssätze, die mich zurückhalten, durch neue, zweckdienliche Glaubenssätze zu ersetzen. Aus meinen Glaubenssätzen **Glaubensschätze** zu machen. Ich überschreibe negative Glaubenssätze, die mir nicht dabei helfen, die gewünschte Entwicklung zu vollziehen, mit zweckdienlichen Glaubenssätzen, die bewusst darauf ausgerichtet sind, dass ich dahingehend wachse, wo ich hinwill. So weit, so klar.

Aus Scheiße Gold machen.

Ich beschreibe das mal anhand eines Beispiels aus meinem illustren Leben. Meine Geschichte kennt ihr schon: Ich bin meiner alleinerziehenden, überforderten und depressiven Mutter als fünftes Kind »passiert«. Meine Mutter hat mich geliebt, auf ihre Art. Aber ich war ursprünglich weder gewollt noch einfach, als ich dann da war. Eigensinnig, dickköpfig, helle und extrem wissbegierig. Vielleicht auch einen Ticken anstrengend mitunter.

Leider hat sich viel ihrer aufgestauten Wut, ihres Frusts und ihrer Enttäuschung auf mich entladen. Ich habe oft Aussagen zu hören bekommen wie: »Ich hasse dich«, »Du bist schuld«, »Du bist egoistisch«, »Wegen dir …« *blablabla.* Ich habe mir schon als sehr junger Mensch gedacht: »Äh, sorry, Frau Assen, die Misere, in der du steckst, hast du dir selbst eingebrockt. Ich hab doch nicht darum gebeten, geboren zu werden.« Aber wenn du das wie ich gebetsmühlenartig, Tag für Tag zigfach zu hören bekommst, und dann noch von deiner Mutter, setzt es sich irgendwie fest, ob du willst oder nicht. Schließlich passiert etwas, was mitunter fatale Folgen haben kann: Es prägt dein Selbstbild.

Ich habe eine sechs Jahre ältere Schwester. Das erste Mädchen nach drei Jungs. Süß, klein, zierlich und zerbrechlich, ein richtiges »Prinzesschen«. Dann komme ich, klein, moppelig, krause Haare, krauser Sinn, robust in Körper und Geist. Meine Schwester wurde immer als »die Hübsche« und ich als »die Kluge« gehandelt. Als Kind wusste ich nicht, dass es mir irgendwann mehr bringen würde, die Kluge zu sein. Aber wie Kinder nun mal so sind, sie wollen immer das, was die anderen haben, und klug klang damals nicht so erstrebenswert. Klar, wollte ich auch mal die kleine Süße sein. Die Schöne. Was immer das heißt. Ich habe mich als Heranwachsende und als junge Frau nie als sonderlich attraktiv empfunden, im Gegenteil. Aber das Wissen darum, dass ich nicht die dunkelste Kerze auf dem Kuchen bin, hat mir schon immer bei allem die Chuzpe gegeben, mich in die erste Reihe zu setzen, und einfach ich zu sein. Fast jeder Job, den ich ausgeübt habe, war einer, für den ich zu Beginn nicht qualifiziert war. Aber das Bewusstsein, nicht dumm zu sein, hat a) bewirkt, dass ich mich getraut habe, mich zu bewerben, b) dass ich den Job bekommen habe, und c) dass ich wusste, dass ich das, was ich können muss, schon lernen werde.

Das Gefühl, nicht »die Hübsche« zu sein, hat bewirkt, dass ich mich in meiner Band *Vibe.lich* immer als das unwichtigste Mitglied gefühlt habe, weil die vermeintlich Unattraktivste. Und das, obwohl es meine Band war. Ich habe die Band gegründet, die Songs geschrieben, Musik, Melodie, Konzept, alles von mir. Ich habe das Zeug gesungen, und das ziemlich gut. Und dennoch hat sich das Kind in mir minderwertig gefühlt, weil ich in der Band nicht die Hübsche, sondern die Kluge, die Kreative war. Diese Programmierung aus Kindestagen hat mich viele Jahre begleitet. Meine Schwester leider auch.

Die Tatsache, dass ich sehr oft als egoistisch beschimpft wurde, hat bei mir bewirkt, dass ich mich konstant unter Preis verkauft habe, stets ein schlechtes Gewissen hatte, wenn ich für meine Leistung überhaupt Geld verlangt habe. Viel zu häufig habe ich viel zu viel für umme gemacht, nur um dem Glaubenssatz in mir, egoistisch zu sein, entgegenzuwirken.

Ich denke, ihr versteht, worauf ich hinauswill. So werden aus häufig gehörten Meinungen, Behauptungen, Ideen über uns Glaubenssätze. Unsere Glaubenssätze über uns formieren sich nämlich nicht nur aus unseren eigenen Gedanken über uns, sondern auch aus den Meinungen, Informationen anderer über uns, wenn wir diese nur oft genug hören. Meinungen werden zu Glaubenssätzen, und diese haben maßgeblichen Einfluss auf unser Handeln. Unser Handeln ist verantwortlich für die Erlebnisse, die wir kreieren, und diese wiederum formen unsere Realität und unser »Wesen«. So wird aus einer Meinung eines anderen über dich eine sich selbst erfüllende Prophezeiung. Und das kann fatale Folgen haben.

Um die Wechselwirkung unserer Paradigmen und unseres Handelns zu veranschaulichen, habe ich mich mal in Canva rumgesuhlt und ein paar leckere kleine Grafiken für euch geklöppelt.

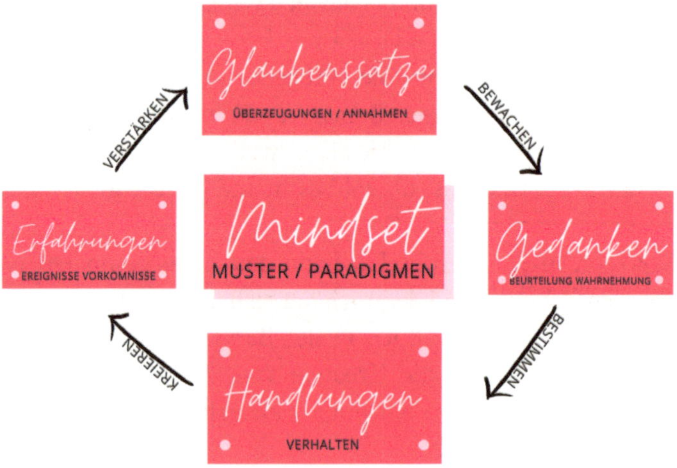

Fakt ist: Deine Gedanken werden bewacht von deinen Glaubenssätzen. Deine Glaubenssätze sind für dich und dein Leben so kostbar wie Gold. Sie können den kompletten Kurs deines Lebens verändern. Und weil deine Glaubenssätze evolutionstechnisch auf das Überleben ausgerichtet sind, überwachen sie deine Gedanken! Dein Unterbewusstsein sucht alle Informationen, die ständig auf dich einströmen, auf Information ab, die deine Glaubenssätze unterstützen. Informationen und Gedanken, die da nicht reinpassen, werden ausgeblockt.

Wir halten fest, dass unser Gehirn nicht auf Entwicklung, sondern auf Überleben ausgerichtet ist. Deshalb ist es relativ schwer für uns, uns von Neuem überzeugen zu lassen. Es sei denn, es sind Emotionen im Spiel, intensive Emotionen. Wenn das nicht der Fall ist, kann ein Mensch sich innerhalb seiner ersten sechs prägenden Jahre ein Selbstbild und eine Weltanschauung klöppeln und ein komplettes Leben nicht davon abweichen.

Um ein neues Verhalten an den Tag zu legen, muss ich mein Gehirn, die Schaltzentrale meines Körpers, mit neuen Informationen und anderen Gedanken füttern. Um neue Handlungen zu vollziehen, muss ich neue Dinge wahrnehmen und bestehende neu beurteilen. Sich im Leben immer mal wieder neu zu erfinden, ist kein Zeichen von Wankelmut, das ist die Definition von Entwicklung. Wenn ich mich ausschließlich mit meinen Freunden aus dem Kindergarten umgebe, nur denselben Job mache, jedes Jahr denselben Urlaubsort aufsuche und im gleichen Hotel wohne, mache ich alles dafür, dass ich mich nicht groß weiterentwickeln muss. Und das ist eine völlig legitime Entscheidung, aber so werde ich natürlich stets mehr oder weniger dieselben Ergebnisse erzielen.

Unsere Handlungen kreieren unsere Erfahrungen. Wenn ich also einen anderen Job, einen Partner, ein neues Haus etc. haben möchte, muss ich dementsprechend handeln. Ich bin davon überzeugt, dass Stillstand das Gegenteil von dem ist, was unser Leben für uns vorsieht. Denn wir leben in einem *»Ocean of Motion«*, einem Ozean der Bewegung. Alles bewegt sich konstant. Wir sind darauf ausgerichtet, uns stetig zu entwickeln, dazu ist es nie zu spät. Und damit meine ich nicht einmal große, revolutionäre Dinge.

Wenn du also zum Beispiel einen neuen Job haben willst, dann verschwende deine Zeit nicht darauf, dich über deinen jetzigen zu ärgern. Werde zu der Frau, die sich bewirbt und den neuen Job auch bekommt. Mach dir klar, wer die Person ist, die das erreicht, was du dir wünschst und dann werde zu der Person. Dein neuer Job bedarf einer Bewerbung, schreib diese. Es wäre sinnvoll, über Fähigkeit xyz zu verfügen, daher schreib dich in einen Onlinekurs für genau dieses Skill ein und mach dir klar: Dein neuer Job *ist schon da*. Versuche so häufig wie möglich die zu sein, die nach einem erfüllenden, herausfordernden Job nach Hause kommt, sich auf die Couch setzt, den Tag Revue passieren lässt und stolz auf sich ist, weil sie all das ist, was sie sich als Ziel gesetzt hat zu sein. **Fühl es.** Was trägst du? Welches Parfüm hast du aufgetragen, welche Schuhe hast du an? Was macht diese Person, um sich auf den nächsten Arbeitstag vorzubereiten? Sei die Person, die deinen zukünftigen Traumjob bekommt, im Hier und Jetzt, nicht erst, wenn es »so weit ist«! Es ist nie zu spät, sogar grundlegende Dinge zu verändern, umfassende, komplexe Inhalte zu erlernen, wenn du das wirklich willst. Wenn du voller Vorfreude *(#Emotion)* bist, weil du weißt, dass du in der Zukunft alles schon erreicht haben wirst!

Ein neues, ein anderes Leben bedarf anderer Gewohnheiten und dafür brauchen wir neue Glaubenssätze. Eigentlich simpel.

Wie deine Glaubenssätze entstehen, habe ich ja erklärt, warum diese aber so schwierig zu durchbrechen bzw. auf Dauer zu überschreiben sind, gilt es herauszufinden. Denn ein Verhalten vorübergehend zu verändern, ist nicht schwer. Allerdings sind diese Veränderungen fast immer nur temporär und nicht permanent. Dies ist so, weil das verbesserte Verhalten, das zu verbesserten Ergebnissen führt, mit extrem viel Willenskraft erzwungen worden ist, und das keiner auf Dauer aufrechterhalten kann.

Ich habe zum Beispiel eine Zeit lang für einen Halbmarathon trainiert. Ich bin morgens vor der Arbeit im Düsteren bei klirrender Kälte aufgestanden und acht bis zehn Kilometer gelaufen. Ich habe mich großartig gefühlt, an Energie und Muskeln gewonnen, an Gewicht verloren, und konnte mir überhaupt gar nicht vorstellen, jemals wieder nicht mindestens fünfmal die Woche zu laufen. Aber dann wurde ich krank und musste pausieren. Schwupps, hatten mich meine alten Gewohnheiten wieder. Zwei Stunden länger schlafen, Weißbrot, ein- bis dreimal laufen pro Woche. Wenn's hochkommt. Und irgendwann hat auch das aufgehört. Denn eine permanente Verbesserung der Ergebnisse erfordert eine Veränderung der Paradigmen – und die Veränderung eines Paradigmas erfordert eine Veränderung von Gewohnheiten. Ich hatte aber damals keinen blassen Schimmer von Paradigmen. Ich wusste wohl, dass ich über ein paar wenig zweckdienliche Gewohnheiten verfügte, aber wie maßgeblich diese an meinen Ergebnissen oder nicht vorhanden Erfolgen beteiligt waren, das war mir nicht bewusst. Ich habe immer mal wieder mit sehr viel Willenskraft meine Gewohnheiten temporär durchbrochen, warum es aber soo extrem schwierig ist, seine Gewohnheiten nachhaltig zu verändern, wusste ich nicht. Aber da hatte ich auch noch keine Ahnung von der Existenz ParaDig Mo …

ParaDig Mo

Here he is. ParaDig Mo. Der Wächter deiner Gedanken. Unsere Glaubenssätze und die daraus resultierenden Annahmen und Überzeugungen bewachen unsere Gedanken. Das heißt: Wenn du glaubst, die Arbeit eines Osteopathen sei Mumpitz, wirst du niemals denken: »Oh ich schlafe schlecht, vielleicht kann mir ein Osteopath weiterhelfen.« Das heißt, die Summe unserer Glaubenssätze, unsere Paradigmen, bestimmen unsere Gedanken und somit unsere Gefühle und Handlungen.

Zum besseren Verständnis: Du, dein Wesen, aber auch dein Hirn setzen sich vereinfacht gesagt aus primär zwei Teilen zusammen. Es sind wesentlich mehr, aber für uns jetzt relevant sind: dein Bewusstsein und dein Unterbewusstsein.

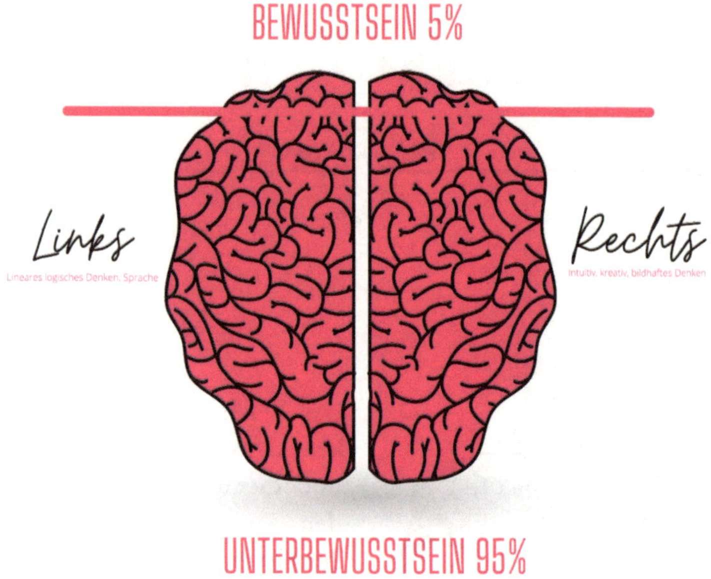

Grob fünf Prozent unseres Handelns passieren bewusst und 95 Prozent unbewusst. Wobei das eigentlich falsch ist, denn es wird noch mal zwischen unbewusst und unterbewusst unterschieden. Zum Beispiel steuert das Unbewusstsein, glücklicherweise, hundert Prozent unserer körperlichen Aktivitäten. Wenn ich jedes Mal daran denken müsste zu blinzeln oder ein- und auszuatmen, würde ich oft mit Sauerstoffmangel in der Notaufnahme landen. Unbewusst passieren also all die Prozesse, die wir nicht bewusst steuern. Atmen, Blinzeln, Verdauen, Zellerneuerung, Blutzirkulation etc. Unterbewusst ist der Teil des Bewusstseins, auf den wir keinen direkten Zugang haben, aber in bestimmten Wahrnehmungszuständen, zum Beispiel durch Hypnose, Meditation oder Brainwaveentrainment, Zugriff haben.

Auf uns wirken den ganzen Tag Abermilliarden von Impulsen ein. Würden wir alles bewusst wahrnehmen, würde unser Nervensystem innerhalb kürzester Zeit durchknallen. Da kommt unser Unterbewusstsein zum Tragen. All die Sinneseindrücke und Informationen, die wir aufgrund unserer vorherigen Erlebnisse und Glaubenssätze als nicht relevant erachten, aber auch die Erfahrungen, die besonders schmerzhaft waren, Traumata etc., werden in unserem Unterbewusstsein zwischengespeichert. Sie sind da, aber wir haben keinen direkten Zugriff auf sie. Das ist durchaus von Vorteil, bewirkt allerdings, dass wir alle eine sehr subjektive Wahrnehmung der Realität haben, und es eigentlich keine absolute Wahrheit geben kann. Denn jeder nimmt Ereignisse durch den **Filter** der eigenen Erfahrungen wahr und dessen, was das Unterbewusstsein daraus macht. Also unsere Wahrnehmung ist immer ein **Flickenteppich der eigenen Wahrnehmung und Erfahrung** und des Reims, den wir uns darauf machen. Um in dem Zusammenhang auf meinem Buchtitel zukommen und die Geschehnisse damals. Wir alle wissen: Es gab nie Frauen, die auf dem Besen durch die Nacht geflogen sind, und es hat es auch nie eine Dame wirklich mit dem Teufel getrieben. Aber das waren mit zwei der häufigsten Anklagepunkte. Kein Scheiß. Und so funktionieren Glaubenssätze damals wie heute. Es muss etwas nur häufig genug wiederholt werden. Dann wird aus einer Idee, einer haltlosen Behauptung eine Meinung, und aus einem individuellen Glaubenssatz ein kollektiver. Mit welch hirnrissigem Mist das funktioniert, hat uns Trumps Ära der Fake News ja mehr als klar deutlich gemacht.

Wir Menschen sind nur ein klitzekleiner Augenblick in der Evolutionshistorie unserer Spezies. Zu einer Zeit, als überall Gefahr für das Leben drohte, war es wichtig, dass wir alle einen eingebauten **ParaDig Mo** hatten. Unser Gehirn, welches heute noch zu größten Teilen dasselbe ist wie zu Zeiten des Säbelzahntigers war nicht auf Selbstverwirklichung aus. Nix da, Kokoswasser trinkend meditieren auf aus recycelten Colaflaschen hergestellten Matten. Nacktes Überleben war oberste Priorität. Und wann immer unser Gehirn einen Gedanken in Richtung Entwicklung machen wollte, kam unser ParaDig Mo zum Einsatz. Unser breitschultriger, übel gelaunt schauender Doorkeeper mit verschränkten Armen, der jedem neuen innovativen Gedanken erst mal sagt: »Nope, du kommst hier nicht rein!« Wenn wir also verstehen, wie wir ticken und warum wir handeln, wie wir handeln, dann wissen wir: Ah okay, ParaDig Mo am Start. Und um ihn aus dem Weg zu kriegen, müssen wir ihm zigfach immer und immer wieder das Gleiche sagen. Der übellaunige kleine Bruder von Meister Propper ist nämlich nicht gerade der Hellste. Damit er einen neuen Gedanken in den Club der Glaubenssätze lässt, muss er diesen unzählige Male wahrgenommen haben, und – jetzt kommt's wieder – fühlen.

Wiederholung und Gefühl sind hierbei der Geheimcode, der unseren neuen Gedanken den Zugang in den »Club der Glaubenssätze« verschafft. Die Frage ist, wie schaffen wir das, und vor allem, warum wollen wir das? Auf das *wie* gehe ich später ein, über das *warum* würde ich gern mit dir reden. Es gibt nämlich Mittel und Wege, die den Zugang zu deinem Unterbewusstsein erleichtern. Nichts Neues. Seit den Sechzigerjahren sind sie uns geläufig und werden von den Vorreitern und Elite der Gesellschaft angewandt. Leider sind sie in der Masse noch nicht angekommen. Im kommenden Kapitel stell ich dir ein paar der Hacks der Topathleten und Fortune 500 CEOs vor.

What the »Hack«? – Alles ist Frequenz

Nein, ich rede nicht von »Hack« für die Frikadelle. Ein **Hack** *[haeck]* ist ein umgangssprachlicher Begriff für eine Abkürzung bei einer Problemlösung. Einer meiner Lieblingshacks, weil so simpel einzusetzen, so effizient und vor allem angenehm anzuwenden, ist Musik. Musik hilft mir wie nichts anderes dabei, meine Energie zu shiften und in einen anderen Gefühlszustand zu kommen. Meinen Vibe zu verändern. Jetzt denkst du vielleicht, joa, Jasmin, erzähl mir mal was Neues, das ist ja wohl ein alter Schuh. Und da hättest du sogar recht. Aber Musik bzw. Sound ist ein im Wert extrem unterschätzter und vor allem viel zu selten bewusst getragener »Schuh«! Musik ist, wie alles andere auch, Schwingung und Frequenz, findet aber in einem Bereich statt, der nicht nur bewusst, sondern auch unterbewusst wahrgenommen wird und wirkt. Musik ist die krasseste von allen. Man weiß heute, dass alles Existierende eine bestimmte Frequenz, einen bestimmten Grundton hat. Wenn auch erst in den Kinderschuhen wird Musik bzw. Sound langsam nicht nur *in* der Medizin, sondern auch *als* Medizin anerkannt.

Wusstest du zum Beispiel, dass Nieren- und teils auch Blasensteine durch Sound entfernt werden können? Das Verfahren dazu ist bereits über dreißig Jahre alt. Es nennt sich extrakorporale Stoßwellenlithotripsie (ESWL). Bei dieser Therapie werden über eine Linse fokussierte akustische Schockwellen in den Körper des Patienten gebracht, um dort gezielt die Steine zu zertrümmern, welche dann auf natürlichem Wege den Weg nach draußen finden. Jap, abgefahren, ne?

Denkt man darüber nach, dass 70 Prozent des erwachsenen menschlichen Körpers aus Wasser besteht, und man sich Videos dazu anschaut, wie Musik auf Wasser wirkt, so ist es glasklar, welche Ausmaße die richtige Musik bzw. der richtige Sound auf den Körper und dessen Heilung haben kann.

Schau dir gern mal folgendes Video auf YouTube an, um zu sehen, was eine 25-Hz-Soundwelle mit Wasser anstellt: *https://www.youtube.com/watch?v=uENITui5_jU*

Sound als Medizin und zu therapeutischen Zwecken wird schon lange bewusst und offiziell eingesetzt. Laut einer Harvard-Health-Publikation[22] kann orchestrale Musik bei Demenzkranken den Verlauf der Krankheit verlangsamen und Erinnerungen wieder wecken, da sie Auswirkungen auf physische, psychische, kognitive und emotionale Funktionen hat. Musik kann den Stresslevel bei Patienten, die eine Chemotherapie durchlaufen, maßgeblich reduzieren und somit Nebenwirkungen wie Übelkeit und Erbrechen reduzieren. Außerdem weiß man, dass Menschen, die im Wachraum nach der OP mit Musik bespielt werden, weniger Schmerz empfinden und gezielt gewählte Musik den Heilungsprozess positiv beeinflusst und beschleunigt. All das ist krass, aber nichts Neues. Auch sieht man immer wieder Hochleistungssportler mit ihren Kopfhörern konzentriert in ihren Trainingsbereichen, weil sie mit Brainwaveentrainment und Autosuggestionen ihre Trainingseinheiten unterstützen. Musik kann maßgeblich behilflich sein und vor allem Informationen direkt, ohne Umschweife, ohne über Los zu gehen, und ohne an Paradig Mo vorbeizumüssen, an das Unterbewusstsein weiterleiten. Du kennst das selbst: Musik kann dich innerhalb von Sekunden in eine Situation, in eine bestimmte Emotion katapultieren und somit die Vibration deines Körpers und deines Feldes alternieren. Wie sehr und wie krass Musik und Rhythmus aber tatsächlich wirken, ist dir dabei wahrscheinlich nicht bewusst. Woher auch?

Warum erzähle ich dir das: Es geht darum, dass wir Musik als Hilfsmittel zur Verfügung haben, um uns dabei zu helfen, in einen bestimmten Bewusstseinszustand zu kommen. So versetzen wir uns in die Lage, die bereits in der Kindheit angelegten hinderlichen Glaubenssätze loszuwerden, um unser tatsächliches Potenzial abzurufen. Wir können uns in den Theta-Zustand bringen, in dem wir nicht nur auf all das Zugriff haben, was aus unserem Unterbewusstsein stammt, sondern auch, um auf Informationen aus dem Feld Zugriff zu haben. Jap. Du verstehst mich richtig. Um Informationen aus Quellen zu erhalten, die nicht wir selbst sind ... Spooky? Nope. Menschlich. Pragmatisch gesehen, ist ein Bewusstseinszustand ja nichts anderes als ein bestimmter Frequenzbereich, auf dem dein Gehirn gerade funktioniert. Eine Taktung deiner Gehirnwellen. Manche Frequenzbereiche sind »hypnagog« (einschläfernd), was im übertragenen Sinn nichts anderes heißt als: Tür auf in dein Unterbewusstsein, ohne an Paradig Mo vorbeizumüssen.

In unserer Gesellschaft sind wir darauf konditioniert, uns während unseres Tages im Wachzustand zu befinden. Wachzustand bedeutet, dass deine Gehirnwellen in der Beta-Frequenz stattfinden, mit ca. 8–12 Hertz pro Sekunde. Das ist das, was man im Krankenhaus misst, wenn man dich via Elektroden an einen Elektroenzephalographen, kurz EEG, anschließt. Aber es gibt wesentlich mehr Bewusstseinszustände als lediglich den Wachzustand. Um genau zu sein, sind uns derzeit fünf Bewusstseinszustände bekannt. Wobei die Wissenschaft die Gamma-Wellen gerade erst zu erforschen beginnt. Ich will gar nicht allzu weit ausholen, aber ganz simpel lassen sich die unterschiedlichen Bewusstseinszustände wie folgt einteilen:[23]

- Alpha-Wellen (acht bis zwölf Hertz): wacher, entspannter Erwachsener mit geschlossenen Augen
- Beta-Wellen (13 bis 30 Hertz): wacher Erwachsener mit geöffneten Augen und bei geistiger Tätigkeit
- Theta-Wellen (vier bis sieben Hertz): starke Müdigkeit, beim Einschlafen
- Delta-Wellen (0,5 bis drei Hertz): Tiefschlaf
- Gamma-Wellen (über 30 Hertz): beobachtet bei Mönchen, die bereits Jahrzehnte Meditation praktizieren

Wir leben in einem monophasischen Bewusstseinszustand. Aber es gibt indigene Völker, die in polyphasischen Bewusstseinszuständen leben. Es gibt zum Beispiel einen Stamm im ecuadorianischen Regenwald, die Achuars, die ihre Träume bewusst kultivieren und einsetzen, um miteinander zu kommunizieren.[24] Die Achuars treffen sich jeden Morgen, um die ihnen via Träumen vermittelten Nachrichten zu teilen und zu diskutieren. Sie sind sogar in der Lage, untereinander via ihre Träume zu kommunizieren.

Die Achuars sind nicht der einzige Stamm, von dem man weiß, dass sie durch ihre Träume kommunizieren, es gab Zeiten, in denen dies ein bewährtes Kommunikationsmittel war. Diese Fähigkeit ist lediglich mit dem Aufkommen der technischen Evolution immer weniger praktiziert worden und somit verkümmert. Viele haben aufgehört, ihre Nachkommen darin zu unterweisen. Das Vermitteln von Informationen und Traditionen von Generation zu Generation ist generell so gut wie ausgestorben bei uns, und im Zuge dessen enorm viel individuelles, aber vor allem auch weibliches Wissen.

Die Reste einer natürlichen menschlichen Fähigkeit wurden irgendwann verteufelt, also wortwörtlich zu einem Werkzeug des Teufels verdammt.

Jene, die diese Fähigkeiten weiterhin anwandten, wurden völlig zu Unrecht als Gespielinnen des Teufels denunziert. Über Gedanken miteinander kommunizieren zu können, ist nichts Außergewöhnliches und wir erleben es alle im Alltag, allerdings nur selten gezielt und bewusst gesteuert. Aber du kennst das sicherlich auch: Du denkst intensiv an jemanden, den du Jahre, vielleicht sogar Jahrzehnte nicht gesehen hast, und schwupps, das Telefon klingelt oder eine E-Mail flattert herein. Oder du denkst etwas Bestimmtes und dein Partner hatte exakt denselben Gedanken und vielleicht sprecht ihr ihn sogar zeitgleich aus. Der »Sechste Sinn« alarmiert dich auch, wenn jemandem, den du sehr liebst, etwas passiert. Er informiert und alarmiert dich mit diesem unguten Gefühl in der Magengegend und einer dir nicht erklärlichen Unruhe. So kommt zum Beispiel genau dann eine WhatsApp von meinem bärtigen Spanier, wenn ich anfange, mir Sorgen zu machen. Ich könnte drei Stunden weitere Beispiele aufführen, und wahrscheinlich denken manche: »Das sind doch alles Zufälle.« Aber ich sage: »Eben nicht.« Diese Form der Verbundenheit über die Gedanken ist natürlich in uns angelegt, sie ist lediglich verkümmert. Und ähnlich wie einen Muskel in deinem Körper kannst du auch diese Fähigkeit reaktivieren, trainieren, praktizieren, wie immer du es nennen willst.

Alles ist Energie und alles Existierende existiert in Form von Schwingung und Vibration. Information ist nichts anderes und wir alle können auf alles zugreifen, wenn wir den »Kanal aufmachen«. Dazu gibt es wunderbare Übungen und Rituale, die ich mittlerweile lieben gelernt habe. Das Prinzip des »Remote Viewing«, welches ich schon zuvor erwähnt habe, basiert auf dem gleichen Prinzip.

Kommen wir noch mal zurück auf unser Bewusstsein und unsere unterschiedlichen Bewusstseinszustände, so ist die Tatsache, dass wir in einer Gesellschaft leben, die monophasisch ausschließlich einen Bewusstseinszustand proaktiv nutzt, ein Zeichen dafür, wie sehr wir uns zurück- und nicht weiterentwickelt haben.

Früher war es die Norm, dass wir uns in der Familie, im Clan oder im Dorfverbund um das Feuer versammelten. Wir tanzten zu bestimmten Rhythmen und brachten uns so in einen anderen Bewusstseinszustand, in Alpha oder Theta, und sangen miteinander. Denn der Rhythmus der Trommel und die Schallwelle der gemeinsam gesungenen Melodien bescheren uns quasi ein hirnübergreifendes Internet. Wer miteinander singt, der schwingt miteinander und dann ist Frequenz unser Kommunikationsmittel. Schon immer nutzten wir Rhythmen und Melodien dazu, uns in eine Art Trancezustand zu bringen, in dem Kommunikation nicht ausschließlich durch Sprache passierte und in dem wir Informationen vom Feld empfingen. Diese Art der Treffen, die überall in allen Kulturen auf den unterschiedlichen Kontinenten stattfanden, waren eine normale Form des sozialen Miteinanders und des Austausches. Sie waren die Regel, nicht die Ausnahme.

Wir verbanden uns durch Singen bestimmter Melodien zu bestimmten Rhythmen miteinander. **Brainwaveentrainment** gab es also schon lange, bevor diese »Methodik« (von einem weißen Mann) »erfunden«, benannt und zu Geld gemacht wurde. Letztlich ist schamanisches Trommeln nichts anderes und wird seit Generationen praktiziert. Platt übersetzt heißt Brainwaveentrainment »Gehirnwellenmitnahme«. Das bedeutet, dass durch das Hören bestimmter Beats, Taktungen, dein Gehirn dazu animiert werden kann, sich den akustischen Reizen anzupassen, in unterschiedliche

Gehirnwellen zu kommen und sich somit in unterschiedliche Phasen »mitnehmen lässt«.

Lange Rede, kurzer Sinn: Wie schaffen wir es, uns relativ schnell auch am helllichten Tag in den Alpha- oder Theta-Zustand zu versetzen, ohne tatsächlich einzuschlafen? Wir hören Meditationen mit Autosuggestionen und unterlegen sie mit bestimmten Taktungen. Deine eigene (organische) Stimme und ihre Frequenz kann dich ebenfalls in unterschiedliche Zustände versetzen.

Was dich zurückhält, gehört dir nicht!

Neunzig Prozent von dem, was dich zurückhält, gehört dir nicht! Es hat noch nicht einmal im Ansatz etwas mit dir zu tun. Neunzig Prozent dessen, was du für dich als »deine Identität« definiert hast, ist eine Schnittmenge der Prägungen, die du erfahren hast. Und diese fangen bereits im dritten Trimester der Schwangerschaft deiner Mutter an. Lass dir das mal auf der Zunge zergehen. Du bist vom Ursprung her nicht, was du glaubst zu sein. Aber am Ende zählt eben leider nur, was du über dich selbst glaubst zu sein, denn danach handelst du. Wir wissen ja, es sind die mit deinen Glaubenssätzen und Gewohnheiten verbundenen Emotionen, die dein Handeln bestimmen und somit deine Persönlichkeit formen. Du kannst dir das vorstellen wie diese russische Babuschka-Schachtelfiguren, wo Puppe in Puppe in Puppe steckt, bis am Ende ein winziges Holzpüppchen übrig bleibt. Und genauso ist es mit unserer Identität. **Wir haben eine Quintessenz an Wesen, das, was wir wirklich sind.** Eine Seele, ein Über-Ich, *name it as you wish.* Wir haben also diese Quintessenz und im Laufe unseres Lebens machen wir Erfahrungen, die uns nachhaltig prägen und auf unser Unterbewusstsein Einfluss nehmen. Diese Erlebnisse müssen von sehr starker emotionaler Intensität sein, damit sie uns wortwörtlich prägen. Die meisten der einprägsamen Erlebnisse sind unsere eigenen, aber nicht nur diese prägen uns, sondern auch jene der Menschen um uns herum.

Sogar die Erlebnisse unsere Ahnen haben Auswirkung auf unser Wesen.

Das Tragische daran ist, dass es uns schlichtweg nicht bewusst ist. Wir nehmen den Status quo als gegeben und als unsere Realität an – oftmals ohne zu hinterfragen oder reinzuspüren. Und schließlich nehmen wir an, etwas zu sein, was nichts mit unserer Quintessenz zu tun hat, wie bei dem Beispiel des »schüchternen« Mädchens.

Zugegebenermaßen ist es nicht leicht, allein herauszufiltern: Was von meinem Verhalten ist tatsächlich meines, welches habe ich übernommen, und wo habe ich lediglich eine Idee, die jemand von mir hatte, für mich als Realität übernommen? Häufig erklären wir diese Ideen zu unserer Persönlichkeit. Im Englischen sagt man *»your personality shapes your personal reality«.* Deine Persönlichkeit (die Art, wie du die Welt um dich herum wahrnimmst) formt deine persönliche Realität. Und das stimmt. Auch Einstein hat gesagt, eine der wichtigsten Fragen, die wir für uns klären müssen, ist, ob wir glauben in einem feindlichen oder in einem wohlwollenden Universum zu leben. Die Antwort darauf bestimmt maßgeblich unser Auftreten in der Welt, und die Erfolge, die wir darin erzielen.

Was uns so richtig stresst

Wir sind den verschiedensten Einflüssen ausgesetzt, von denen manche weitreichende Auswirkungen auf unsere Persönlichkeit haben bzw. den Glauben, den wir über uns entwickeln. Ich möchte diese Faktoren an der Stelle auseinanderklamüsern. Die Faktoren benenne ich in **Stressoren** um, denn maßgebliche Veränderung an unserer Persönlichkeit wird von Stressoren initiiert. Darüber habe ich ein Interview mit Neurocoach *Tanja Klein* aus Bonn geführt. Sie kann auf über 3500 Stunden Erfahrung als NeuroCoach zurückgreifen, und unterteilt diese Stressoren in sechs Ebenen. (Das ganze Interview: »Was dich stresst, hält dich zurück! Verhalten verstehen mit Neurocoach Tanja Klein« findest übrigens du unter: *https://www.youtube.com/watch?v=YHMP-tR3uMY.*)

Stressor #1: Eigener Stress

Tanja erzählte, dass sie sich in der Grundschule beim Vorlesen versprochen und anstatt Rasenmäher »Masenräher« gesagt hatte. Die »pädagogisch wertvolle« Reaktion ihrer

Grundschullehrerin darauf: »So liebe Klasse, jetzt dürft ihr alle mal die Tanja auslachen.«

Unabhängig davon, dass diese Reaktion selbst für einen pädagogisch ungeschulten Menschen gar nicht geht, hinterließ dieses Erlebnis bei Tanja Spuren. Sie hatte daraufhin keine Lust mehr vorzulesen, geschweige denn vor Menschen Vorträge oder Reden zu halten. Nachvollziehbar. Aber was genau war passiert, dass es Auswirkungen auf ihre Persönlichkeit hatte?

Ausgelacht zu werden, verursachte bei Tanja Stress, welcher in ihr Unbehagen und Scham auslöste. Das Gefühl war so intensiv, dass in ihrem Gehirn Synapsen angelegt wurden. Wann immer es darum ging, in der Öffentlichkeit zu reden oder Vorträge zu halten, kam dieses Gefühl von Unbehagen und Scham aus dem Unterbewusstsein wieder hoch, ohne dass sie es bewusst mit ihrem Erlebnis aus der Kindheit hätte verbinden können. Und so wurde eine Tätigkeit, die vorher mit Spaß und Freude ausgeführt worden war, negativ belegt. Aus einem extrovertierten Kind, welches es liebte, vor der Klasse zu lesen, wurde eines, welches sich nicht mehr traute, weil es unterbewusst die Angst hegte, dabei wieder ausgelacht werden zu können.

Glücklicherweise setzte sich Tanja früh mit Persönlichkeitsentwicklung auseinander, stieß schnell auf *Wingwave* und konnte ihre Angst vor dem öffentlichen Reden lösen. Heute spricht sie nicht nur vor vielen, sondern auch vor sehr ausgewähltem Fachpublikum und liebt es. Sie sagt, dass es einfacher ist, eigene Blockaden zu lösen als jene, die von anderen übernommen wurden, und da sind wir dann schon bei der zweiten Ebene.

Stressor #2: Spiegelneuronen

Ängste werden recht häufig von Kindern übernommen, wenn sie diese bei ihren Müttern spüren. Kinder spiegeln und spüren über ihr spiegelneutrales System die Emotionen der Mutter. So empfinden sie die Angst der Mutter, speichern diese ab und machen sie zu ihrer eigenen. Das ergab evolutionstechnisch betrachtet auch Sinn. Wenn die Mutter aber Angst vor kleinen Hunden hatte und das von Hunden ursprünglich begeisterte Kind die Angst der Mutter vernimmt und übernimmt, weil es evolutionstechnisch davon ausgeht, dass dieses Verhalten zum Schutz für das Überleben dient, dann hat das Kind zeitlebens eine Aversion bzw. Angst vor Hunden. Wenn die Mutter anderen misstrauisch und ängstlich gegenübertritt, ist die Wahrscheinlichkeit, dass sich das Kind zu einem aufgeschlossenen offenen Menschen entwickelt, eher gering. Und so wird eine ursprünglich offene Seele charakterlich schon in frühester Kindheit auf Misstrauen und Angst konditioniert.

Gerade bei Flugangst oder Angst vor dem Autofahren kommt es häufig vor, dass unbewusst Ängste von Familienmitgliedern oder anderen übernommen werden. Tanja erzählte von einem Dreh mit RTL, bei dem es um einen Redakteur ging, der ausschließlich nachts Flugangst hatte. Durch den *WINGWAVE Ringtest* konnte sie herausfinden, woher die Angst stammte. Besagter Redakteur saß in einem Nachtflug mit Turbulenzen neben einer Frau mit erheblicher Flugangst. Diese Frau war davon überzeugt, dass sie abstürzen würde, und betete während des Fluges den Rosenkranz in der Überzeugung, es wäre das letzte Mal. Von dieser Dame hatte er nachweislich die Todesangst übernommen. Eine Dame, die er gar nicht kannte, aber deren Emotion er aufgenommen und in seinem limbischen System abgespeichert hatte.

Jeder von uns verfügt über dieses neurale System im Gehirn. Wir alle sind wie Schwämme, wenn es um die Einflüsse unserer Umwelt und um die Gefühle der Menschen um uns herum geht. Manche sind empfänglicher als andere, aber generell ist es eine natürliche Fähigkeit, sich in das Gegenüber einfügen zu können, also dessen Gefühle spiegeln zu können. Wir alle gehen in Resonanz mit anderen Menschen und unsere Persönlichkeit und unsere Gefühle sind immer auch anteilig die Gefühle anderer.

Stressor #3: Schwangerschaftsstress

Kinder empfinden ab dem dritten Schwangerschaftstrimester der Mutter definitiv Stress. Es gibt Aufnahmen, die zeigen, dass Babys im Bauch der Mutter während einer Fruchtwasseruntersuchung beim Eindringen der Nadel klar ausweichen. Wenn die Mutter also in der Schwangerschaft extrem gestresst ist, kann es durchaus sein, dass es sich bei dem Baby um ein unruhiges, leicht gestresstes Baby handelt. Das Baby ist im Bauch direkt und zu hundert Prozent an das neutrale System der Mutter angebunden. Selbst nachdem wir geboren wurden, sind wir als Babys noch so sehr mit unserer Mutter verbunden, dass wir überhaupt nicht unterscheiden, geschweige denn wissen können, was die Empfindungen der Mutter sind und was die eigenen. Das Baby empfindet die Mama und sich noch Monate nach der Geburt als ein und dieselbe Person. Deshalb ist körperliche Nähe so wichtig. Als Babys sind wir atmendes Unterbewusstsein. So ziemlich alles, was wir bis zu unserem dritten Lebensjahr mitbekommen, geht sofort in unser Unterbewusstsein. Alles, was unser Umfeld, primär die Eltern, die Bezugspersonen, im Beisein des Babys sagen, empfinden, geht sofort ins Unterbewusstsein und wird dort abgespeichert.

Stressor #4: Geburtsstress

Der Geburtsvorgang birgt einen besonderen Stress. Wir empfinden natürlich selbst die Situation, aber auch die Menschen um uns herum. Den mit den Schmerzen der Mutter überforderten Vater, die Gefühle der Ärztin, der Hebamme, Menschen, die vielleicht unsicher sind … All diese Gefühle können von uns als Baby gespiegelt und empfunden werden und werden in unserem limbischen System abgespeichert.

Stressor #5: Transgeneratrionsstress

Bei »Transgenerationsstress« redet man von den Traumata und Erlebnissen, die über Generationen in der DNA vererbt werden. Tanja erzählt in unserem Interview, dass gerade in Kriegsgenerationen bis zu drei Generationen in der DNA die Traumata der Eltern, Großeltern und der Urgroßeltern nachweisbar sind. Das heißt, wenn dein Großvater im Krieg war, kann es durchaus sein, dass du davon noch etwas mitkriegst. Sie erzählt von einer Klientin, deren Fall so extrem war, dass sie im Anschluss Supervision benötigte. Die Klientin, die wegen eines für sie unerklärlichen Schuldgefühls zu ihr kam, wurde mit Tanjas Hilfe an den Ort des Ursprungs des Schuldgefühls geführt, und durchlebte die, in dem Fall wortwörtliche, schmerzhafte Erfahrung, an der Schulter angeschossen worden zu sein. Das Durchleben dieses Szenarios dauerte ganze fünfzehn Minuten und im Anschluss konnte Tanja mit der Klientin, deren Großvater im Krieg gedient hat, das Schuldgefühl auflösen. Die Bilder, die bei der Klientin allerdings für den noch größeren Schmerz sorgten, waren jene, in denen der Großvater seinen angeschossenen Kumpel nicht retten konnte. Die Klientin sah den Kumpel angeschossen im Schützengraben und war nicht in der Lage, ihn zu retten. Und sie findet sich zwanzig Jahre später in der Situation wieder, in der sie sich selbst den Traumjob verwehrte, weil sie tief innen das Gefühl hatte, dass sie es nicht verdient habe, glücklich zu sein, und sie hatte keine Ahnung, warum.

Ich weiß aus meiner Arbeit als Voice & Videocoach, dass 99 Prozent der Frauen etwas in sich tragen, was sie daran hindert, wirklich mit ihrem Business bzw. ihrem authentischen Selbst rauszugehen. Nun bleibt noch ein sechster Stressor ...

Stressor #6: Stress aus vorherigen Leben

Erstens kommt es anders …

Als ich mit Tanja über den 6. Stressor, nämlich den Stress aus vorherigen Leben sprach, riss ich eines meiner Erlebnisse von mir kurz an, welches ich auch euch gern erzählen möchte. Denn es hat mein Leben nachhaltig verändert und war eines in einer Reihe von Erlebnissen, die mir die Gewissheit geben, dass ich mit der »Nummer hier« nicht allein bin. Dass ich geführt bin. #WirsinddieTöchterderHexendieihrnichtverbrennenkonntet Dass ein ganz bestimmter Weg für mich existiert, bei dessen Begehung ich immer mal wieder Hilfe in Form von kleinen Stupsern bekomme.

Zum damaligen Zeitpunkt habe ich als Gesangslehrerin an der Modern Music School in Köln gearbeitet, und das von Herzen gern. Es war Sommer und ich machte es mir selbst zum Geschenk, nicht bei dreißig Grad meine Stunden abzusitzen, sondern den Unterricht auf einen anderen Tag mit vermutlich weniger schönem Wetter zu verlegen. Das erlaubte mir, den Sonnenschein zu genießen und kam meinen Schülern ebenso entgegen, die das Angebot gern annahmen. Unerwarteterweise war allerdings der Ersatztermin auch ein traumhafter Sommertag. Die erste Schülerin kam ohne Erklärung nicht zu ihrer Stunde, und so nützte ich die Zeit und sang einfach selbst. Ich mochte es sehr, manchmal am Wochenende die Musikschule ganz für mich zu haben und aus vollem Herzen zu singen.

Singen tut nicht nur der Seele, sondern auch dem Körper einfach unglaublich gut.

Nachdem ich mich wortwörtlich glückselig gesungen hatte, stellte ich bei einem Blick auf das Handy fest, dass alle anderen Schüler ebenfalls abgesagt hatten. Bei dem Wetter nahm ich das nicht übel und verlegte mein Treffen mit meiner Freundin Sedef vor. Wir trafen uns, die Zeit verging wie im Flug, doch dann musste Sedef überraschend früher weg. Danach lief ich tief in Gedanken versunken, ziellos der Nase lang durch die Stadt. Irgendwann lief ich fast ungebremst in eine Straßenlaterne. Ich konnte Millimeter davor stoppen und exakt in Augenhöhe befand sich ein wunderschön illustriertes Bild der Hohenzollernbrücke. Und ja, auch wenn es kitschig ist, ich bin von ganzem Herzen »Kölsch Mädchen« und dieses Bild fesselte mich sofort. Zumal ich nicht nur Köln, sondern auch alles, was leuchtet, liebe. *#Lichterkettenjunkie.* Dieses Bild war ein Werbeplakat für etwas, das sich »Lichtsymposium« nannte. Ich hatte nicht den blassesten Schimmer, worum es dabei ging, aber ich bemerkte, dass die Veranstaltung gerade stattfand – nicht weit von meinem Standort.

Als ich ankam, hatte ich das meiste schon verpasst, aber etwas sagte mir, dass es kein Zufall war, dass sechs Schüler abgesagt hatten, Sedef wegmusste und ich fast in die Straßenlaterne gelaufen war, um hier zu landen.

Das Foyer war voll mit Menschen, die ich als »not my type of people« identifizierte. Wenn ich ehrlich bin, habe ich gedacht: »Scheiße, auf was für einem Bäume-Umarmertreff bin ich denn hier gelandet?« Ich habe mich deplatziert gefühlt. Es roch nach Kopf und Mate. Kinnas, ich gebe hier lediglich meinen durchaus ignoranten ersten Eindruck wieder. Innerlich hatte ich schon abgeschlossen, da ich aber den vollen Eintritt bezahlt hatte, warf ich einen Blick in den großen Raum und wusste sofort: Nope, da bin ich raus. Es schien sich um eine esoterische Messe zu handeln. Das war nicht meins. Ich war auf dem Weg raus, als eine Dame sagte, dass sie unbedingt den Vortrag von XY hören müsste. Ich hatte noch gar nicht gerafft, dass es überhaupt Vorträge gab, dachte: »Ach so. Vielleicht ist etwas dabei, was mich interessiert« und setzte mich in einen Raum, in dem in Kürze der Vortrag beginnen sollte. Der Vortragende tauchte nicht auf und eine ältere Dame war schon ungeduldig und wollte ihn suchen, doch da sie eben nicht mehr die Jüngste war, zog ich für sie los. Erst auf der Treppe wurde mir klar, dass ich keinerlei Ahnung hatte, nach wem ich überhaupt suchte. Ich hatte mir weder gemerkt, wie der Typ hieß, noch einen blassen Schimmer, wie er aussehen könnte. Ziellos lief ich den Flur entlang und begegnete dem ersten Menschen, der ähnlich wie ich nicht danach aussah, als würde er dort hingehören. Relativ jung. Offener, sympathischer Blick. »Normal« gekleidet. Und auf einmal hörte ich mich sagen, als wäre es das normalste der Welt: »Ach, da bist du ja. Du wirst schon sehnsüchtig erwartet.« Während er sich entschuldigte und erklärte, dass er noch in ein Gespräch verwickelt war, trabte ich neben ihm her zurück in den Raum seines Vortrages und war hochgradig irritiert von meinem eigenen Verhalten, und dem, was ich gerade gesagt hatte.

Dabei waren außer mir noch etwa sieben Männeken, Sozialarbeiter, Heilpraktiker, in Batik und viel weißem Leinen. Ach so, Sandalen mit Strümpfen gab's auch. Na ja, und ich. Tätowiert, mit 'nem Simpsons-T-Shirt und einer knatschroten Adidas-Jacke. Ich stach wortwörtlich hervor. Weil ich mich von meinem jungen Freund nicht wirklich inspiriert gefühlt hatte, wanderten meine Gedanken zurück in die Musikschule und sang dort geistig weiter. Irgendwann zog der Typ ein Pendel aus der Tasche und es gab auch noch so eine Kack-Vorstellungsrunde. Da hatte ich ja mal null Bock drauf. Weder interessierte mich, wer die anderen Spiris waren, noch wollte ich mich denen vorstellen. Entsprechend karg fiel meine Vorstellung aus. Ich muss zu meiner eigenen Ehrenrettung sagen, dass ich mich bis dato nicht wirklich mit Spiritualität auseinandergesetzt hatte. Mit Religion umso mehr. Aber ich hatte vor Kurzem das Buch »Proof of Heaven« des US-amerikanischen Chirurgen Eben Alexander gelesen, welches bei mir ganz viel getriggert und meinen Blick auf die Dinge zum Wanken gebracht hatte.[25] Aber an besagtem Samstagnachmittag mit Traumwetter wollte ich nur noch an den Aachener Weiher.

Irgendwann drang die Stimme des Sunnyboys von vorn zu mir durch, der eben fragte: »Ist das okay für dich?«, wie es scheint zum zweiten Mal. Ich hatte natürlich nichts mitbekommen, und fragte strunzenblöd nach. »Was jetzt?« Und er antwortete sehr sympathisch lächelnd: »Na, dass ich mit dir arbeite. Ich würde gerne meine Pendelmethode demonstrieren, und habe die Info bekommen, dass ich mit dir arbeiten soll.« Und ich dachte so: »Wat? Mit dem Pendel? Und wer genau hat dir diese hirnrissige Info verpasst?« Er schien meine Gedanken zu lesen und erklärte noch einmal sehr geduldig und nett, dass er in seiner Kladde, die so dick war wie die Steuererklärung, diverse Fragenkataloge hätte, und dass das Pendel ihn zu der jeweilig richtigen Frage führen würde. Ich raffte nullinger, wollte mir aber auch nicht die Blöße geben, abermals nachzufragen, und sagte: »Ja, klar. Mach.«

Er fing an, sein Pendel zu schwingen wie ein Minilasso und erklärte in die Runde, dass er erst mal schauen müsse, ob mein Über-Ich und sein Über-Ich cool miteinander waren, also keinen ungeklärten Beef miteinander hatten. Ich dachte nur: »Dude, wir haben uns gerade kennengelernt, was soll es da ›zu lösen‹ geben. Er pendelte und pendelte.

Ich hatte immer noch keine Ahnung, wovon der Sunnyboy erzählte, aber das erste Mal bekam ich Interesse daran, was er mit mir erarbeiten wollte. Er wechselte die Seiten in seiner Kladde und pendelte und pendelte. Dann sah er zu mir und sagte: »Du scheinst über einen sehr starken Charakter zu verfügen und du bist in der spirituellen Hierarchie schon ziemlich weit gekommen.« Ich dachte: »Was labert der? Spirituelle Hierarchie?« Hierarchien sind ja nicht so wirklich mein Ding. Als er sagte: »Ah okay, jetzt hab ich's. Ich hab dein Okay.« Und als er »okay« sagte, hatte ich das erste Mal dieses Gefühl im Bauch.

Dieses Gefühl, wenn in alten Gebäuden der Aufzug anhält und du den Ruck tief im Bauch spürst.

So eine Mischung aus Übelkeit und Vorfreude. Und ab da wurde ich hellhörig. Er fragte mich, ob ich an etwas Bestimmtem »arbeiten« wolle, und ich hatte wirklich keine Ahnung, was er unter »arbeiten« verstand. Er fragte, ob ich ungelöste Konflikte mit Menschen in meinem Leben hätte. Und vor meinem inneren Auge plöppten umgehend meine Mutter und meine Schwester auf. Ich erinnere mich sehr genau daran, dass ich dachte: »Ich erzähle bestimmt nicht vor einem Wildfremden und seiner Spirigang von meinem Beef mit meiner Schwester oder von meiner Mutter.« Ich log ihm platt ins Gesicht und antwortete, dass mir nichts einfiele. Er schaute mich eindringlich an und schwang erneut sein Pendel, als gäb's kein Morgen. »Bist du dir sicher?«, fragte er nach. »Denn ich sehe hier ganz klar zwei Personen. Das eine ist eine Mutterfigur und das andere eine ebenfalls nahe Verwandte. Weiblich. Könnte eine Schwester sein.« Ich spürte wieder den Aufzug im Bauch und dachte mir: »*Holy shit,* woher weiß der das?« Doch ich verneinte weiter. Meine Fingerkuppen fingen tierisch an zu kribbeln, als hätte ich in Ameisenpipi gegriffen. Ich war hochgradig irritiert.

Er pendelte weiter. Und fragte, ob ich manchmal Nackenschmerzen hätte – yap – und ob ich Stimmprobleme hätte, also meine Stimme verloren hätte. Ich log wieder, diesmal aber nicht absichtlich, und sagte: »Ne, eigentlich nicht.« Und das stimmt. Meine Stimme ist eine Kriegerin. Ich bin nie im Leben heiser gewesen und sie hat nie nicht funktioniert. Na ja, bis auf die Jahre, in denen sie halt nicht funktioniert hat, aber nicht organisch, sondern emotional. Als Kind hatte ich Phasen, in denen ich die Sprache verweigerte und nach dem Tod meiner Mutter konnte ich nicht mehr singen. Mir war es, als würde man mir die Kehle zudrücken, obwohl organisch alles in bester Ordnung war und ich am Klavier alle Skalen hoch und runter singen konnte. Aber etwas in mir wollte nicht mehr singen. Ich besann mich also meiner Lüge und erzählte, dass ich als Kind mal phasenweise nicht sprechen wollte und dass meine Gesangsstimme nur funktioniert, wenn ich allein bin und mich »sicher« fühle. Er nickte wissend, pendelte weiter und fragte mich, ob ich wissen wolle, woher das stammen würde. Er könnte im Anschluss dieses Programm lösen, wenn ich wollte. Ich sagte: »Klar, mach.« Und diesmal meinte ich es auch so.

Und er pendelte und pendelte. Die Fragen kamen alle sehr schnell hintereinander und die Episode dauerte insgesamt keine fünfzehn Minuten. Er fragte mich, ob ich mit einem Seil etwas verbinde, und sofort hatte ich wieder den Traum vor Augen, den ich als Kind hundertfach geträumt hatte: Ein dickes fettes Seil traf mich darin im Nacken im oberen Rückenbereich, genau an der Stelle, an der ich gefühlt seit jeher unter Nackenschmerzen und Verspannungen litt. Ich hatte gedacht, dass das wohl mal beim Seilspringen passiert sein musste. Er fragte: »Siehst du, wo du bist oder wer dich trifft?« Doch das war nicht der Fall. Ich erkannte in meinem Traum immer nur die Hand und das Seil, wie es meinen Nacken trifft, und den extremen, stechenden Schmerz. Immer und immer wieder. Nicht mein Lieblingstraum. Er erklärte mir mit einer verblüffenden Selbstverständlichkeit, dass sowohl der Traum als auch der Schmerz und meine Stimmprobleme aus einem vorherigen Leben stammen würden. Wie »vorheriges Leben«? *Was* erzählt der da?!? Er fuhr fort und erklärte, dass ich in einem vorherigen Leben ein lehrender Mönch gewesen sei, der nicht kirchenkonform unterrichtet hätte, sondern seine eigenen Ideen und Theorien hatte, in denen die Kirche nicht so gut wegkam. Dafür wurde ich angeklagt und zu hundert Peitschenhieben verurteilt. Ich verstarb nicht unmittelbar, aber an den Folgen dieser Folter. In der Zeit bis zu meinem Ableben sprach ich kein Wort mehr, denn ich wollte lieber schweigen, statt gegen meine Überzeugung zu reden. Er erklärte mir, dass ich stets verstumme, wenn ich meine Stimme nicht dazu nutzen würde, meine *BeSTIMMung* zu erfüllen. Und es ist wahr, meine Dysphonie war ausschließlich eine emotional bedingte Stimmstörung, organisch hatte ich nie ein Problem. Das zu hören, war für mich harter Tobak und ich war noch völlig überwältigt von dem, was ich da gerade zu hören bekommen hatte, als er schon fragte, ob ich einen Bruder hätte.

Zu eurer Information, ich habe damals mit meinem dreizehn Jahre älteren Bruder zusammengelebt. Sehr beengt. Ich hatte mich schon lange mit dem Gedanken umgetrieben auszuziehen, wusste aber nicht, wie ich ihm das sagen konnte, ohne ihn zu verletzen oder ohne dass er sich verlassen fühlte. Mein Bedürfnis allerdings wuchs mit jedem Tag. Er war ja nicht nur mein älterer Bruder, sondern auch mein Vater, meine Mutter und mein einziger wirklicher Vertrauter. Als hätte Sunnyboy abermals meine Gedanken gelesen, sagte er mir ohne Umschweife ins Gesicht, dass ich nicht für meinen Bruder verantwortlich wäre und mir keine Sorgen um ihn machen müsste. Ich sei die kleine Schwester und er der große

Bruder, er käme schon klar. Ich solle ruhig ausziehen … Als er mir das sagte, wurde mir so flau, dass ich fast gekotzt hätte. Woher um Himmels willen wusste der Typ das?! Es gab keinerlei Hinweise von oder an mir, aus denen er hätte diese Rückschlüsse hätte ziehen können. Ich hatte kaum drei Sätze mit ihm gesprochen, er konnte sich das nicht zusammengereimt haben. Ich war baff und platt zugleich. Danach »arbeitete« er mit der nächsten Teilnehmerin und ich konnte nicht glauben, was soeben mit mir passiert war. Er gab mir noch den Hinweis, dass er fühlen würde, dass ich sehr in religiösen Geflechten und in Schuldgefühlen gefangen sei, und dass diese mich nur zurückhalten würden. Ich solle mich frei machen von religiösen Dogmata, und meinen Weg weiter beschreiten. Aah … ja. Ne, is klar. Ich war durch.

Nach diesem Erlebnis wusch ich erst mal mein Gesicht mit kaltem Wasser. Ich konnte nicht wirklich fassen, was ich da zu hören bekommen hatte. Rückblickend macht das alles Sinn und ist für mich nicht mehr außergewöhnlich, damals hat es gehörig am Fundament meines Weltbildes, welches sehr religiös geprägt war, gerüttelt. Hättest du mir erzählt, was ich dir gerade geschildert habe, ich hätte dich als Spinnerin, die auf irgendeinem Gras hängengeblieben ist, abgetan!

Kinnas, ganz ehrlich! Ich war durch! Ich wollte nur nach Hause ins Bett und schlafen. Aber meine »Spiris«, denen ich mich mittlerweile verbunden fühlte, hatten erzählt, dass es noch eine »Light Grids Meditation« (kann man das essen?) gäbe, mit einem »Star« aus der Spiriszene, von dem ich natürlich noch nie im Leben gehört hatte, den ich mir aber nicht entgehen lassen sollte.

In dem Veranstaltungsraum sah ich vorne einen kahlköpfigen Herrn neben einer Dolmetscherin stehen, und mir war das einfach zu viel. Ich setzte mich als Einzige in die allerletzte Reihe. Und während ich in Gedanken noch ganz bei dem war, was ich gerade erlebt hatte, tippte mir die Dolmetscherin von vorne auf die Schulter, und ließ mich wissen, dass Damien Wynne, der Star auf der Bühne, »die Nachricht erhalten habe«, er solle mit mir als Medium arbeiten …

Ich erinnere mich sehr gut daran, dass ich an eine versteckte Kamera dachte. Da kam der Glatzkopf um die Ecke, »soll mit mir arbeiten« und kündigte das in exakt denselben Worten an wie Sunnyboy zuvor. Was war denn da los? War Maggie Simpson auf meiner Brust irgendeine Art von verquerem Zeichen für »geeignetes Spiri-Versuchskaninchen«? Ich stand tatsächlich auf und ging nach vorne.

Was ich da Abgefahrenes erlebt habe, verrate ich euch später. Erst möchte ich euch noch erzählen, was Tanja Klein zum **Stressor #6** »vorherige Leben« zu sagen hat.

Stress from the past

Wir alle tragen Inhalte von anderen in uns, die uns daran hindern, unser höchstes authentisches Potenzial auszuleben. Meinen Beobachtungen nach glaubt ein Großteil aller Frauen tief in sich drin, »nicht gut genug« zu sein. Selbst die, die schon sehr etabliert, sehr erfolgreich, und sehr selbstbewusst wirken. In Bewegt-Bild und -Ton kommt einfach *alles* hoch. Alles, was dein Körper und deine Seele gespeichert haben, wenn du so weit bist. Genau deshalb haben so viele Frauen Angst davor, Eigenwerbung zu betreiben, weil dahinter Sichtbarkeit und dahinter wiederum Wertung steht. Das hat nichts mit Angst vor mangelnder Fachkompetenz oder »Ich hab noch kein Produkt, dass ich vermarkten könnte« oder »Ich habe keine Ahnung, wie es geht« oder »Ich beherrsche die Technik nicht« zu tun!

Es kommen Stressoren aus Ebenen zutage, die in vielen Fällen überhaupt nichts mit uns und unserem Hier und Jetzt zu tun haben.

Und das ist einer der Hauptgründe, warum ich dieses Buch schreibe: Damit uns klar wird, dass es vollkommen verständlich ist, wenn wir uns und unser Verhalten manchmal selbst nicht verstehen. Wir werden mitunter von Emotionen geführt, die aus Erfahrungen herrühren, die wir im Hier und Jetzt bewusst nicht verstehen *können*. Ich kann mir vorstellen, dass es für einige von euch schwierig ist, sich darauf einzulassen. Aber unser Gehirn ist begrenzt, insbesondere wenn wir darüber nachdenken, wie wenig davon wir wirklich nutzen oder wie wenig die »Wissenschaft« letztlich durch Studien beweisen kann. Und diese belegt ja derzeit, dass Traumata bis zu drei Generationen vererbt werden können. Warte, die Wissenschaft kann derzeit belegen, dass sie bis zu drei Generationen vererbt werden können, das heißt aber lange nicht, dass Traumata lediglich über drei Generationen in uns wirken. Die sogenannte »Witchwound« im kollektiven Weiblichen geht weiter zurück. Aber nur, weil es noch keine Methode gibt, diese zu belegen, heißt nicht, dass sie nicht existiert.

Passend dazu erzählt Tanja von einem Coaching, welches sie kürzlich in der Schweiz hielt und bei dem sie ein Erlebnis hatte, welches genau auf meine Aussage einspielt. Sie hatte eine Kundin, die sich als Coach selbstständig machen wollte und eine nicht erklärbare, unfassbare Angst davor verspürte. Tanja ging mit ihr via *wingwave* die unterschiedlichen Dimensionen der Stressoren durch, um die Ursache für ihre Angst zu finden. Anschließend sollte ein Ringtest den Ursprung zurückverfolgen. Als das etabliert war, kamen bei der Kundin plötzlich Bilder hoch, wie sie, und jetzt haltet euch fest, *als Hexe auf dem Scheiterhaufen verbrannt wurde*, für das Wissen, das sie hatte. Als Tanja das erzählte, hatte ich nicht nur eine Gänsehaut am ganzen Körper, es schossen mir auch sofort die Tränen in die Augen. Tanja erzählte weiter, dass sie relativ häufig mit Frauen arbeitet, bei denen sie herausfiltern kann, dass sie in vorherigen Leben schon mal für das Wissen, das sie hatten, *#Heilwissen*, bitter bezahlt hatten.

Schwestern, damals wie heute: Wissen ist Macht. Und machtvolle Frauen wurden schon in der Vergangenheit wie in der Gegenwart von Männern mit Angst vor mächtigen Frauen unterdrückt. Das ist kein Emanzengeschwafel. Das ist Fakt. Auch wenn ich unser Informationszeitalter und Social Media nicht ausschließlich als Segen sehe, ist es das in dieser Beziehung größtenteils. Nun sind es nicht mehr vereinzelte Frauen, die ihr Wissen teilen, sondern zig Millionen.

> **Wir alle haben eine Aufgabe.** *Eine Mission.*
> **Unsere Stimme zu finden und dazu einzusetzen, unsere Bestimmung zu leben.**

Wir sollen unsere Bestimmung leben, auf individueller, aber auch auf kollektiver Ebene. Wenn du also das Gefühl hast, dass da etwas in dir ist, das rausmöchte, das du ausdrücken möchtest, das gelebt, ausgelebt werden will, dann ist es deine »Aufgabe«, dafür zu sorgen, dass es auch raus kann. Wenn du Angst fühlst und nicht weißt, wovor, dann weißt du jetzt bereits, dass diese Angst nicht zwingend von dir selbst bzw. aus dem Hier und Jetzt stammen muss. Es ist an uns, diese alten Traumata aufzuspüren und zu lösen.

Falls du meinst, dass du dafür keine Zeit hast, möchte ich dich gleich an dieser Stelle unterbrechen und liebevoll korrigieren. Denn du hast keine Zeit, ein Leben zu leben, in dem du an deiner BeSTIMMung vorbeischrammst. In dem du nicht STIMMig bist. In dem du deinen Beitrag für dich und die Gesellschaft, in der du lebst, nicht leistest. Es geht nämlich nicht ausschließlich um dich … und das ist eine wunderbare Sache. Würde es in meinem Leben ausschließlich um mich gehen, hätte ich wahrscheinlich nie den Antrieb gefunden, all die innere Arbeit zu vollziehen, die ich bisher bereits geleistet habe. Ich war es mir leider schlicht nicht wert. Aufgrund der Programmierungen, die ich erfahren habe, aufgrund der Glaubenssätze, die ich fälschlicherweise über mich etabliert habe, die einen Scheißdreck mit *mir* zu tun hatten. Aber das hätte ich nie herausgefunden, hätte ich die Arbeit nicht gemacht.

Wertgeschätzte Schwester, mit demütigem Herzen bin ich dankbar, dass du dieses Buch liest, denn die Tatsache, dass du deine authentische Stimme, deine wahrhaftige Power, deine universelle Bestimmung findest, annimmst und umsetzt, befähigt mich wiederum, selbiges zu leisten. Wir alle stehen in Wechselwirkung zueinander. Ohne dich – kein ich. Und umgekehrt. Dein Erfolg ist mein Erfolg. Wenn du dich um deiner selbst willen derzeit noch nicht auf »deinen Weg begeben willst – zurück zu dir –, dann mach es für mich. Oder für all die Frauen in deiner Familie, in deinem Umfeld, die vergangenen, die gegenwärtigen und die zukünftigen. Wir alle laufen auf den Pfaden, die wir füreinander bereiten. **Schwester, geh los!** Ich bitte dich inständig, denn du und deine authentische Macht werden auf dieser Welt gebraucht.

Wir alle stehen in direktem Zusammenhang miteinander.

Unser Wirken hat eine Wechselwirkung, deren Ausmaß wir derzeit noch nicht einmal erahnen können!

… als Frau zweitens denkt

Zurück zu Pendel-Sunnyboy, »Light Grid Meditation« und Damian Wynne …

Als ich vorne im großen Saal neben Damian stand, erklärte dieser, dass er eine Gruppen-Aura-Reinigung vollziehen wollte. Ich und meine Energie sollten quasi dabei helfen, die Gruppe zu reinigen. Ja ne, is klar! Ich war gerade zu nix in der Lage und schon gar nicht zu einem kollektiven mentalen Frühjahrsputz. Ich bemerkte, wie die Musik sich veränderte – zu einer Naturatmosphäre mit Vogelgezwitscher, Wind, Blätterrauschen etc. Solche Geräusche abseits jener in der Natur nervten mich von jeher.

Dieser glatzköpfige Typ mit den intensiv-blauen Augen hatte etwas sehr Beruhigendes. Er forderte mich auf, mich auf die Liege zu legen, zu entspannen und die Reise, auf die er nun führen wollte, im Geiste mitzuvollziehen. Meine Energie wäre dabei Katalysator für den ganzen Raum. Er brachte das versammelte Publikum dazu, tiefe Atemzüge in den Bauch zu nehmen und ging mit uns die einzelnen Chakren durch. Dabei gab er uns das Bild eines Bücherregals mit und erklärte, dass wir alle Erfahrungen, all unserer Leben in diesen »Büchern« im Regal verwahrten. Wir sollten uns vorstellen, dass hell leuchtende Lichter aus den Seiten der Bücher quollen – hell wie Sonnenstrahlen. Die Bücher, in denen die Sonne nicht leuchtete, sollten wir einfach mit dem Finger aus dem Regal ziehen und diese würden sich auflösen.

Er führte uns durch jedes Energiezentrum. Ich war ein braves Meditationsnewbie und tat, wie mir angeleitet wurde. All die Bilder, die er uns gab, waren für mich leicht vor meinem inneren Auge herzustellen, bis wir auf einmal in die Mitte meines Körpers kamen. Wir sollten uns vorstellen, wie wir aus unserer Körpermitte Wurzeln schlagen, die sich tief in Mutter Erde verwurzeln würden. Das war das erste Bild, das mir nicht gelang herzustellen. Als würde er meine Gedanken lesen, denn ich lag mucksmäuschenstill mit geschlossenen Augen auf dieser Liege, fasste er mich ganz leicht mit beiden Händen an die Schultern und sagte: »It's okay, you can do it. Just try again.« Ich versuchte es also nochmals, … nada … und er wiederholte geduldig, auf eine sehr angenehme Art. »It is okay, you can do it!« Bei meinem dritten Versuch klappte es und ich konnte mir die Wurzeln, die aus mir herauswuchsen, vorstellen. Er sprach davon, dass wir alle geliebt werden würden. Schon immer geliebt waren und für immer geliebt sein würden. In der Vergangenheit, in der Gegenwart, und in der Zukunft, konstant begleitet von der Liebe des Herrn …

Ich hatte mich bis dato primär ungeliebt gefühlt. Allerdings machten diese Worte etwas mit mir. Es startete bei mir etwas, was ich mir bis heute nicht erklären kann. Ich habe angefangen zu frösteln. Erst ein wenig, dann immer mehr. Und schlussendlich so stark, dass ich weder Arme noch Beine daran hindern konnte zu bibbern wie Espenlaub. Die Dolmetscherin legte diese silberne Decke aus dem Erste-Hilfe-Kasten um mich und wickelte mich darin ein wie eine Mutter ihr Baby. Und dann ging bei mir nichts mehr.

Ich habe angefangen zu heulen, wie noch nie in meinem Leben.

Während der ganzen Meditation hatte ich immer mal wieder wahrgenommen, dass Menschen anfingen zu weinen. Manche ganz leise vor sich hin schluchzend und andere laut, frei und hemmungslos, was mich sehr befremdete und was ich versuchte auszublenden. Ich hingegen habe geheult wie ein Schlosshund. *Ich.* Die Jasmin, die sich lieber den rechten Arm abgehackt hätte, als öffentlich zu weinen. Die Jasmin, die nachdem oder während sie eine »ordentliche« Tracht Prügel von ihrer Mutter bezog, so oft den Satz gehört hatte: »Wenn du jetzt weinst, dann geb ich dir einen richtigen Grund zu weinen.«

Am Anfang war es mir in diesen Situationen sehr schwergefallen, meine Tränen zu unterdrücken. Tränen sind eine sehr natürliche Reaktion auf Schmerz. Aber mit jedem Mal wurde ich besser darin, den Schmerz zu antizipieren, mich darauf vorzubereiten, wie sich der Blitz anfühlen würde, wenn diese hasserfüllte Hand ungebremst auf meine Wange und mein Ohr traf. Ich lernte, diesen stechenden Schmerz, der es mir oft schwarz vor Augen werden ließ, zwar zu spüren, aber nicht an mich heranzulassen. Mit der Übung gelang es mir recht gut, dabei ein versteinertes Gesicht zu behalten, das weder meine Gefühle noch meinen Schmerz kundtat. Wenn überhaupt etwas, dann war es Verachtung, aber bestimmt keine Schwäche. Ich empfand die Erniedrigung der Prügel sehr schnell als viel schmerzhafter als den physischen Schmerz. Bei dem gelang es mir, ihn auszublenden. Der Erniedrigung und der Scham, die für mich damit einhergingen, ausgesetzt zu sein, ohnmächtig, ausgeliefert, war so viel schlimmer … Aber auch das habe ich gelernt zu unterdrücken. Wegzupacken, nicht in meine Mitte dringen zu lassen und irgendwie von mir abzuspalten.

An diesem Nachmittag auf der Liege hatte ich das Gefühl, dass ich »die Mitte aufmachte«. Dass all meine ungeweinten Tränen, all der Schmerz von jeder Tracht Prügel, die ich jemals bekommen hatte, all die Emotionen, die ich mir nicht erlaubt hatte wahrzunehmen, gleichzeitig aus mir herausplatzten. Ich *konnte* es nicht verhindern, nicht mit all meiner Kraft und bei bestem Willen. Da lag ich also, zitternd und heulend wie ein kleines Baby. Nachdem ich »fertig« war, war es mir schon peinlich … irgendwie. Aber das Gefühl, das ich hatte, war so intensiv, so ungeahnt und neu, so essenziell und doch außerordentlich, dass ich darauf gepfiffen habe. Ich hatte das Gefühl, das zum ersten Mal alle Fesseln gelöst waren, dass all die Gewichte, die an mir gezogen haben, all die Last, die seit ich klein war, auf meinen Schulter lag, weg war. An diesem Abend schlief ich das erste Mal in meinem Leben bewusst schmerzfrei ein. Seit ich denken konnte, hatte ich Nacken und Rückenschmerzen … Nicht an diesem Abend. Ich bin zu Fuß nach Hause. Ich bin nicht gegangen, ich schwebte etwa einen halben Meter über dem Boden. In dem tiefen Bewusstsein, dass *ich* alles erreichen kann.

Ich fasste den Entschluss, auszuziehen und das Volontariat zur Fernsehredakteurin, welches mir zum zweiten Mal angeboten worden war, anzutreten. Drei Wochen später war ich Volontärin, wohnte in einer WG und unterrichtete Gesang nebenbei. Dieser Samstagnachmittag auf dem »Lichtsymposium« hatte das nächste Kapitel meines Lebens eingeleitet.

Too much – This song is for you

Ich hatte einen neuen Job und wohnte in einer neuen Wohnung mit einer Mitbewohnerin, die eine Zeit lang in Neuseeland verbrachte, sodass ich die Wohnung für mich hatte. Alles auf Neustart.

Eines Tages kam ich nach Hause und der Fernseher im Wohnzimmer lief, obwohl niemand zu Hause war. Ich war zwar verdutzt, aber hundemüde, schaltete den Fernseher aus und der Vorfall war vergessen, bis sich ein paar Tage später dasselbe Spiel wiederholte, obwohl ich zwischenzeitlich nicht ferngesehen hatte.

Mir war etwas mulmig zumute. Hatte doch jemand Zugang zu unserer Wohnung und erlaubte sich einen Streich mit mir? Da ich in dem Haus außer meiner Mitbewohnerin noch niemanden kannte, konnte ich das ausschließen. Ich schaltete den Fernseher diesmal nicht nur mit der Fernbedienung aus, sondern mit dem Powerknopf direkt am Gerät. Mich beruhigte der Gedanke, dass vielleicht jemand eine Universalfernbedienung nutzte, die auf der gleichen Frequenz funkte. Meine Freundin Nina meinte allerdings, ob es vielleicht jemanden oder etwas gäbe, das mir etwas mitteilen würde wollen. Ich solle doch einfach mal fragen. Ich fragte ungläubig, ob sie davon ausginge, dass *etwas* mit mir kommunizieren wolle? Sie antwortete mir mit einem knappen »Ja!«. Es war komisch, doch ich dachte tatsächlich so bei mir: »Ja, wie soll ich das denn machen? Soll ich die Frage denken? Kann ›es‹ meine Gedanken lesen? Oder stelle ich mich mitten in den Raum und rede laut mit etwas, was nicht da ist?« Bei dem Gedanken allein fühlte ich mich idiotisch.

Okidoki, nachdem ich etwas Musik gehört und ein Glas Wasser getrunken hatte, stellte ich mich also mitten in unser lichtdurchflutetes Wohnzimmer und sagte laut, während ich innerlich über mich selbst den Kopf schüttelte: »Wer oder was auch immer mit mir kommunizieren will, du musst mit mir in klaren Worten oder Symbolen ›sprechen‹, diese subtilen Hinweise werde ich wahrscheinlich ignorieren oder nicht raffen.« Für mich war mit meiner Ansprache die Sache erst mal erledigt, und ich musste zur Toilette.

Jetzt ist es ja in den meisten Fällen so, dass man immer auf dieselbe Art auf der Toilette sitzt und eine vorgegebene Blickrichtung hat. Und diesmal entdeckte ich direkt vor mir, exakt inmitten einer weißen Kachel, ein Haar von mir in Form eines perfekten Herzens liegen.

Dem hätte ich nie intensivere Aufmerksamkeit geschenkt, hätte ich nicht gerade als einzige Anwesende im Wohnzimmer diese Ansage mit den klaren Symbolen gemacht ... Vielleicht kommt es dir verrückt vor, aber ich entschloss mich, dies als Zeichen zu sehen und die Vorkommnisse nicht weiter als beunruhigend, sondern als etwas Positives zu betrachten, quasi als »Liebesbekundung«. Die ganze Nummer hat mir echt Schiss gemacht und ich hoffte insgeheim, sie würde ein Ende nehmen. Aber jetzt ging es eh nicht mehr, denn ich hatte ja den Fernseher »richtig« ausgeschaltet. Ohne Saft kein Fernsehen.

Zwei Wochen vergingen und nichts passierte, was mir mehr als recht war. Ich fing langsam an, nicht mehr jedes Mal, wenn ich die Tür aufschloss zu horchen, ob der Fernseher lief. An diesem Abend kam ich nach Hause und alles war leise, ich ging die Treppe in unserer Maisonettewohnung hinunter, und als ich fast unten angekommen war, ging der Fernseher an. Ich erschrak fast zu Tode. So schnell wie er angegangen war, ging er auch wieder aus. Zuerst checkte ich, ob der Powerknopf an war. Der Knopf war *aus*! Ich hatte Schiss. Wenn mir das jemand anderes erzählt hätte, hätte ich wahrscheinlich mit einer Frage nach dem aktuellen Drogenkonsum reagiert.

Um mich abzulenken, suchte ich online nach Erklärungen und stieß als Allerersten auf ein Video, in dem ein Medium erklärte, dass Verstorbene, die zeitlebens gerne Musik gehört haben, durch das Radio oder Songs Kontakt zu Lebenden aufzunehmen versuchen, Leser durch Bücher, die aus dem Regal fallen, bei Menschen, die viel fernsahen, durch ein TV-Gerät. Wie immer du zu diesem Thema stehst, in dem Moment machte es mich sprachlos. Die erste Person, die mir sofort in den Kopf kam, bei der der Fernseher wortwörtlich rund um die Uhr lief, war meine Mutter. »Fernsehjunkie« ist bei ihr als Umschreibung liebevoll nach unten abgerundet.

Das ergab irgendwie total Sinn für mich, war aber dennoch harter Tobak. Meine Mutter … Was will denn meine Mutter? Meine Mutter und ich, dachte ich, hatten alles miteinander geklärt. Und als sie verstorben war, konnte ich reinen Gewissens sagen, dass wir, auch wenn das zu Lebzeiten anders gewesen war, absolut im Guten auseinandergegangen sind. Dennoch, ich konnte nicht anders, als ihr im Geiste noch mal in aller Deutlichkeit zu sagen, dass sie, wenn sie mir etwas zu sagen hatte, dies bitte nicht subtil, sondern geradeheraus tun sollte.

Kinnas, das war mir alles en bisschen too much. Ich brauchte erst mal etwas Musik, um diese immense Spannung loszuwerden, und wollte den Song »I Believe« von Yolanda Adams hören. Solltest du mal richtig schlecht drauf sein, tu dir und deinen Öhrchen einen Gefallen und hör dir diesen Song an. Er wechselt umgehend deine Energie.

Wie gesagt, das war der Song, den ich eigentlich hören wollte. Aber YouTube hat dieses Phänomen bei mir, dass ich immer von Hölzchen auf Stöckchen komme, und dann viel länger Zeit am Rechner verbringe als geplant und meist ganz andere Sachen schaue, als ich ursprünglich wollte. In diesem Fall stach mir ein anderes Video von Yolanda Adams ins Auge. Ein Liveauftritt, den ich noch nicht kannte *(#fan)*. Das Video hieß »Evening of the Stars – Yolanda Adams«.

Also klickte ich auf das Video und auf die Bühne trat eine junge Frau, die ich noch nie gesehen oder gehört hatte. Ich war erst ein wenig enttäuscht, dass es eine andere Frau als Yolanda war. Als sie aber ihren Mund aufmachte, fiel ich fast von der Couch, denn sie leitete den Song mit folgenden Worten ein:

»This song is for you, Jasmine!«

Kein Scheiß! Die junge Frau fing an zu singen und ich bekam mit, dass es sich hierbei um den Song **»The Battle is not yours«** handelte, welcher nachher zu einem Duett mit Yolanda Adams wurde. Hier ist der Link zu dem Video, falls du es dir auch mal anhören magst: *https://www.youtube.com/watch?v=2qldMrX3G1M*

Die junge Frau, die Diamonique heißt, singt gemeinsam mit Yolanda einen Song, in dem es darum geht, dass man nicht alle Schlachten selbst austragen muss. Am Ende geht es um Gottvertrauen. Vertrauen darauf, dass man geführt ist und dass Gott die Schlachten für einen schlägt. Zum damaligen Zeitpunkt war ich mein ganzes Leben eine Kämpferin gewesen. Die Botschaft, dass ich darauf vertrauen sollte, dass Dinge sich von ganz allein für mich fügen, dass ich mich quasi »zurücklehnen« kann, und Gott die Sache für mich rockt, war ein schönes, aber eher abstraktes Konzept für mich!

Heute, also gerade eben, als ich das Video mit dem Song noch einmal angeschaut und angehört habe, hat er eine komplett andere Bedeutung für mich.

Ne warte, die Bedeutung ist dieselbe, bloß:

Ich bin eine andere.

Dicke Füsse & weisse Socken

Zu dem Zeitpunkt, als die Nummer mit dem Fernseher passierte, war ich Volontärin in einer Fernsehredaktion. Eigentlich war mir schon im Praktikum klar, dass ich das nicht länger, geschweige denn mein Leben lang machen würde. Mir fehlte der Sinn darin. Die Verbindung zu mir und meiner BeSTIMMung. Ich wusste also, dass ich mich irgendwie selbstständig machen wollte. Aber wie, dazu hatte ich noch keine Ahnung. Um aber schon mal für den Zeitpunkt, wenn es so weit kommen würde, gewappnet zu sein, fing ich an, mich weiterzubilden. Ich wurde also Mitglied der der **Female Entrepreneur Association (FEA)**, eine Membership für selbstständige Frauen oder jene, die es werden wollen. Von und mit Carrie Green – einer jungen Frau, die ich durch ihren Ted Talk kennengelernt habe und bis heute mit steigender Begeisterung verfolge. Gern mal auschecken, falls ihr sie nicht kennt. Innerhalb dieser Membership kann man sich einen »Accountability Partner« zuweisen lassen. Einen Buddy, mit dem man sich regelmäßig austauscht und sich gegenseitig dabei hilft, die eigenen Ziele nicht nur zu stecken, sondern auch umzusetzen. Mir wurde eine Partnerin aus Frankfurt zugewiesen, mit der es von Anfang an passte. Sue, die ursprünglich Coachings in Banken und Chefetagen durchgeführt hatte, war auch gerade dabei, sich mit ihrer wahren BeSTIMMung selbstständig zu machen.

In unserem ersten Gespräch stellten wir einander vor und das Gespräch war fast von tiefer Vertrautheit. Sie erwähnte, dass sie ein Burn-out und Depressionen hatte und ich sprach wohl davon, dass meine Mutter zu Lebzeiten ebenfalls unter Depressionen gelitten hatte, und dass ich mich daher ein wenig mit der Thematik auskenne. Das war es an persönlicher Konversation. Der Rest unserer Gespräche drehte sich um den beruflichen Weg. Den vergangenen und angestrebten, und wir machten aus, dass wir einmal wöchentlich miteinander masterminden wollen. Im zweiten Gespräch erzählte Sue mir mehr von sich und ihrem neuen Business, welches sie gerade aufbaute. Sie vertraute mir an, dass sie von kleinauf medial begabt sei, ebenso wie ihre Mutter und ihre Großmutter, dass sie ihre Gabe aber nicht wirklich annehmen konnte oder wollte, was schlussendlich sogar zu diversen Suizidversuchen geführt hatte. Heute wüsste sie, dass in ihrer Gabe ein Segen steckt und sie wollte anderen dabei helfen, ihre Medialität entweder zu entdecken oder auszubauen. Ich fand das hochgradig spannend. Aber auch ziemlich »woo woo«. Das kann man doch nicht beibringen, das hat doch nicht jeder! Das haben doch nur ein paar wenige Auserwählte, dachte ich damals.

Ich erzählte Sue von ein paar Erlebnissen aus meiner Kindheit, die ich so richtig weit unten vergraben hatte. Schon als Kind hatte ich Eingebungen, wobei ich glaube, dass ausnahmslos jedes Kind die hat. Entweder erinnern wir uns nicht mehr daran oder wir verdrängen sie, wie in meinem Fall, proaktiv. Ich weiß, dass es so viel mehr gibt als das, was wir mit unseren fünf Sinnen üblicherweise erfassen, ich weiß aber auch, dass mir das als Kind nicht erklärt wurde, und dass ich ein Erlebnis hatte, dass mir tierischen Schiss gemacht hat. Deswegen kappte ich jede Form von Zugang oder Kontaktpunkt zu dieser Gabe.

Bei unserem dritten oder vierten Mal bat ich sie einmal um Hilfe bzw. Rat. Denn bei mir gab es Vorkommnisse, die mir absolut nicht koscher vorkamen. Ich lag auf meinem Bett, ohne Musik, ohne Konversation oder irgendein Geräusch, auf das »Siri« auf meinem iPhone hätte reagieren können. Plötzlich erklang der Siri-Sound und jemand fragte: »Ja bitte, wer ist denn da? Wer ist denn da?« So als hätte jemand geklingelt und man fragt über das Mikrophon an der Klingel nach unten, wer dran ist.

Es waren Monate seit der letzten Episode mit dem Fernseher vergangen und Siri hatte schon häufiger Antworten auf Fragen gegeben, die ich nie gestellt hatte – aber immer auf Siri-typische Art. Du fragst. Sie antwortet. Nur, dass ich nichts gefragt hatte. Aber seit wann stellt denn Siri die Fragen? Das war mir komplett neu!

Obwohl wir eigentlich erst tags drauf miteinander skypen wollten, bat ich Sue um ein Meeting. Sie sagte sofort zu und meinte, sie müsse bloß kurz zur Toilette. Ich hatte Sue noch nichts von »Siri« erzählt. Sie stieg in das Gespräch mit einem anderen Gesichtsausdruck als sonst ein und fragte mich ohne Umschweife, ob in meiner Wohnung mal eine ältere Dame gelebt habe. Ich war kurz verdutzt, mir aber ziemlich sicher, dass das nicht der Fall war. Meine damalige Mitbewohnerin war schon über zehn Jahre in der Wohnung, erst mit ihrem Freund, dann allein und davor hatte dort ein Pärchen gewohnt. Sue erzählte mir, dass ihr gerade auf der Toilette eine ältere Dame erschienen sei, die darauf bestanden hatte, mit mir in Kontakt zu treten. Eindringlich. Ich dachte: »Häh? WTF? Ältere Dame, keinen blassen Schimmer, wer das sein soll.« Sie fragte, ob ich es wünschen würde, durch sie mit der Dame zu kommunizieren, dann könnte sie sich mit ihr verbinden. Sie hätte sie zwischenzeitlich nämlich quasi »ausgeladen«, um erst mal sicherzustellen, dass mir das recht sei. Ich bejahte. Sue erklärte mir weiter, dass sie sich jetzt mit den Gefühlen und den Gedanken der Person verbinden könne und sie mir lediglich weitergeben würde, was sie sehen, fühlen, denken würde. Sie betonte noch mal, dass es der Person ein sehr starkes Anliegen war, mir etwas mitteilen, und dass sie sich nur sehr schwer abwimmeln ließ. Deswegen war sie sich sicher, dass sie den Kontakt wiederherstellen könne. Sie schloss die Augen und atmete ein paarmal tief ein und aus, während ich mir mit ein wenig Unbehagen die Nummer anschaute.

Sue erzählte zuallererst, dass sie jetzt starke Schmerzen in der Hüfte und in den Knien hätte, dass sie nur sehr, sehr schwer bis gar nicht laufen könne und dass sie glaubte, im Rollstuhl zu sitzen. Sie schilderte, sie würde so etwas wie ein Stoffkleid oder einen Kittel, ein Kittelkleid sehen, mit Blümchen, lila und rosa, und dass sie Füße sähe, dicke Füße in Sandalen, und sie sagte ungläubig: »Mit Socken. Ich glaube das sind Sandalen mit weißen Socken. Und eine Kette mit einem Medaillon.« Kinnas, auch wenn das jetzt wenig nachvollziehbar klingt, aber es waren die weißen Socken in den Sandalen und die »dicken Föß«, die mich schlussendlich überzeugten. Meine Mutter konnte sich innerhalb ihrer Wohnung drei bis fünf Schritte bewegen, aber sie hatte in der Tat seit Jahrzehnten Hüft- und Kniebeschwerden wegen ihres extremen Übergewichts und saß die meiste Zeit in ihrem Rollstuhl oder auf der Couch. Meine Mutter trug, seit ich denken kann, zu Hause diese Kittelkleider, in allen Farben und Variationen! Aber dieses eine, mit den lila und rosa Blumen, ist eines, an das ich mich ganz genau erinnere. Warum es aber die Socken waren, die mich überzeugten, dass es sich um meine Mutter handelte, kann ich euch erklären.

In den letzten Monaten vor ihrem Tod und der Einweisung ins Krankenhaus, aus dem sie nicht mehr nach Hause kam, hatte ich mich um sie gekümmert. Das beinhaltete auch das An- und Ausziehen etc. Ich habe mich jedes Mal liebevoll darüber lustig gemacht, dass sie wie der klassische deutsche Touri diese weißen Socken in ihren Sandalen trug. Sandalen waren die einzigen Schuhe, in die die wirklich »dicken Föß« meiner Mutter noch reinpassten. Außerdem wurde ihr ein Teil ihres rechten dicken Zehs amputiert, weil eine Verletzung daran nicht mehr verheilte und sich entzündete, was bei Zuckerkranken keine Seltenheit ist. Nachdem der Teil des Zehs weg war, sagte sie, dass man sie ja jetzt nicht mehr als Fußmodel entdecken würde und sie die Socken auch in den Sandalen anlassen könne. Das war der Humor meiner Mutter. Trocken und auf den Punkt. Oftmals sarkastisch bis gemein, aber immer mit dem Finger auf der Wunde der Wahrheit und unverblümt. Falls ihr glaubt, ich sei ungefiltert und geradeheraus, kann ich nur sagen, Kinder kommen nicht auf andere Leute. Aber ich bin die zivilisierte Version meiner Mutter. Wir haben gerade zum Ende hin aufgrund ihres (Galgen-) Humors viel miteinander und übereinander gelacht.

Meine Mutter war bei allen anderen ziemlich beliebt. Trotz oder wegen ihrer ehrlichen Haut und ihres Humors, der immer extrem politisch unkorrekt war. Ich glaube, wäre sie meine Tante gewesen und ich hätte nicht mit ihr leben müssen, wäre sie meine Lieblingstante gewesen. Zu anderen war sie anders, aber die haben halt nur die eine Seite zu Gesicht bekommen.

Als Sue also die weißen Socken und die dicken Füße meiner Mutter beschrieb, war ich überzeugt, dass es sich um meine Mutter handelte. Sue erzählte mir Dinge, die außer meinen Geschwistern und mir niemand wissen konnte, und selbst wir Geschwister reden selten darüber. Eigentlich wird alles, was mit unserem kollektiven emotionalen Schmerz verbunden ist, totgeschwiegen. Aber Sue erzählte mir, wie meine Mutter ihre Depressionen und ihr Verhalten uns und insbesondere mir gegenüber wahrgenommen hat. Dass sie sich wie eine Gefangene in diesem Leben, in diesem Körper, in diesem Geist gefühlt und keinen Weg hinausgefunden hatte. Ich verstand alles, was Sue sagte, und wunderte mich, dass meine Mutter das Bedürfnis hatte, mir all dies zu erklären, denn ich hatte ihr alles verziehen und war im Guten mit ihr auseinandergegangen. Die Quintessenz war, und das betonte sie mehrfach, dass die Tatsache, dass ich mich mein Leben lang ungewollt und ungeliebt gefühlt habe, auf falschen Annahmen beruhte. Sie erzählte, dass es meiner Mutter bewusst war, dass sie uns Schmerz zugefügt hatte, aber in der Situation nicht anders konnte und einfach ihren eigenen Schmerz an uns weitergegeben hatte. Das war der Reim, den ich mir selbst gemacht hatte. Was ich aber noch viel bemerkenswerter fand, war, was Sue alles zu meinen Geschwistern sagte. Sie sprach von sehr persönlichen Dingen von und über meine Geschwister. Vor allem erläuterte sie mir, warum unsere Dynamiken untereinander so sind, wie sie sind. Insbesondere auch, warum mein jüngster Bruder mich so sehr ablehnt. Alles ist extrem plausibel. Sue vermittelte mir, dass meine Mutter in Bezug auf uns Kinder gern vieles anders gemacht hätte, aber dass sie eines am meisten umtreibt: dass sie uns als Geschwister nicht vereinen konnte. Dass wir alle mehr oder weniger das Gefühl haben, außer der Familie, die wir uns dann selbstständig gesucht oder aufgebaut haben, allein zu sein! Das wäre ihr größter Wunsch und sie gab mir mit, dass sie diesen Ball in meiner Ecke sieht. Ich wäre die Einzige, die alle miteinander vereinen könnte … Ist das so?

Diese Session war hochgradig aufschlussreich und befreite mich auf eine Art von den Schuldgefühlen, die mir sagten, ich hätte noch mehr machen können, eine »nettere Tochter« sein müssen etc. Meine Mutter sagte, sie wäre sehr stolz auf mich, und das wäre sie immer gewesen, und sehr dankbar für alles, was ich für sie getan habe. Es schien ihr besonders wichtig zu sein, dass ich verinnerliche, dass ich immer geliebt war. Hmm … Es war schön, dass ich dieses Erlebnis hatte, aber ich denke, all das war mir bereits klar.

Ich glaube, es ging primär um mich und meine Geschwister, und dass wir wieder zu einer Einheit werden.

Ich habe mir also ein Herz gefasst und alle älteren Geschwister um ein persönliches Date gebeten. Außer meine Schwester, die zu dem Zeitpunkt in Bayern wohnte. Mit ihr telefonierte ich. Wir haben es daraufhin geschafft, uns alle einmal gemeinsam zu treffen. Das ist mittlerweile ungefähr fünf Jahre her.

Man kann Menschen immer nur die Hand reichen, nehmen müssen sie sie schon selbst.

Jedes dieser Gespräche hat mich ein Stück weit geheilt. Jeder von uns hat sein eigenes Trauma aus der Kindheit. So wie jeder von uns (Menschen) sein eigenes Trauma aus diesem Leben hat. Um genau zu sein, glaube ich nicht, dass es darum geht, ein Leben ohne Traumata zu führen, sondern darum, die Skills und Ressourcen zu entwickeln, die wir brauchen, um damit umzugehen und zu heilen. Wann immer ich meine eigenen Wunden heile, heile ich deine. Und umgekehrt. Klingt komisch, ist aber so. Jeder Mensch, der sich traut, ehrlich und wahrhaftig mit sich und seinem Schmerz zu verfahren, entwickelt Empathie für sich und sein Gegenüber. Abermals:

Es. Ist. An. Uns. …

»The medicine we distribute is the one we need the most«

Die Medizin, die wir geben, ist die, die wir am meisten brauchen – dieser Satz wurde mir während eines Workshops geschenkt. Und ich finde ihn so treffend und wahr.

Mein Leben lang habe ich Musik geliebt. Der Klang einer (nicht zwingend) schönen Stimme, eine, die mit ihren Emotionen verbunden ist, eine, die ihr Herz und deins zugleich aufmacht, konnte mich schon immer in Gefühlswelten entführen, die ich mir aus mir heraus verwehrt habe. Trauer, Begeisterung, Freude, Schmerz, all das Zeug, das im Alltag mitunter nur stört.

Meine Gefühle zu unterdrücken, zu verdrängen, war zeitweise überlebensnotwendig. Wenn du als Empath alles um dich herum wahrnimmst, und selbst bis unter den Rand voll mit allen möglichen unausgelebten Emotionen bist, von denen du nie gelernt hast, sie anzunehmen und einzuordnen, wird's schwer, halbwegs normal in einem sozialen Geflecht zu funktionieren. Dann ist es vorübergehend »einfacher«, diese zu verdrängen. Das ist nicht gesund, aber das steht auf einem anderen Blatt. Als ich zum ersten Mal die Stimme von Whitney Houston hörte, habe ich gedacht, ein Engel schwebe von den Wolken hernieder. Ich hatte mit zehn oder zwölf noch nie etwas vergleichbar Schönes gehört, und auch nie wieder so stark auf eine Stimme reagiert. Von da an war es meine größte und einzige Leidenschaft, Whitney zuzuhören und mitzusingen.

Seit dem Kindergarten wurde mir gespiegelt, dass ich eine »schöne« Stimme habe. *Fast Forward.* Ich habe bald damit begonnen, mit meiner Stimme und meinen Songwriterfähigkeiten Geld zu verdienen. Aber tief in mir drin dachte ich, dass eigentlich ich die Zuhörer dafür bezahlen müsste, dass ich so viel Spaß im Studio haben darf, dafür, dass meine Texte vertont und somit lebendig werden. Ich habe meine Stimme immer genutzt, aber ich habe sie nie wirklich wertgeschätzt, geschweige denn akzeptiert oder geliebt.

Im letzten Lebensjahr meiner Mutter, in dem es ihr wirklich nicht mehr gut ging, habe ich für alles ein schlechtes Gewissen gehabt, was mir Spaß gemacht hat, insbesondere auch dafür zu singen. Und irgendwann fiel mir auf, dass ich keinerlei Freude mehr am Singen hatte, und vor allem, dass meine Singstimme mir nicht mehr gehorchte. Ihr Klang war mir fremd. Sie klang leer und ihr fehlte jegliche Wärme. Das was ich früher getan hatte, um einen schönen vollen Ton mit Emotion zu produzieren, reichte nun lediglich für einen technisch korrekten Ton. Als hätte man meiner Singstimme die Seele genommen. Ich konnte nicht mehr abrufen, was mir seit jeher das Natürlichste war. Ich habe mir nicht den Raum gegeben, dem Bedeutung beizumessen. Nachdem meine Mutter verstorben war und ich mit meiner Stimme nicht mehr mein Geld verdienen konnte, beschloss ich, eine Weiterbildung zur Wirtschaftsanglistin zu machen, um Businessenglisch zu unterrichten. Es schien mir naheliegend. Rückblickend frag ich mich selbst: »WTF?!« Und obwohl mir das Lernen sehr leichtfiel, bereitete es mir keinerlei Freude. Aber in dem Gebäude, in dem die Schule war, hatte soeben eine Musikschule eröffnet. Aber keine »normale«, sondern die Modern Music School. Hier konnte man neben den klassischen Instrumenten auch Producing & DJing lernen, und die Lehrer schienen alle extrem cool. Ich vereinbarte eine Probestunde für Gesang, um mal zu schauen, was da bei mir los war.

Keine sechs Wochen später hatte ich die Stelle meines Vocal Coachs übernommen und unterrichtete das erste Mal in meinem Leben etwas, von dem ich tief in mir drinnen glaubte, es selbst nicht zu können. Allerdings schien ich eine wunderbare Verbindung zu den Schülern zu haben und konnte mitunter beachtliche Veränderungen bewirken. Sowohl in Hinblick auf Anwendung des Stimmorgans als auch in dem damit verbundenen Selbstbild und Selbstwert. Ich war immer genauso viel Therapeutin, wie ich Vocal Coach war. Es überraschte mich selbst, mit welcher Geduld und welchem Verständnis ich mit meinen Schülerinnen und Schülern und deren Stimmen verfuhr. Mir fiel zum ersten Mal auf, wie destruktiv und teils bösartig mein Selftalk in Bezug auf meine Stimme und mich als Mensch war.

Jeden netten, wertschätzenden Satz, den ich einem meiner Schüler, die mir extrem ans Herz gewachsen waren, sagte, war indirekt auch an mich gerichtet, und schien Ähnliches bei mir zu bewirken. Meine Stimme, die anderen regelrecht verbot, lieblos mit sich selbst zu verfahren, und immer wieder auf Wortwahl und Energie hinwies, wirkte nicht nur außerhalb bei meinem Gegenüber, sondern auch in mir. Und hier kommt wieder der Spruch zum Tragen, der mir in meinem Workshop geschenkt wurde.

Die Medizin, die wir ausgeben, ist die, die wir am dringendsten benötigen!

Wenn du also auf der Suche nach deiner BeSTIMMung bist, achte darauf, worüber deine Stimme am liebsten redet. Stunden über Stunden, ohne angestrengt oder ermüdet zu sein. Bei mir war das von jeher Persönlichkeitsentwicklung, allerdings hielt ich mich tief in mir für so unwürdig bzw. verbesserungswürdig, dass ich mich niemals getraut hätte zu sagen, dass ich als Gesangslehrerin nicht nur Vocal-, sondern auch Personality Coach bin.

Die Stimme, die in meinem Unterbewusstsein als **Wahrheit** abgespeichert wurde, die Stimme meines Umfeldes, meiner Mutter, meiner Lehrer, all derer, die nicht verstanden haben, wie man ein Kind, einen Menschen dazu animiert, sich zu trauen zu wachsen, anstatt ihn kleinzuhalten und zu zwingen, sich anzupassen und einzufügen – diese Stimme war lange die, die ich am lautesten eingestellt hatte, aber sie war dennoch nicht meine.

Es gibt aus meiner Sicht keine wichtigere, wertvollere Aufgabe, als deine Stimme zu finden und herauszufinden, wofür du diese einsetzen solltest.

Deine Stimme – wild & sanft, stark & sensibel, entschlossen & frei

Deine Stimme ist nicht nur Wegweiserin, Werkzeug und Transmitter, sie ist dir eine wertvolle Dienerin. Sie definiert dich nicht. Sie steht dir zur Verfügung. Nutze sie weise, und setze sie ein für dich und das höchste Gut aller. Wir alle haben eine BeSTIMMung. Diese zu entdecken und zu erfüllen, darin liegt der Weg. Aber dieser ist nicht immer geradlinig und er liegt nicht immer frei. Es gibt viele Faktoren, die dazu beitragen können, dass du deine Stimme nicht nur *nicht* bestmöglich und frei einsetzen kannst, sondern die auch bewirken, dass du selbige nicht optimal hörst. Jetzt nicht nur im übertragenen Sinne, sondern wortwörtlich.

Angst und die damit gespeicherte Anspannung kann tatsächlich Veränderung in deinem Körper bewirken. Jeder kennt das, man erschreckt sich vor etwas (man empfindet plötzliche Angst aufgrund eines Geräusches, oder eines Umstandes *#Trigger*) und der ganze Körper fährt zusammen. Das ist nichts anderes als das ruckartige Zusammenziehen vieler Muskelpartien gleichzeitig. Oft entspannen wir die Muskeln danach aber nicht ausreichend, die Restspannung, die daraus resultiert, speichert sich im Gewebe, in den Faszien, in deinem energetischen Körper, welcher zeitgleich auch Klangkörper für deine Stimme ist, und behindert dadurch den Energiefluss deines kompletten physischen Körpers. Eine Stimme, deren Schallwelle nicht frei schwingen kann, ist eine, die niemals optimal klingen kann. Denn im Körper gespeicherte Spannung und Angst sind die Vorstufen für mal so ein richtiges Arschloch.

Eine meiner Lehrerinnen hatte in ihrer Kindheit immer Probleme damit, bestimmte Töne, Frequenzen zu hören und ihre Stimme dazu zu bringen, frei zu klingen, ergo zu schwingen. Von kleinauf wurde ihr gesagt, sie könne schlicht nicht singen und sie sei extrem unmusikalisch. Daraus entstanden bei ihr tief verwurzelte Komplexe. Der Wunsch, sich über die Stimme auszudrücken und zu singen, ist gerade für Kinder das Natürlichste der Welt und ist nach dem Schreien und Weinen die erste Art und Weise, in der wir kommunizieren. Bevor wir sprechen, singen wir. Weil ein gebundener fließender Ton keine Anstrengung ist, sondern unsere Natur. Herausfordernd wird es, wenn wir an diesen Ton bestimmte Ansprüche stellen. Und diese kommen immer aus dem Außen.

Ein entspanntes Kind, welches sich frei und wohl fühlt, welches sich noch zu Hause und geborgen in sich selbst empfindet – *singt.*

Es erfindet Melodien und Wörter. Es tönt. Es nutzt seine Stimme, um sich auszudrücken. Und das tat meine Lehrerin auch, sie hat gesungen. Von Herzen gern und aus einem natürlichen Impuls heraus. Allerdings, leider, immer mit dem Feedback, es sei nicht »so schön« und sie solle »es« besser lassen. Wer macht denn so etwas?, fragst du dich wahrscheinlich jetzt. Aus meiner Zeit als Gesangslehrerin weiß ich, dass das wesentlich mehr Eltern und sogar Lehrer machen, als man zu glauben vermag. *#entgeistertguck*

Diese Form der Kritik an der (Sing-)Stimme eines Kindes kann die Persönlichkeit des Kindes für immer verändern. Ein freies, fröhliches Kind, welches sich gern mitteilt, kann durch die Kritik an der eigenen Stimme zu einem verschlossenen, in sich gekehrten Kind werden. Ein Kind, das vermittelt bekommt, dass die eigene Stimme bzw. das, was es damit ausdrücken will, Bedürfnisse, Wünsche etc., keine Wertigkeit hat, lernt, dass es »keinen Sinn« hat oder »Nutzen bringt«, die eigene Stimme einzusetzen. Und irgendwann hört es einfach auf damit.

So kann es passieren, dass ein Kind, welches von extrovertierter Natur ist, sich plötzlich wie ein introvertiertes Kind verhält und von der Außenwelt so aufgenommen und kategorisiert wird. Es begreift, dass es damit vielleicht weniger Konflikte oder Unmut beim Gegenüber erzeugt, und so lernt es von kleinauf, »den Mund zu halten«, sich zurückzunehmen, es verstummt in seinem Ausdruck. Das ist das Schlimmste, was einer kreativen Seele, die von Natur aus auf Ausdruck und Kommunikation gepolt ist, passieren kann. Diese Form der Kritik an der Stimme eines Kindes hat oft weitreichende Folgen. Denn sie steht für den Ausdruck der eigenen Persönlichkeit und der eigenen Bedürfnisse. Das geschieht naturgemäß erst einmal mit der Stimme. Später, wenn das Kind andere Fähigkeiten wie Tanzen und Malen entdeckt, kann es sein, dass die Angst vor der Kritik am eigenen Ausdruck so groß ist, dass es sich erst mal gar nicht traut, neue Formen des kreativen Ausdrucks auszuprobieren.

Ich hatte viele dieser Erwachsenen in meinem Gesangsunterricht. Erwachsene, deren inneres Kind zutiefst verunsichert war, und die sich deshalb ihr ganzes Leben nicht getraut haben, ein Instrument zu erlernen, den Tanzkurs zu buchen, den Herzensberuf auszuüben oder aber (auf der Bühne) vor anderen zu sprechen oder gar zu singen. Die Tatsache, dass Letzteres ein Drittel der Menschen als eine ihrer Urängste empfinden, sagt extrem viel, wie ich finde.

Ähnlich war es bei meiner Lehrerin. Sie hat im Laufe ihres Heranwachsens und auch Erwachsenen-Daseins eine Menge ausprobiert. Diverse Gesangslehrer, Logopädinnen und Musiklehrer »verzweifelten« alle mehr oder weniger an ihrer vermeintlichen »Unmusikalität«, was für ein Scheißwort. Nachdem sie auf dem konventionellen Wege keine zufriedenstellende Hilfe bekam, suchte sie in der Alternativmedizin und war schlussendlich für das sogenannte »Woo Woo« offen. Über Umwege traf sie auf jemanden, der in der chinesischen Medizin zu Hause war. Zunächst einmal wurde dort nach energetischen Blockaden geschaut.

Dort fand man heraus, dass die bei ihr gespeicherte Anspannung aus einer traumatischen Kindheit bewirkt hat, dass ihre Nieren anstatt entspannt unter dem Rippenbogen »abzuhängen«, sich zusammen- und nach oben gezogen haben. In der chinesischen Medizin hängen die Nieren mit dem »Öffnen« der Ohren zusammen. Und so hat man ihr das erste Mal den Zusammenhang zwischen Spannung, Traumata, Angst und ihrem Hörvermögen erklärt. Vor allem wurden ihre Energieblockaden wesentlich gelöst und somit, und das finde ich so abgefahren, ihr Hörvermögen wesentlich verbessert.

Wenn man dir also häufig gesagt hat, dass du nicht musikalisch bist, weil du vielleicht Töne nicht erkennst oder »einfach nicht singen kannst«, wie ich auch früher, liegt es eventuell nicht an vermeintlich nicht vorhandener Musikalität. Über diese verfügen wir alle nämlich mehr oder weniger, da alles Musik, Frequenz, Sound ist, aber es kann sehr wohl mit im Körper gespeicherten Traumata zusammenhängen. Eine harsche Kritik ist für ein kleines Kind, das völlig ungeschützt ist und von seinen engsten Personen uneingeschränkt angenommen sein möchte, ebenfalls traumatisch. Es muss nicht immer der »prügelnde Vater« oder Missbrauch sein.

Kinderseelen sind sehr empfindsam und nehmen alles ungefiltert in sich auf.

Eine meiner Lehrerinnen ist heute nicht nur eine der führenden Lehrkräfte im Bereich des Biofield Tunings und Vocal Soundings, sondern auch Songwriterin und Sängerin. Ihre besondere Herangehensweise ist, dass sie mithilfe einer Stimmgabel und dem eigenen Vocal Sounding (Tönen), den Schwingungen der eigenen Stimme, energetische Blockaden löst. Beim Vocal Sounding geht es allerdings nicht primär ums Singen, sondern um die Heilkraft der eigenen Stimme und ihres Sounds.

Wir alle tragen Traumata in uns. Das bedeutet, dass wir alle Verletzung mit uns herumtragen, woher immer sie auch stammen. Sie hinterlassen ihre energetischen Spuren in unseren Körpern und auf unseren Seelen.

Es geht nicht darum, ein Leben ohne jegliche Verletzungen zu führen, sondern zu lernen, mit denen umzugehen, die wir erleiden, und die Verantwortung für die zu übernehmen, die wir verursachen.

Traumata, die wir für uns lösen, lösen wir immer auch rückwirkend und für die, die nach uns kommen. Für mich ist es klar, dass Sound, die Frequenzen, der Schlüssel zum Handling dieser energetischen Blockaden ist, die uns unter anderem auch daran hindern, unsere Intuition und Connecte zu anderen auszuleben, aber genauso die Connecte zu unserem tatsächlichen Selbst erschweren oder gar verhindern.

Deine Stimme ist eines, wenn nicht *das* unverkennbarste Merkmal an dir, und eines deiner wichtigsten Werkzeuge. Ähnlich wie bei deinem Fingerabdruck oder deiner Iris gibt es keine zweite identische Stimme. Auch wenn jemand deine

Stimme und deinen Sprachhabitus exakt imitieren kann, so ist die Signatur der Schallwelle doch nicht identisch. Auch bei Zwillingen nicht, die man am Telefon zum Beispiel kaum auseinanderhalten kann.

Kaum etwas ist so individuell und machtvoll wie deine Stimme. Wenn ich **machtvoll** schreibe, meine ich nicht, Macht über andere ausübend, sondern die Macht, deine eigenen Belange in die Welt zu bringen und zu manifestieren. So ziemlich jeder erfolgreiche Mensch verfügt über eine sehr charismatische Stimme und weiß diese, wenn auch unbewusst, gut einzusetzen. Und jede von uns, wirklich jede, hat ihre eigene Geschichte in ihrem Kopf über ihre Stimme. In den seltensten Fällen ist diese eine positive. Von kleinauf kriegen wir zu hören: »Sei nicht zu laut«, »Sprich nicht zu schnell«, »Red' nicht dazwischen«, »Sprich nur, wenn du gefragt wirst«, »Immer der Reihe nach«, »Was du zu sagen hast, interessiert keinen«, »Schrei nicht«, »Hör auf zu singen« und was wir nicht noch alles in Bezug auf unsere Stimme vor den Latz geknallt bekommen haben.

Gerade wir Frauen werden darauf getrimmt, unseren Platz in der Familie zu kennen und die klassischen Stereotype einzunehmen. In den meisten Fällen passiert das sehr subtil und vor allem unbewusst. Und dennoch verändert es uns. Unser wildes, kreatives, schöpferisches, ursprüngliches Wesen wird normiert und an die Gesellschaft angepasst. Das, was uns wirklich ausmacht, geht früh verloren bzw. wird unterdrückt. Unsere eigene Stimme wird uns abtrainiert. Phonetisch wie auch inhaltlich. Wir übernehmen die Muster und Glaubenssätze derer, die vor uns waren. Ebenso wie die Ängste, Verspannungen und Blockaden. All das gilt es zu revidieren, wenn ich von »Stimmarbeit« bzw. »Stimmfreiheit« spreche.

Stell dir vor, dein ganzer Körper wäre eine Panflöte. Wenn du weißt, wie du jede Pfeife deiner Panflöte zum Klingen bringst, gepaart mit Rhythmus, kann das etwas Besonderes werden. Wenn aber oder sogar alle Pfeifen deiner Panflöte verstopft sind und somit gar nicht erst klingen können, kannst du musikalisch noch so virtuos sein, du wirst sie nicht zum Klingen bringen, wenn du nicht erst den »Scheiß«, der sie verstopft, rausholst.

Und ganz genau so ist es mit dir und deiner Stimme. Wir identifizieren uns mit ihr. Wir glauben, wir *sind* unsere Stimme, unser Körper. Sind wir nicht. Wir *nutzen* sie lediglich. Und nicht umgekehrt. Und das gilt es wieder zu verinnerlichen.

Wir sind nicht unser Körper, unsere Identität, unsere Stimme. Wir nutzen all dies, um im Hier und Jetzt zu navigieren.

Wusstest du, dass vor gar nicht allzu langer Zeit die durchschnittliche Frauenstimme ziemlich exakt eine Oktave höher war als die männliche? Ca. 220 Hertz. Und die Männer demnach um die 110 Hertz. Eine Studie der Uni Leipzig hat bewiesen, dass sich die weibliche Sprechstimme um fast eine halbe Oktave gesenkt hat, auf durchschnittliche 165 Hertz.[26] Wir reden hier von einer Studie der mitteleuropäischen Population und man muss bedenken, dass kulturelle Hintergründe eine große Rolle spielen. Interessant ist, dass weder veränderte anatomische Grundlagen noch hormonelle Veränderungen der Grund dafür sind, warum Frauen heute im Durchschnitt wesentlich tiefer sprechen. Die Stimmen sind organisch identisch mit den Stimmen der Frauen vor fünfzig Jahren. Wir setzen unsere Stimmen lediglich anders ein. Oder wir wurden darauf konditioniert, unsere Stimmen anders einzusetzen.

Es wurde ein direkter Zusammenhang zwischen dem Emanzipationsgrad der Frau und der Höhe bzw. Tiefe ihrer

Stimme gefunden. So haben etwa die Schwedinnen, die als außerordentlich emanzipiert gelten, im weltweiten Vergleich die tiefsten Frauenstimmen, wohingegen Japanerinnen, die gesellschaftlich weit davon entfernt sind, dem Mann gleichgestellt zu sein, sehr hohe Stimmen. Dort entspricht es gar dem Schönheitsideal, besonders hohe Stimmen zu haben, möglichst mädchenhaft, naiv. Dass wir Frauen unsere Stimmen in den letzten Jahrzehnten wesentlich nach unten angeglichen haben, ist klar ein Beiprodukt unserer sehr männlich dominierten Gesellschaft. Frauen mit hohen Stimmen gelten als naiv und schwach. Frauen mit tiefen Stimmen als erfolgreicher, durchsetzungskräftiger und intelligenter – Attribute, die wir früher eher bzw. fast ausschließlich Männer haben angedeihen lassen. Um in diesem System zu funktionieren, haben wir uns angepasst. Auch stimmlich. Wir Frauen haben einen Teil unserer Weiblichkeit eingebüßt, um in dieser Gesellschaft wortwörtlich Gehör zu finden.

Es ist an der Zeit, dass wir anfangen, all die Facetten unserer Stimmen und unseres Wesens wieder anzunehmen und einzusetzen – zu unserem und dem Wohle aller. Das ist fast der wichtigste Part dabei. Eine Frau, die, wenn auch nur einen Teil von sich, ablehnt, wird niemals ihre volle energetische Strahlkraft entfalten. Und genau diese gilt es wieder zuzulassen. Nicht zurückzuholen. Wieder zuzulassen. Alles schlummert in uns. Wir dürfen es bloß wieder zulassen, einladen, erwecken, den Weg frei machen.

Eine Frau, die ihre Wahrheit spricht, kann Welten damit bewegen.

Eine Frau, die ihre wahre Stimme einsetzt und ihr eigenes Lied singt, ist **mächtig.** Auch ich verstehe die Ängste vieler Frauen. Denn es ist klar, eine Frau, die mit Überzeugung ihre Wahrheit spricht, wird immer Reaktionen bewirken. Und im Zeitalter von Social Media, wo man sich so leicht hinter einem Pseudonym verstecken kann, leider nicht nur schöne. Aber neutral betrachtet, was sind Reaktionen? Reaktionen sind Emotionen. Emotionen sind nichts anderes als elektromagnetische Wellen, die unseren Körper durchziehen. Sound, Frequenzen. Diese können wir mit eben selbigen »neutralisieren« bzw. positivieren. Außerdem haben wir die Freiheit, diese Frequenzen nicht in uns zu behalten, sondern weiterziehen zu lassen oder zu neutralisieren. Sound ist die Medizin der Zukunft.

Stell dir vor, wie du dich und deine Familie jeden Morgen, bevor ihr das Haus verlasst, in eine schützende Kugel aus Licht und positiver Energie hüllst, die alles abwendet und abprallen lässt, was nicht zum höchsten eigenen Wohl oder der jeweiligen Person beiträgt. Selbiges machst du jeden Abend vor dem Zubettgehen und bittest um den Beistand all deiner Ahnen. Mögen sie über eure Träume und die Energien um euch herum wachen. Probier es mal! Es wirkt Wunder!

Die kosmische Macht ist klar auf unserer Seite!

Ich bin keine Astrologin, so gar nicht. Aber es ist nicht an mir vorbeigegangen, dass am 06. 09. 2021 um 03:54 Uhr die Lilith, der schwarze Mond, mit dem Mondknoten zusammenkam. Dieses Mal im Zwilling. Dem Zeichen der Kommunikation und Bildung. Ihr erinnert euch an den Mythos der Lilith? Adams erste Frau, die Ungezähmte, die nicht unten liegen wollte? *#dieallererstecoolemaschineamplatz*

Der schwarze Mond, Lilith, steht für die Urkraft des Weiblichen, das Unangepasste und Ungezähmte, das sich nicht Unterordnende. **Lilith, ich mag dich!** Der schwarze Mond und der Mondknoten signalisieren, dass ein Wendepunkt ansteht, denn immer im Zusammenhang mit dem aufsteigenden Mondknoten geht es um unsere BeSTIMMung. Ein Ruf, der uns immer wieder ereilt. Was ist meine BeSTIMMung, wofür bin ich auf diesem Planeten beSTIMMt, in dieses Leben inkarniert?

Die nächsten zwölf Jahre, beginnend mit dem 06. 09. 2021, unterstützen uns energetisch bei der Umsetzung unserer Vorhaben. Dieses Mal fordert uns der Kosmos quasi dazu auf, **einen Wandel zu vollziehen.** Schwestern, die Kraft der Lilith will geweckt werden, in dir, in mir, und in der gesamten Menschheit. *#woopwoop*

Diese kosmische Herausforderung fordert uns auf, unsere Stimmen anders einzusetzen als bisher. Klar dazu, um unsere tatsächliche BeSTIMMUng zu erfüllen, aber sie fordert uns auf, im Allgemeinen unsere Wahrheit zu sprechen, das, was unserem tatsächlichen Inneren entspringt. Nicht das, was uns unsere Konditionierung oder Wahrnehmung vorgaukelt. Kein Drumherum mehr, kein »Was will mein Gegenüber, meine Zielgruppe, meine Familie, mein Chef, meine beste Freundin hören?«, sondern nur noch:

»Was will meine Seele zum Ausdruck bringen?«

Die Lilith-Energie, wenn du es so nennen willst, ist die natürliche weibliche Urkraft in uns. Die, die sich nicht unterdrücken lässt. Die, die sich nicht den Mund verbieten lässt, die, die man nicht zum Schweigen bringen kann. Die, die sich nicht anpasst oder hinten anstellt. Diese Energie fordert uns auf, Tacheles zu reden und Tabula rasa zu machen. Mit unserem Gegenüber, aber auch mit uns. Diese Energie ist unverfälscht. Sie ist mächtig und hat mitunter Wucht. Sie ist aber nicht dazu da zu verletzen, Schuld zuzuweisen oder anderes unproduktives Verhalten an den Tag zu legen. Sie ist dem Wohle dienlich und nicht dem Unwohlsein. Diese Energie ist natürlich und steckt in jeder von uns, sie wurde uns aber von kleinauf abtrainiert. Deswegen fühlt sich das für die ein oder andere nicht mehr so ganz natürlich an oder sogar beängstigend. Und genau das dürfen wir jetzt wieder erlernen oder erinnern. **Nur in der Ruhe und der Entspannung hörst du deine wahre Stimme.** Die Stimme deiner Quelle. Die Stimme, die von der Quelle direkt gespeist wird. In Wut, Rage oder Zorn spricht keine aus ihrer Mitte. Denn die Frequenz von Wut, Rage oder Zorn ist so viel schwerer, belastender, langsamer als die beschwingende, erhebende Frequenz der Freude, des Kreierens, des Miteinanders, des Wahrhaftigen. Der Quelle. Kommunikation aus der Quelle kann man fühlen. Im ganzen Körper. Sie entspringt nicht dem Geist oder dem Intellekt. Das, was wirklich aus dir heraus entspringt, kannst du fühlen. Oftmals wird es begleitet von physischen Begleiterscheinungen. Ich habe immer, wenn eine Wahrheit gesprochen wird, eine fette Gänsehaut am ganzen Körper. Ebenso wie ich es spüre, wenn etwas, das nicht aus meiner Quelle kommt, ausgesprochen wird. Wenn wir ehrlich zueinander sind, wissen wir es jedes Mal, wenn wir etwas besser nicht gesagt hätten …

Wir befinden uns in einer besonderen Zeit, alles im Kosmos ist darauf ausgerichtet, uns zu zeigen, dass **es jetzt an der Zeit ist,** aus den Fußstapfen anderer herauszutreten und in die eigenen hineinzuwachsen. Jetzt geht es darum, den kosmischen Schwung zu nutzen und deinen Raum einzunehmen auf der aufklärenden, erklärenden, heilenden, lehrenden und weisen Seite, und eben nicht auf der anklagenden, Schuld zuweisenden, destruktiven Seite.

Es ist Zeit zu kommunizieren, was *dir* wirklich wichtig ist, immer dein höchstes Wohl und das höchste Wohl aller im Blick. Das führt zu einem neuen Miteinander. Ein neues Gesehen-Werden auf Augenhöhe. Wenn du dich denn traust, dich wahrhaftig zu zeigen. Ein Kommunizieren aus deiner echten Mitte, der Quelle, nicht dem verurteilenden, schuldzuweisenden Ego.

Die kommenden zwölf Jahre sind die optimale Chance, nach innen zu fühlen, wahrzunehmen, achtsam zu sein und unsere Stimmen dazu zu nutzen, aus der Mitte heraus zu kommunizieren und zu kreieren, um unsere tatsächliche BeSTIMMung zu leben. Vergiss nicht, dass dir dabei Hacks zur Verfügung stehen.

Jetzt ist es auch an der Zeit, die Stimmen der anderen in den Hintergrund zu drängen und der eigenen inneren Stimme wieder die höchste Relevanz zu verleihen.

»Eine Lilith« stellt sich nicht hinten an!

Sie geht voraus, manchmal auch schnurstracks aus dem vermeintlichen Paradies ins Unbekannte. Die Zeiten, in denen wir uns unserer Stimmen haben berauben lassen oder auf stumm gestaltet wurden, **sind vorbei.** Wir leben in einer Welt der Grenzsetzung. Und es ist dein Recht, nein, viel mehr deine Pflicht, deine Grenzen abzustecken und ihr Einhalten einzufordern. Jetzt geht es darum, unsere wahrhaftige Wahrheit zu sprechen, und *un-ver-schämt* zu sein. Also völlig ohne Scham das in Anspruch zu nehmen, was uns zusteht, und das, was uns nicht gehört, ganz ohne Scham wieder abzugeben. Dahin, wo es hingehört. So, wie du bist und in diesem Augenblick sein willst:

wild & sanft
stark & sensibel
entschlossen & frei

Für die Frauen in meiner Familie

Für die, die vor mir waren … Mein Vokabular reicht nicht aus, um die Dankbarkeit und die Liebe, die ich für euch empfinde, auszudrücken. Durch dich, wegen dir, gibt es mich. Alles, was ich erreicht, erlebt und gelebt habe, durfte ich erfahren, weil du den Weg vor mir für mich gegangen bist. Deine Kraft, deine Widerstandsfähigkeit, deine Resilienz und deine Liebe haben mir den Weg dahin geebnet, wo ich bin, all die Türen geöffnet, durch die ich noch gehen werde. Die Anlage für all das gelegt, was ich entwickeln darf.

Ich bin du – du bist ich. *Ich liebe mich.*

Für die, die nach mir kommen … Ich bin so unsagbar stolz auf dich, ich erkenne deine ganze Größe und dein unendliches Potenzial. Es gibt nichts, dass du nicht erreichen kannst. Ich und all die, die vor mir waren, wir sind dein Fundament. Stell dich auf unsere Schultern, wenn dir die Beine schwer werden. Lab dich an unserer Brust, wenn dir dein Herz schwer wird. Wir küssen dir die Stirn und streicheln dein Haar in einsamen Stunden. Unsere Liebe hüllt dich in ein Gewand aus Lebensfreude, Mut, Waghalsigkeit und unerschöpflicher Energie. Sie sät in dir die unvorstellbarsten Talente. Nichts musst du fürchten. Bei dem Gedanken an dich erhellt mein Lächeln ganze Galaxien. Du bist so viel mehr als der Körper, den du täglich duschst. **Du bist die Summe all derer, die vor dir waren, und du wirst fortbestehen in all denen, die nach dir kommen.** Die Ausmaße deines Wirkens sind so gewaltig, dass dein menschliches Herz und dein kleines Hirn nicht in der Lage sind, es in Gänze zu erfassen.

Du bist lebendig gewordene Liebe.

Du bist gelebte Perfektion.

Jeder andersgeartete Gedanke von dir über dich ist falsch.

Geh hinaus in Zuversicht und lebe deine BeSTIMMung.

Nutze deine wunderbare, mächtige Stimme für das Wohl aller.

Denn du bist die Summe all dessen, was ist.

Ich bin du – du bist ich. *Ich liebe dich.*

Jasmin

Anhang

Quellen- und Literaturverzeichnis

1 Dispenza, Joe (2014): Du bist das Placebo. Bewusstsein wird Materie. KOHA Verlag.

2 Internationaler Tag gegen Hexenwahn | missio (missio-hilft.de)

3 Iken, Katja (2016): Europas letzte Hexe: Warum Helen Duncan 1944 ins Gefängnis musste – DER SPIEGEL online, 06.12.2016, https://www.spiegel.de/geschichte/europas-letzte-hexe-warum-helen-duncan-1944-ins-gefaengnis-musste-a-1124009.html – abgerufen 15.09.2021

4 Striewski, Jennifer: Katharina Henot. Opfer der Hexenverfolgung (circa 1570–1627), in: Internetportal Rheinische Geschichte. http://www.rheinische-geschichte.lvr.de/Persoenlichkeiten/katharina-henot/DE-2086/lido/57c82b951aab93.67871848 – abgerufen 12.10.2021; Becker Thomas: Henot, Katharina, in: Lexikon zur Geschichte der Hexenverfolgung. Hrsg. Germans Gedrun, Moeller, Katrin, Schmidt, Jürgen Michael in: historicum.net: Schwerhoff, Gerd (1996): Hexenverfolgung in einer frühneuzeitlichen Großstadt: das Beispiel der Reichsstadt Köln, in: Leannartz, Stephan (Red.), Hexenverfolgung im Rheinland, Bergisch-Gladbach 1996, S. 13–56 (PDF-Datei auf der Website der TU Dresden.

5 Kemnitzer, Sebastian, Shewafera Lisabell (2019): Warum werden so wenige Täter verurteilt? Tagesschau online. 01.11.2019. https://www.tagesschau.de/investigativ/report-muenchen/verurteilungen-vergewaltigung-101.html – abgerufen am 18.10.2021; Pfeiffer, Christian (2019): Gegen die Gewalt: Warum Liebe und Gerechtigkeit unsere besten Waffen sind. Kösel Verlag.

6 1. Mose 1, Lutherbibel 2017 ERF Bibleserver, https://www.bibleserver.com/LUT/1.M

7 1. Mose 2, Lutherbibel 2017: ERF Bibleserver, https://www.bibleserver.com/LUT/1.Mose2

8 Steinke, Ronen (2019): Sexueller Missbrauch: Wenn sich die Kirche über den Rechtsstaat stellt. Sueddeutsche online. 22.02.2019. https://www.sueddeutsche.de/panorama/katholische-kirche-missbrauch-strafverfolgung-justiz-1.4339753 – abgerufen 21.10.2021.

9 Caritas Deutschland (2017): Geschäftsbericht des Deutschen Caritasverbandes e.V. 2017. https://www.caritas.de/diecaritas/deutschercaritasverband/verbandszentrale/geschaeftsbericht/2017/2017 – abgerufen 21.10.2021.

10 Strack, Christoph (2021): 915 Seiten und so viele Fragen – Gutachten zum sexuellen Missbrauch durch Priester. Deutsche Welle. 18.03.2021. https://www.dw.com/de/915-seiten-und-so-viele-fragen-gutachten-zum-sexuellen-missbrauch-durch-priester/a-56916332 – abgerufen 17.09.2021.

11 Weidmann, Birgit (2019): Die verlorene Göttin. Geschichte der Spiritualität Band II und III T. tredition.

12 Siebter Sinn = Seit einer Fernsehsendung zur Verkehrssicherheit, die »Der 7. Sinn« hieß (ausgestrahlt: 1966–2005), heißt es im Volksmund oft: »Die/der hat den 7. Sinn«, ohne den Bezug zur Fernsehsendung herzustellen oder zu kennen.

13 Deutsche Welle (2020): Gewalt gegen Frauen: Mehr Femizide in Deutschland . Deutsche Welle 25.11.2020. https://www.dw.com/de/gewalt-gegen-frauen-mehr-femizide-in-deutschland/a-55562981 – abgerufen 17.09.2021.

14 Bundesministerium für Familien, Senioren, Frauen und Jugend (2020): Häusliche Gewalt. https://www.bmfsfj.de/bmfsfj/themen/gleichstellung/frauen-vor-gewalt-schuetzen/haeusliche-gewalt/haeusliche-gewalt-80642 – abgerufen 17.09.2021.
15 Maltz, Maxwell, Furey, Matt (2017): Psycho-Cybernetics: Updated and Expanded. Penguin Audio.
16 Silva, José (2004): Parapsychologe und Autor, Silva – Mind Control. Allegria Taschenbuchverlag; Proctor, Bob (2014): You were born rich. https://www.proctorgallagherinstitute.com/you-were-born-rich-book
17 Fleet, Thurman (2000): Rays of the Dawn: Natural Laws of the Body, Mind and Soul. Verlag Concept-Therapy Institute.
18 Baumeister, Roy F., Tierney, John (2012): Willpower. Penguin Books.
19 Lechter, Sharon (2015): Think and Grow Rich for Women: Using Your Power to Create Success and Significance (Think and Grow Rich Series). Tarcher Perigee; Reprint Edition (16. Juni 2015); Hill, Napoleon (1937): Think and grow rich. Neuauflage (2018), Finanzbuchverlag.
20 https://www.youtube.com/watch?v=8Are9dDbW24 – abgerufen 25.10.2021.
21 Targ, Russell (2020): Controversial TEDTalk about Psychic Abilities. https://galileocommission.org/controversial-tedtalk-about-psychic-abilities-russell-targ/ – abgerufen 08.11.2021
22 Gaab, Nadine, Schlaug, Gottfried, Wong, Lisa (2015): Music as Medicine: The impact of healing harmonies. Longwood Seminars, April 14, 2015. The Joseph B. Martin Conference Center. https://hms.harvard.edu/sites/default/files/assets/Sites/Longwood_Seminars/Longwood%20Seminar%20Music%20Reading%20Pack.pdf – abgerufen 26.10.2021.
23 https://nhahealth.com/brainwaves-the-language/ – abgerufen 08.11.2021

24 Arehart-Treichel, Joan (2011): Amazon People's Dreams Hold Lessons for Psychotherapy. https://doi.org/10.1176/pn.46.5.psychnews_46_5_9_1. https://psychnews.psychiatryonline.org/doi/10.1176/pn.46.5.psychnews_46_5_9_1 – abgerufen 26.10.2021.
25 Eben, Alexander (2012): Proof of Heaven: A Neurosurgeon's Journey into the Afterlife. Simon & Schuster.
26 Ahlers, Alice (2017): Die Stimmen von Frauen sind viel tiefer geworden Alice Ahlers im Gespräch mit Michael Fuchs. 23.02.2017, Berliner Zeitung Nr. 46, S. 25. https://www.uniklinikum-leipzig.de/einrichtungen/kinderstimme/Freigegebene%20Dokumente/2017-berliner-zeitung-kinderstimmsymposium-uniklinikum-leipzig.pdf – abgerufen 27.10.2021.